W0078600

Für meine Eltern

ANMERKUNG DER AUTORIN

Diese Geschichte erzählt von unseren Erlebnissen und Abenteuern in den nordamerikanischen Catskill Mountains, die von Juli 2011 bis Juni 2018 unser Zuhause waren – wenngleich die Chronologie im Buch zugunsten der Dramaturgie hier und da ein wenig abweicht. Auch sind dem Erzählfluss und der Spannung zuliebe manchmal zwei Ereignisse zu einem geworden, während ich Geschehnisse, die für den Verlauf der Geschichte unwichtig schienen, ausgespart habe. Alle Orte und Institutionen sind real, die Namen der Hauptpersonen jedoch habe ich zum Schutz ihrer Privatsphäre geändert.

PROLOG

Da ist es wieder, dieses Geräusch. Ein kratzendes, schabendes Quietschen, als würde Metall zerrissen. Ich schaue auf den Wecker und sehe, dass es zwei Uhr morgens ist. Absolute Dunkelheit liegt über dem Land, dichte Wolken verdecken Mond und Sterne vollkommen.

Plötzlich herrscht Grabesstille. Jetzt rascheln nicht einmal mehr die Blätter an den Bäumen. Die Kojoten in der Ferne sind verstummt, keine Eule ist zu hören. Doch dann kehrt das unheimliche Geräusch zurück, lauter diesmal und ausdauernder.

Ich steige aus dem Bett. Es ist kühl im Schlafzimmer des alten Bauernhauses, der raue Holzboden knarrt unter meinen Füßen. Ich halte den Atem an und lausche.

Jemand macht sich am Haus zu schaffen. Am Haus, das einsam im Wald in den Bergen liegt, fast einen Kilometer vom nächsten Nachbarn entfernt. Irgendetwas wird aufgerissen und zerstört, so hört es sich an. Ich bin hellwach, und während ich spüre, wie mein Herz bis zum Hals schlägt, schließe und verriegele ich alle Fenster in meiner Nähe. Ich suche nach dem Lichtschalter – da höre ich es! Ein lang gezogenes Kreischen, das von draußen kommt, ohrenbetäubend hoch, laut und markerschütternd, selbst durch die geschlossenen Fenster.

Ein Todesschrei. Dann ein dumpfer Schlag, als würde Holz zerbrechen, Metall stößt gegen Metall, etwas Großes kippt um. Dazwischen mehr Gekreische, und schlagartig wird mir alles klar. Ich laufe auf den Flur und schreie:»Ein Bär! EIN BÄR!! Da draußen ist ein Bär! Hilfe! Hilfe, die Tiere, schnell!!«

In der dunklen Küche greife ich nach Töpfen und Pfannen, und auf der anliegenden Terrasse schlage ich die stählernen Kochutensilien mit solch einer Wucht zusammen, dass es in meinen Ohren klingelt. Ganz in der Nähe ist ein Scheppern zu hören. Splittern von Holz. Ein lautes Krachen wie von umfallenden Bäumen. Dann nichts mehr.

Inzwischen ist auch Tom aufgestanden. Er schaltet das Küchenlicht an und reibt sich verschlafen die Augen.

»Was ist los, was machst du da? Was soll denn dieser Lärm mitten in der Nacht?«, fragt er müde und desorientiert.

Mein Herz rast, mir ist schlecht vor Angst und Sorge.

»Ich glaube, er ist riesig!« Mit stockender Stimme erkläre ich, was ich gehört habe, was ich vermute und dass ich das Schlimmste befürchte. Ich kann meine Tränen nicht zurückhalten und bitte Tom, nach draußen zu gehen, um nachzuschauen. Was ist passiert am Waldrand, beim Stall, an der Scheune? Ich würde ja selbst gehen, fürchte mich nicht vor dem Bären. Doch ich habe Angst vor dem grausigen Anblick, der dort draußen bestimmt auf mich wartet. »Bitte, bitte geh und guck«, flehe ich.

Tom schaut mich unschlüssig und etwas besorgt an, knöpft dann aber seinen Schlafanzug zu und greift nach einer kleinen Taschenlampe. Barfüßig tritt er durch die Seitentür auf die Wiese neben dem Haus. Sekunden später ist er verschwunden, die Dunkelheit scheint ihn verschluckt zu haben.

Es ist totenstill. So still, dass ich mein hämmerndes Herz wahrnehme, sonst ist absolut kein Mucks zu hören. Ich stehe auf der Terrasse und starre in die Finsternis.

»Tom?«

Dann höre ich ein Knacken. Rascheln. Schnaufen. Es klingt ganz nah. Ich schrecke herum. War das Tom? Die Hecke rechts neben der Terrasse bewegt sich. Sicherheitshalber lasse ich Topf und Pfanne noch einmal aufeinanderkrachen, der Lärm hallt durch die Nacht. Nun sehe ich etwas weiter links den Lichtkegel von Toms Lampe.

»Hast du ihn gesehen?«, rufe ich nervös.

»Nein.«

»Geh näher zum Wald«, dränge ich.

Doch nach einigen weiteren Schlenkern mit der Lampe kommt er zurück. »Da ist nichts, alles ist ruhig. Vielleicht hattest du nur wieder einen deiner schlechten Träume. Komm, ich glaube, du solltest zurück ins Bett gehen.« Er verschwindet in Richtung Schlafzimmer, die Füße voller Gras und Erde.

Ich bleibe in der Küche stehen, immer noch mit Topf und Pfanne in der Hand. Meine Wangen sind feucht, das Adrenalin pulsiert durch meinen Körper. Ich bin durcheinander und weiß nicht, was ich denken soll. Was, wenn es tatsächlich nur ein Traum war, wie letztes Mal? Aber die Geräusche schienen doch so echt zu sein! Plötzlich komme ich mir albern vor und stelle das Kochgeschirr zurück auf den Herd. Bestimmt hat Tom recht – sonst hätte er ja irgendwas gehört und gesehen, oder? Ich möchte es glauben und will auf keinen Fall raus, um selbst nachzusehen. Für eine Weile schaue ich nach draußen in die stille Dunkelheit, dann gehe ich langsam zurück ins

Bett und spüre, wie mein Puls sich beruhigt. Erschöpft schlafe ich ein.

Am nächsten Morgen werde ich von den aufgeregten Stimmen meiner Söhne geweckt: »Mama, komm schnell! Der Hühnerstall ist total kaputt, eine ganze Wand ist weg«, ruft Phillip.

»Und überall sind Federn – ich glaub, da ist was Schlimmes passiert«, fügt Paul atemlos hinzu.

Kein Traum.

Schweren Herzens ziehe ich mich an, und als ich draußen bin, sehe ich schon von Weitem das Ausmaß der Verwüstung. Der Hühnerstall, der in einiger Entfernung am Waldrand steht, ist halb eingerissen, dicke Holzplanken liegen verstreut, die stabilen Tür- und Fenstergitter sind zerfetzt, zerdrückt und gefaltet, als wären sie aus Papier.

Ich möchte nicht näher kommen und laufe trotzdem weiter, an Federhaufen vorbei, blutigen Fleischfetzen, aufgerissenen Tierkörpern. Mindestens neun Hühner wurden getötet, manche komplett verspeist, zu identifizieren nur noch an den zurückgebliebenen Federn, einige übel zugerichtet, von zweien fehlt jede Spur. Henni und Blacky. Goldie und Hedwig, Hedwig mit den prächtigen weißen Federn. Nichts Weißes ist mehr da, nur noch etwas rot-braun Verklebtes.

In mehreren der Federhaufen befindet sich ein Eigelb, und mir fällt eine Zeile aus einem Kinderbuch vergangener Tage ein: ›Jedes legt noch schnell ein Ei, und dann kommt der Tod herbei.‹ Unfertige Eier in diesem Fall, in Panik, im letzten Kampf ausgeschieden.

Ich kann nicht verhindern, dass mir die Qual und Pein der Tiere, ihr Schrecken durch den Kopf geht, und gleich darauf folgt das Schuldgefühl. Hätte ich sie nicht retten können, retten müssen? Hätte ich nicht mehr tun müssen, um sie zu beschützen? Wenn ich nur die Geräusche richtig gedeutet hätte, früher auf der Terrasse gewesen wäre, einen Stall aus Stein gebaut hätte ...

Die toten Körper meiner geliebten und einst so lebendigen Tiere lassen mich an die Endlichkeit des Lebens denken. Obwohl es nur Hühner sind, stelle ich mir vor, wie das Leben aus ihnen gewichen ist. Wie aus dem Lebendigen eine leere Hülle wurde, etwas Totes, ein Klumpen Fleisch.

Ich spüre, dass an diesem Morgen ein Wendepunkt in meinem Leben und in unserem Abenteuer in der Wildnis erreicht ist.

1. KAPITEL

EIN TRAUM
WIRD WAHR

Die Wohnung war schon wieder teurer geworden. Anfangs hatten wir den Staffelmietvertrag noch für ein Schnäppchen gehalten, doch inzwischen konnten wir unsere zwei Zimmer hier im Szeneviertel kaum noch bezahlen. Zu klein waren die sechzig Quadratmeter außerdem, zu eng, wir traten uns gegenseitig auf die Füße und gingen uns auf die Nerven. Mittlerweile zu viert, bräuchten wir für unser Baby Paul und den zweijährigen Phillip mindestens ein Zimmer mehr. Schon seit geraumer Zeit schauten wir uns immer wieder Wohnungen an, füllten Fragebögen aus, ließen uns auf Wartelisten setzen und von potenziellen Vermietern mit intimen Fragen löchern – und gingen doch am Ende immer leer aus. Für uns als selbstständig arbeitende Eltern mit Baby und Kleinkind gab es weit und breit keine passende, bezahlbare Wohnung, und während unsere Hoffnungen schwanden, machten sich Frust und Zukunftsangst immer breiter. Immer öfter fragte ich mich außerdem, ob unser Zuhause, diese Stadt, ein gutes Umfeld für die Kinder war. Der nächste Spielplatz lag zwanzig Minuten entfernt an einer Hauptverkehrsstraße. Der Park war noch weiter weg, und zu allem Übel hatte nun auch noch der kettenrauchende Nachbar angefangen, sich zu beschweren. Die Kinder seien zu laut, ließ er uns wissen, bei dem Lärm könne er nicht schlafen (da er nachts gewöhnlich sehr laut und lange in seiner Wohnung feierte, musste er sich tagsüber ausruhen). Das ständige Rumrennen in der Wohnung sei wie ein Erdbeben, schimpfte er, und dieses Geschrei – schrecklich! Er brauche seine Ruhe.

Oh, ich wusste, was er meinte. Ich wünschte mir auch mehr Ruhe. Mehr Platz. Und weniger Hektik und Stress.

»Vielleicht sollten wir aufs Land ziehen«, sagte ich eines Tages zu Tom. »Weißt du noch, wie wir Katrin und Alex im Schwarzwald besucht haben? So was in der Richtung hätte ich auch gern! Einen Hof, ein Bauernhaus ... Wäre das nicht fantastisch für die Kinder? Gute Luft, viel Platz zum Spielen, wir hätten Ruhe – und Schweine und Kühe gleich nebenan.«

»Genau, die stinken gen Himmel und machen einen Heidenlärm. Von wegen gute Luft und Ruhe! Und dann die Hirschgeweihe und Kuckucksuhren überall? Total spießig! Überhaupt, wer will denn schon irgendwo am Arsch der Welt wohnen?« Tom zeigte sich wenig begeistert.

»Okay, hast du vielleicht 'ne bessere Idee?« Ich ließ mich nicht beirren: »Ich will keine enge, teure Wohnung. Ich will keinen Lärm, keinen Dreck und keine Autoabgase! Der Simon hat jetzt übrigens auch Asthma, hat Pauline erzählt. Und was meinst du, wo die ganzen Allergien herkommen?«

»Wahrscheinlich müssten wir dann selbst ein Auto kaufen.«

Das stimmte natürlich. Es gäbe auch keine Freunde in der Nähe, und Ausgehen oder Einkaufen würde einen gewissen Einsatz erfordern. Aber dafür hätten wir Platz, gespartes Geld und eine gesündere Umgebung für unsere Kinder.

Warum genau wohnten wir denn eigentlich in der Stadt? Weil es so praktisch war? So einfach und kurzweilig? Hatten wir unsere wilden Jahre nicht längst hinter uns, und gab es nichts Wichtigeres im Leben? Sicher, es war großartig, aus dem Haus zu treten und Kultur, Kneipen und Kaufhäuser gleich um die Ecke zu haben. Doch zum regelmäßigen Ausgehen und Konsumieren fehlte ja nun ohnehin die Zeit.

Nichts war mehr wie früher, seit Paul und Phillip da waren, die beiden hatten unser Leben völlig umgekrempelt, und lange Münchner Nächte existierten nur noch in der Erinnerung.

Stattdessen hatten jetzt viele Dinge, die mir zuvor nicht mal einen Gedanken wert gewesen waren, eine neue Bedeutung bekommen. Ständig dachte ich über die Zukunft nach und stellte mir vor, wie die Kinder aufwachsen würden. Ich analysierte ihre Gesundheit und vertiefte mich in Ernährungsfragen. Themen wie Plastikmüll, Klimawandel, Massentierhaltung und Umweltgifte begannen, mein Bewusstsein zu beherrschen. Phthalate, Bisphenol A und Glyphosat wurden zur allgegenwärtigen Bedrohung. Hilfe! Ich musste etwas ändern!

Immer öfter träumte ich von wilder Natur und weiten Wäldern. Von Wiesen und Seen und vom Rauschen der Blätter unter endlosem Himmel. Wäre es nicht wunderbar, wenn die Kinder einfach so raus könnten, zum Spielen, Bäumeklettern, Abenteuererleben? Wenn man nicht erst vier Stockwerke durchs muffige Treppenhaus hinunterlaufen müsste, um auf die Straße zu kommen? Wenn es diese Straße überhaupt nicht gäbe? Die Fantasie ging mit mir durch: unberührte Landschaft, grünes Gras und Felder vor der Tür. Obstbäume und Beeren zum Selbstpflücken. Einen großen Gemüsegarten müsste man haben, Essen zur Selbstversorgung könnte man anbauen, vielleicht sogar ein paar Tiere zur Nahrungsgewinnung halten. Ich wollte frei sein! Frei von den Übeln der Zivilisation. Frei von Müll und Gift. Weg vom Konsum – selbstbestimmt, im Einklang mit der Natur, so wollte ich leben!

Aufgewachsen im Ruhrgebiet, hatte ich schon während meiner Kindheit davon geträumt, nach Kanada oder Alaska zu gehen und alles hinter mir zu lassen. Nirgendwo anders konnte man wirklich frei sein, dachte ich, und die nordamerikanische Wildnis war für mich schon damals der Inbegriff von Aufbruch, Wagnis und Abenteuer, was sicher auch mit der Lektüre meines damaligen Lieblingsromans *Der Ruf der Wildnis* von Jack London zu tun hatte. Ich liebte die Geschichte des Hundes Buck, war fasziniert von seinem Weg aus der Zivilisation in die wilden Wälder und bewunderte, wie er dort schließlich seine wahre Bestimmung und Heimat fand.

Jetzt, dreißig Jahre später, war ich meinem einstigen Traum näher als je zuvor, und ein abenteuerlicher Plan begann Gestalt anzunehmen. Da uns durch Toms amerikanischen Pass die wichtigsten Türen im Land der unbegrenzten Möglichkeiten offenstanden und mich meine Arbeit als Dokumentarfilmerin schon früher von München nach New York geführt hatte, rückte die nordamerikanische Wildnis in greifbare Nähe.

Viele Abende saßen Tom und ich in den folgenden Wochen zusammen an unserem alten IKEA-Küchentisch und wälzten Bücher, Landkarten und Broschüren. Ich war voller Enthusiasmus, er zweifelte weiterhin. Wir redeten, debattierten und stritten. Wir träumten, planten und versöhnten uns. Wo wollten wir hin (nicht in den Schwarzwald, machte Tom klar), und was waren die Alternativen? Wie sollte unsere Zukunft aussehen?

»Ich mag die Stadt, und ich brauche sie zur Inspiration«, sagte Tom mehr als einmal.

»Die Kinder brauchen mehr Platz, wir alle brauchen mehr Ruhe, außerdem müssen wir Geld sparen, und es wäre doch toll, wenn wir ein gesünderes, ursprünglicheres Leben führen könnten«, lautete meine Standardantwort.

»Ja, aber um welchen Preis? Ich finde Mistgabeln und Jauchegruben jetzt echt nicht so prickelnd, und ein Waldmensch oder Landei will ich auch nicht werden.«

»Musst du ja auch nicht! Aber du könntest frische Eier von glücklichen Hühnern essen, könntest in Ruhe deine Bücher schreiben, und außerdem gibt's supergünstige Häuser in den Wäldern nördlich von New York – da hätten wir garantiert keine finanziellen Sorgen mehr!«

Das letzte Argument zog am meisten, glaube ich, und schließlich ließ sich Tom zu dem ultimativen Abenteuer überreden. Unter der Bedingung, dass alles, was mit Mist und Jauche zu tun hatte, in meinen Zuständigkeitsbereich fiel.

»Ja, klar«, sagte ich, »überhaupt kein Problem.«

Schon im folgenden Sommer brachen wir mit den Kindern und einem Teil unserer Ersparnisse Richtung Upstate New York und Kanada auf. In New York City mieteten wir einen Leihwagen, packten ihn voll Proviant und machten uns von dort auf den Weg nach Norden, den Hudson River hinauf. Um uns umzuschauen, mal zu schnuppern, uns zu orientieren und die Möglichkeiten auszuloten. Einen Monat wollten wir uns dafür Zeit nehmen.

Wir fuhren hinaus aus Manhattan und der Bronx, vorbei an Yonkers, über die Tappan Zee Bridge und hinein in die Natur des grandiosen Hudson Valleys, das uns mit seiner wilden Schönheit begrüßte. Das ausgedehnte, gebirgige Hochland der Appalachen lag direkt vor uns, und der riesige, majestätische Fluss zog sich durch endlos weite Landschaften, gesäumt von Bergen und tiefen Wäldern. Wir kamen durch verschlafene Dörfer und urwüchsige Sumpfgebiete, passierten schroffe Felsen, über denen Weißkopfseeadler ihre Runden zogen, und stießen immer wieder auf das weite Flusstal, das sich in der Ferne in schimmerndem, blaugrünem Dunst verlor. Die Nächte verbrachten wir auf einsamen Campingplätzen im Wald, in der Wildnis, die genauso aussah wie die, von der ich immer geträumt hatte.

Unterwegs hielten wir nach Häusern Ausschau, die zum Verkauf standen, zu erkennen an rot-weißen Plastiktafeln mit der Aufschrift ›FOR SALE‹. Die Schilder steckten an der Straße im Gras, hingen an Zäunen oder in Fenstern, und tatsächlich gab es erstaunlich viele davon. Wir notierten Telefonnummern, machten zahlreiche Anrufe und trafen uns mit verschiedenen Maklern, die uns eine ganze Reihe von Objekten in unserer bescheidenen Preisklasse präsentierten, darunter Abbruchhäuser, Geräteschuppen und ein Pferdestall. Letztendlich benötigten wir noch zwei weitere Jahre, mehrere Reisen in die Wildnis und ein zusätzliches Darlehen, um das Abenteuer beginnen zu können.

Das Objekt unserer Wahl war ein heruntergekommenes Bauernhaus aus dem Jahr 1830, mit großer Scheune und einem Steinbrunnen, hoch gelegen in den Catskill Mountains, ein paar Autostunden nördlich von New York City. Ich konnte mir sofort vorstellen, wie hier vor zweihundert Jahren die Farmer ihren Acker bestellt und ihre Tiere versorgt hatten. Trotz blätternder Farbe, Sprüngen in den Scheiben und verwahrlostem Garten strahlte das Anwesen Magie aus – es kam mir vor wie ein Fenster in eine andere Zeit. Das Haus mit seinem klassischen Giebel, den verschachtelten Räumen, den vielen verstrebten Fenstern und hölzernen Läden liebte ich auf den ersten Blick. Von tiefem Wald umringt, von Bächen und Teichen gesäumt, erreichbar über einen verschlafenen, mit Apfelbäumen bestandenen Feldweg – es war perfekt!

Zum Haus gehörte eine große Terrasse, von der aus man einen atemberaubenden Weitblick über die rollenden Berge der Catskills und über das Flusstal des Esopus hatte, der an dieser Stelle ins gewaltige Ashokan Reservoir mündete. Natur, so weit das Auge reichte, kein Zeichen von Zivilisation, wohin man auch schaute. Knapp zweihundert Kilometer nördlich von New York City, inmitten eines riesigen Naturschutzgebietes nahe dem legendären Woodstock, lag unser neues Zuhause – zwar nicht ganz in Kanada, aber fast! Preislich konnten wir es uns gerade so leisten, und doch waren die Kosten, verglichen mit den Immobilienpreisen in der Stadt, ein Witz. *Peanuts,* wie der Amerikaner sagen würde. Natürlich war das Haus renovierungsbedürftig, schlecht isoliert, ein paar Leitungen waren undicht, und das Dach musste erneuert werden. Aber all das sollte ja Teil des Abenteuers werden.

Wir besiegelten den Kauf mit der eifrigen Unterstützung eines jungen Anwalts aus Woodstock, ohne den wir die unkonventionelle Prozedur nie durchschaut hätten. Doch Jeff, immer gut gelaunt und in seiner Freizeit Imker, wusste auf jede Frage eine Antwort und fand für jedes Problem eine Lösung. Mit seiner Hilfe waren alle nötigen Formalitäten letztendlich leichter und schneller erledigt als gedacht.

Mit Urkunden und Papieren in der Tasche kehrten wir als stolze Hausbesitzer nun erst einmal zurück in die alte Heimat, um unsere Zelte abzubrechen. Wir kündigten unsere Wohnung, beauftragten eine Spedition mit dem Transport unserer bescheidenen Habseligkeiten und verabschiedeten uns von all unseren Freunden. Jetzt gab es kein Zurück mehr.

2. KAPITEL

ANKUNFT UND NIEDERKUNFT

Ich glaube, heute ist der Tag gekommen. Leila wollte schon am Morgen nicht raus. Jetzt steht sie mit gekrümmtem Rücken in der Ecke und gibt eigenartige Geräusche von sich. Es klingt wie ein Wimmern, und ich frage mich, ob sie Schmerzen hat. Sie dreht den Kopf, verdreht ihre schönen bernsteinfarbenen Augen und schaut mich flehend an. ›Tu was‹, scheint sie zu sagen. Ich bin nervös und weiß nicht, ob ich zu ihr gehen soll, ob sie meine Unterstützung oder lieber ihre Ruhe haben will. Ich bin mindestens so unruhig wie sie, es ist für uns beide das erste Mal. Hektisch beginne ich, die nötigen Sachen zusammenzusuchen. Plastikhandschuhe. Antibakterielle Flüssigseife. Saubere Handtücher. Jod. Auch einen Eimer mit warmem Wasser stelle ich bereit. Ich gebe Leila einen dicken braunen Vitamincocktail zur Stärkung – so steht es im Buch. Dann heißt es: warten.

* * *

Es ist nun fast ein Jahr her, dass wir unser Bauernhaus bezogen haben und mit Leidenschaft in das neue Leben eingetaucht sind. Dabei waren die ersten Wochen und Monate angefüllt mit Renovierungsarbeiten. Das undichte Dach des alten Hauses musste gedeckt, Kabel und Leitungen repariert werden. Auch die teils verrottete Außenfassade benötigte sofortige Aufmerksamkeit, in den Wänden schimmelte es bereits. Wir reparierten so viel wie möglich selbst, nur für einige wenige Spezialarbeiten ließen wir Experten kommen. Es gab nämlich nicht allzu viele Fachkräfte in der Gegend, und die wenigen, die es gab, kamen entweder immer zu spät, oder sie tauchten gar nicht erst auf. Wie Chuck, der langhaarige Dachdecker, der schon morgens nach Alkohol roch und eine Seite unseres Giebels mit Schindeln versah, doch dann nicht mehr gesehen ward. Sein Geld holte er auch nie ab (Rechnungen und Banküberweisungen stellten sich generell als unpopulär heraus), und wir konnten nur mutmaßen, was ihm wohl widerfahren war.

»Vielleicht hat er einen besseren Job gefunden«, spekulierte der vierjährige Paul.

»Oder er ist vom Dach gefallen«, argwöhnte Phillip.

»Unsinn, sicher hat er so viel Arbeit, dass er nicht mehr weiß, wo ihm der Kopf steht«, stellte Tom klar.

Ich enthielt mich eines Kommentars. Wir nahmen die Dinge selbst in die Hand, und obwohl es anstrengend war, sich um alles zu kümmern und dabei auch noch die Kinder zu versorgen, erfüllte uns die Arbeit mit Freude und Glück. Hier angekommen zu sein, den eigenen Hof aufzubauen und die Zukunft zu gestalten fühlte sich großartig an. Wir hatten es gewagt, fühlten uns frei und stark – und konnten alles schaffen!

Tom erneuerte neben dem Dach die hölzerne Fassade samt blätternder Außenfarbe, während ich Innenwände und Decken reparierte und sämtlichen Räumen einen neuen Anstrich verpasste. Die zerbrochenen Glasscheiben wurden ersetzt, und danach brachten wir Kamin, Terrasse und schließlich auch die Scheune auf Vordermann. Da in der Wildnis keine Wasserleitungen verlegt waren, hatten wir eine eigene Quelle und Sickergrube. Zum Glück stellte sich hier alles als einigermaßen intakt heraus, und die sanitären Anlagen waren benutzbar. Die Stromversorgung funktionierte zu Beginn zwar nicht, eine Überlandleitung musste repariert, die Verbindung zum Haus hergestellt werden, doch da wir im Sommer einzogen, ließ sich damit leben – der Elektriker war bestellt.

Bis dahin kochten wir über dem Feuer im Garten, gingen bei Sonnenuntergang schlafen und lebten im Rhythmus der Natur. Ich freute mich auf jeden neuen Morgen, freute mich darauf, die von der aufgehenden Sonne rot angeleuchteten Berge zu bestaunen und den Tag mit Tom und einem Bad im Fluss zu beginnen. Das Wasser des Esopus war kalt und glasklar, man konnte die bemoosten Steine auf dem Grund genau erkennen, ebenso wie die kleinen Forellen, die pfeilschnell hin und her flitzten. Zu dieser frühen Stunde hingen noch Nebelfetzen über dem Wasser und zwischen den Bäumen, und die kleine Bucht, die wir gleich zu Anfang für uns entdeckt hatten, bekam etwas absolut Magisches. Nach der morgendlichen Erfrischung tranken wir bitteren Cowboykaffee und frühstückten Äpfel direkt vom Baum. Und dann hämmerten, pinselten, spachtelten und schliffen wir wieder, bis es dunkel wurde.

Es waren aufregende, intensive und schöne Wochen, und an manch einem Abend sanken Tom und ich uns nach getaner Arbeit glücklich und erfüllt in die Arme, spürten die warme Erde unter unseren Körpern und waren uns und der Natur so nah wie nie zuvor.

»Hörst du das?«, wollte ich an einem dieser Abende wissen.

»Hmm. Klingt wie eine Banshee.«

»Das war irgendein Tier.«

Wir lagen eng umschlungen im Dunkeln auf der Wiese neben unserem Haus, die warme Luft roch nach Lagerfeuer und geschnittenem Gras. Es war spät, fast Mitternacht, aber wir wollten den Tag noch nicht beenden. Wir schauten in den Himmel, sahen die Abermillionen Sterne an, selbst die Milchstraße war gut zu erkennen. Wir konnten das Universum fühlen.

»Huh-hu-hu-huuarrr«, klang es wieder, viel näher als vorher.

Ich versuchte, in der Dunkelheit etwas zu erkennen, schaute in die Richtung, aus der das Heulen gekommen war. Nichts. Nur die Schatten der Bäume konnte ich ausmachen, wie eine schwarze Wand ragte der Wald in einiger Entfernung auf. Ich hatte plötzlich genug vom Draußensein.

»Lass uns reingehen, okay?« Ich stand auf und sammelte unruhig meine Sachen ein.

Da war es wieder. Eindringlich und laut. Diesmal kam es von oben.

»Ich hab's doch gesagt, es ist ein Geist«, rief Tom halb erschreckt und halb amüsiert, als ein großer schwarzer Schatten über uns hinwegsegelte.

Wir vernahmen hier viele nie gehörte Geräusche, furchterregend zuerst, dann aber immer vertrauter. Wie diesen gruseligen Schrei des Streifenkauzes. Und das noch unheimlichere Heulen der Kojoten, die manchmal bis zum Haus kamen. Wenn sie mit ihrem Rudel, mit ihren Familien kommunizierten, dann schallte es wie ein hohes Jammern, manchmal wie ein gespenstisches Lachen oder auch wie menschliches Schreien durch die Nacht. Und dann war da dieses lang gezogene, laute und klägliche Pfeifen, von dem wir erst später lernten, dass es von winzigen Baumfröschen, den *spring peepers,* herrührte, die so ihre Weibchen anlockten.

Manche der nächtlichen Rufe und klagenden Schreie haben wir nie identifizieren können, aber wir wussten, dass es hier Luchse, Füchse, Bären und angeblich sogar Berglöwen gab.

* * *

Ich warte noch immer, eine Ewigkeit scheint vergangen. Leila steht unverändert, nun schon seit über einer Stunde, nur ihr

Stöhnen und Wimmern ist zu hören. Ab und an stampft sie auf den Boden. Dann geht ein Ruck durch ihren Körper. Ich bemerke, dass ein schleimiger Faden aus ihrem Hinterteil heraushängt, auch Blut ist zu sehen. Es geht los.

Im Kopf gehe ich alles durch, was ich zuvor in meinem Ratgeber gelesen habe. Ich kann mir plötzlich überhaupt nicht vorstellen, im Fall einer Komplikation in die Vagina zu greifen, um das Baby umzudrehen oder dessen Beine zu ordnen. Was, wenn irgendetwas schiefgeht? Bitte, lass alles gut gehen, schicke ich ein Stoßgebet zum Himmel, während ich nervös und voller Spannung erwarte, was als Nächstes passieren wird.

✳ ✳ ✳

Schon kurz nach unserem Einzug hatten wir festgestellt, dass es im Haus Schlangen gab. Anders als die Luchse, Füchse, Bären und Berglöwen schienen sie die menschliche Nähe und besonders unseren Keller zu mögen, und es dauerte nicht lange, bis Tom dort eines Abends die erste Begegnung machte. Er wollte Werkzeuge hochholen und trat fast auf das eingerollte Reptil, das in einer dunklen Ecke lag. Wir waren nicht schlangenkundig genug, um auf Anhieb zu erkennen, ob es sich um eine Giftschlange oder eine harmlose Gartennatter handelte, aber nach genauerer Betrachtung und einigem Blättern in unserem Tierführer beschlossen wir, uns lieber nicht zu nähern. Im Buch stand nämlich, dass es giftige Vipern in dieser Gegend gab, *copperheads,* die auch oft in der Umgebung von Menschen zu finden waren, da sie deren Holzhaufen und Steinmauern gern als Unterschlupf nutzten. Wir lasen, dass der Biss dieser weit verbreiteten nordamerikanischen Giftschlange zu den schmerzhaftesten Schlangenbissen überhaupt gehört, mit Nervenstörungen, Schwellungen, Übelkeit und Erbrechen einhergeht, zum Glück aber selten tödlich ist. Das war tröstlich.

Im trüben Licht der Kellerlampe glaubte ich, den dreieckigen Kopf erkennen zu können, ebenso wie die charakteristische ockerbraune Färbung mit den kupferroten Streifen. Was, wenn dieses Tier nach oben in die Wohnräume gelangte? Wenn es in die Spielkisten der Kinder kroch oder in die Küchenschränke? Oder gar in die Betten, da war es doch am wärmsten! Was sollten wir denn jetzt machen?

Verscheuchen? Bloß nicht! Es einfangen! Oder? Aber wie? Jemanden anrufen! Nein, einen Sack finden! Bloß keinen Sack, einen Eimer. Nein, eine Axt! Schnell!

Die Schlange lag friedlich zusammengerollt auf dem steinigen Boden, während wir hektisch und ohne festen Plan die Kellertreppe hinauf und hinunter liefen. Schließlich ging ich nach oben, um nach den Kindern zu sehen, während Tom draußen nach der Axt suchte, doch als wir uns kurz darauf wieder im Keller trafen, fehlte von der Schlange jede Spur.

* * *

Die Geburt hat begonnen. Leila schnauft laut, läuft nun herum, dreht sich, und hinten ist bereits ein Teil der Fruchtblase sichtbar. Ich sehe zwei kleine Hufe darin und bin erleichtert. So soll es sein, das Baby liegt richtig herum, die Vorderbeine kommen zuerst. Jetzt kann ich auch einen winzigen Ziegenkopf erkennen, eingezwängt zwischen den kleinen Beinchen, und dann geht alles ganz schnell. Das Junge gleitet heraus, fällt ins frische Stroh, die Fruchtblase platzt. Alles ist voll Fruchtwasser und Blut, aber Leila dreht sich um und beginnt, das Kleine abzulecken. Gut so. Ich helfe ihr mit Handtüchern, tauche das Ende der abgerissenen Nabelschnur in einen Becher mit Jod, desinfiziere den ganzen Babybauch und schaue dabei auch nach dem Geschlecht des Zickleins. Männlich. Und da eine kleine Ziege selten allein kommt, geht es gleich weiter: Die nächste Fruchtblase erscheint, wieder sehe ich kleine Hufe, wieder atme ich auf. Leila legt sich während des gesamten Geburtsvorgangs nicht einmal hin, erledigt alles im Stehen und Gehen, und bald ist auch die zweite kleine Ziege da, weiblich diesmal. Ich trockne und desinfiziere auch sie und helfe beiden kleinen Tieren, das pralle Euter der Mutter zu finden. Das Euter mit dem lebensnotwendigen Kolostrum und der nahrhaften Milch, die sie zum Start ins Leben brauchen. Blutverkrustet ist es noch, alles ist schleimig und klebrig, doch schon bald werde auch ich die weiße Flüssigkeit aus diesem beutelartigen Organ quetschen, werde sie trinken und zu Käse, Butter und Joghurt verarbeiten.

Ich packe die inzwischen ausgeschiedene Nachgeburt – einen Klumpen bläuliches, glitschiges Fleisch – in eine Plastiktüte und entsorge sie im Müll, obwohl mir das irgendwie falsch vorkommt. Manche Tierbesitzer lassen ihre Ziegen die eigene Plazenta fressen, was diese aus Instinkt tun, da in freier Wildbahn das blutige Fleisch hungrige Raubtiere anlocken würde. Das kommt mir in dieser Situation aber noch falscher vor, also weg damit. Ich räume auf, wische mit dem Handtuch alle Tiere noch einmal ab, gebe Leila Futter und verteile einen halben Ballen Heu – dann ist die Arbeit hier für heute getan, und es dauert nur wenige Stunden, bis die flauschigen weißen Zicklein munter durch den Stall springen.

3. KAPITEL

EIN TIERISCHES ABENTEUER

Drei Monate nach unserer Ankunft hatten wir die Renovierung des Hofes weitestgehend abgeschlossen und konnten auf eine schmucke kleine Farm schauen: ein Haus wie aus dem Bilderbuch, in frischem Weiß, mit dunkelgrünen Fensterläden, umringt von Ahorn und Magnolien, Buchsbaum- und Rosenhecken. Auf den umliegenden Wiesen standen unsere Obstbäume voller saftiger Äpfel und Pfirsiche, und der große Garten war mit Tigerlilien, Schafgarben und wilden Kräutern übersät. Auch Gemüse sollte dort bald wachsen.

In der Zwischenzeit hatte Tom einen Job als *art handler* im dreißig Kilometer entfernten Woodstock angenommen, der uns finanziell über die Runden half und ihm trotzdem noch genug Zeit zum Schreiben ließ, während ich mich ganz der Farmarbeit und den Kindern widmen wollte.

Für Paul und Phillip war dies hier natürlich das Paradies. Sie lebten in einem Abenteuerurlaub ohne Ende, alles war aufregend und spannend, es gab so viel zu sehen, zu erforschen und zu erobern. Alte Bäume, Bäche, Felsen und Höhlen. Pfade im gründämmrigen Dickicht, von denen man nur ahnen konnte, wer sie ausgetreten hatte. Versteckte Lichtungen, steinige Buchten am nahen Fluss. Die Kinder konnten endlich all die Dinge tun, die früher nicht einmal im Urlaub gingen: Staudämme bauen, im See schwimmen, Tiere beobachten, Hütten im Wald errichten und an Seilen von den Bäumen schwingen. Manchmal beobachtete ich die beiden und konnte unser Glück nicht fassen. Es war wie ein Traum.

Natürlich gab es nach wie vor jede Menge zu tun, und bereits vor unserem Einzug hatten wir uns einen gebrauchten Dodge Van gekauft, mit dem wir alle Besorgungen erledigten und mit dem Tom nun auch zur Arbeit fuhr.

Eines Morgens standen beide Türen des Autos offen, obwohl Tom sicher war, dass er sie am Vorabend geschlossen hatte.

»Bist du wirklich ganz sicher?«

»Natürlich, ich habe doch extra noch geguckt, ob die Fenster zu sind.«

»Fehlt was aus dem Auto?«

»War ja nichts drin, aber es ist irgendwie sehr dreckig vor dem Sitz. Kann aber auch von meinen Schuhen kommen. Und ich weiß nicht, ich glaube, ich hatte einen Müsliriegel auf dem Armaturenbrett, der ist jetzt weg.«

»Oh, dann waren es bestimmt die Kinder«, sagte ich erleichtert.

Am nächsten Tag war einer der Seitenspiegel abgebrochen. Ich glaubte weder an Geister noch an böse Nachbarn, und als sich nur wenige Tage später mehrere breite Schrammen über die gesamte Seitentür zogen und das dicke silberne Metall tief eindrückten, da wurde mir mulmig. Ich stellte fortan sicher, dass unsere Haustür nachts gut verschlossen war, die Fenster verriegelte ich extra fest.

In der folgenden Woche richtete ich an einem schönen, warmen Herbsttag die Küche ein. Die Sonne schien, ein paar Rotflügelstärlinge sangen lauthals vor dem offenen Fenster, und eine sanfte, waldige Brise wehte herein. Gut gelaunt packte ich die letzten Küchensachen aus und schaffte einen ganzen Haufen Müll – alte Regalbretter, Pappkartons und ein paar Essensreste – vor die Haustür zur späteren Entsorgung. Die Kinder spielten im Garten, ich hatte sie durchs Fenster im Blick. Die beiden sammelten die ersten fallenden Ahornblätter, je größer und röter, desto besser. Die Blätter an den Bäumen leuchteten in den verschiedensten Farben, von Grün über Gelb bis hin zu gleißendem Orange und knalligem Rot. Indian Summer hieß dieser Teil des Jahres hier.

Ich beobachtete die Kinder eine Zeit lang und freute mich an der Idylle. Nach einer Weile wandte ich mich wieder der Arbeit zu und brachte noch eine Runde ausrangierten Krempel vor die Tür. Dort musste ich allerdings feststellen, dass die erste Ladung verschwunden war. Alles, samt großer schwarzer Tüte, einfach weg. Wie konnte das sein?

Ich guckte mich um. Es war niemand zu sehen. Doch plötzlich bemerkte ich, dass es zu still war. Die Vögel waren verstummt. Auch die Kinder hörte ich nicht mehr. Selbst der Wind hatte aufgehört, in den Bäumen zu rascheln. Ich bekam eine Gänsehaut. Irgendetwas stimmte nicht. Alarmiert lief ich zurück in die Küche zum Fenster und sah hinaus. Die Sonne stand schon tief und schien durch die Bäume im Garten, durch die Blätter, die alle bewegungslos in der windstillen Luft hingen. Da standen Phillip und Paul in rotes Licht getaucht, ebenfalls regungslos, und starrten auf den großen Apfelbaum hinten neben der Scheune.

Der Baum war das Einzige, was sich in der ansonsten völlig eingefrorenen Szene bewegte. Seine Blätter schwangen auf seltsame Weise hin und her, zitterten, zuckten immer stärker, bis sich der Baum schüttelte, als wäre er besessen. Panisch öffnete ich das Fenster und rief nach den Kindern, die sich jedoch nicht von der Stelle rührten. Da ich sie nur von hinten sah, konnte ich nicht sagen, ob sie vor Schreck oder vor Faszination erstarrt waren. Ich lief, so schnell ich konnte, nach draußen.

»Paul, Phillip, hierher, sofort, was macht ihr da!«, schrie ich. Keine Reaktion.

»Kommt schon, KOMMT HER!!« Ich brüllte aus vollem Halse. Jetzt drehten sie sich endlich um, mit weit aufgerissenen Augen und offen stehenden Mündern.

Und dann passierte es. Ein lautes Krachen. Blätter und übrig gebliebene Äpfel fielen wie Hagel zu Boden, das Prasseln donnerte wie Kanonenfeuer in meinen Ohren. Ganz langsam senkte sich einer der großen Seitenäste immer tiefer zur Erde. Die Kinder schauten wie hypnotisiert zum Baum zurück, und wir alle sahen ungläubig zu, wie etwas Großes, Schwarzes in dem Blätterdickicht zum Vorschein kam.

Gigantische Tatzen. Beine so dick wie der Baumstamm selbst. Zottiges Fell. Und ein riesiger Kopf. Ich kreischte vor Entsetzen.

Der Bär kletterte behäbig vom zerbrochenen Ast und schüttelte sich. Nur ein paar Meter trennten ihn jetzt von den Kindern, und als er da so stand, schien seine Schulter höher aufzuragen als die Kinderköpfe.

Ich war noch mindestens zwanzig Meter entfernt, löste mich aus meiner Erstarrung, japste und schrie panisch und rannte dann instinktiv auf Paul und Phillip zu. Ich musste sie beschützen, musste sie retten.

Der Bär starrte mich an. Ich starrte zurück. Ich sah seine kleinen Augen im massigen Kopf. Die große hellbraune Schnauze. Jetzt zog er die Lippen hoch, entblößte die Zähne, sie waren riesig und sahen rötlich aus. Hin und her schwenkte und schüttelte er seinen Kopf, doch er brüllte nicht, wie man das vielleicht erwarten würde, sondern zischte und fauchte.

Natürlich hatte ich gelesen, wie man sich beim Auftauchen eines Bären verhalten soll: Abstand halten, langsam zurückweichen, nicht rennen. Nicht in die Augen schauen. Sich groß machen. Und den Bären mit Lärm vertreiben. Doch all diese Informationen waren komplett aus meinem Kopf gefegt. Ich handelte ohne Vernunft, völlig automatisch, ohne klare Gedanken. Ich dachte nur an meine Kinder, die immer noch wie angewurzelt dastanden.

Wahrscheinlich war das unser Glück. Nicht auszudenken, was passiert wäre, hätten sie die Flucht ergriffen. Dass ich nun stattdessen auf sie und damit auch auf den Bären zulief, schien ihn zumindest kurzfristig zu verwirren. Mein panisches Gekreische mochte er offenbar auch nicht, und nach einem weiteren lauten Zischen und Aufstampfen mit den Vordertatzen drehte er ab und verschwand im Wald.

Nach diesem Ereignis wurden sehr strikte Regeln eingeführt. Spontane Ausflüge in den Wald waren vorläufig untersagt. Kein Müll, einschließlich Chips- und Bonbontüten, durfte zu irgendeiner Zeit draußen irgendwo herumliegen oder im Auto vergessen werden. Bäume mussten vor dem Beklettern genau untersucht, die Umgebung ständig beobachtet werden. Ein genauer Verhaltens- und Fluchtplan wurde regelmäßig durchgesprochen und geübt.

Ich kramte ein altes Flugblatt hervor, das wir auf einem der Campingplätze auf unserer ersten Reise hierher erhalten hatten, und befestigte es am Kühlschrank:

BLACK BEARS ARE ACTIVE IN THIS AREA!

- **Do not leave food or trash outside.**
- **Always keep children close to you.**
- **Never approach a bear or get between a mother and her cubs.**
- **Always be noisy!**
- **If you see a bear, back away and avoid direct eye contact.**
- **Resist the urge for a bear selfie!**
- **Do not feed the bear.**
- **If the bear approaches, yell, clap, and try to appear large.**
- **Do not run from the bear.**

- **Follow this advice. A bear can kill you!**

Das freie Leben und die unbeschwerte Kindheit hatten ihren ersten Dämpfer erfahren.

4. KAPITEL

PAARUNGSZEIT IM KLOSTER

Schon bald nach Ende der Renovierungsarbeiten begann ich, mich über die Milchviehhaltung zu informieren. Frische Milch ohne Schadstoffe, selbst gemachter Joghurt und Käse, Sahne und Butter aus eigener Herstellung – das war mein Traum, und dazu gehörte natürlich auch, dass die Milch von einem glücklichen und freien Tier kam, das draußen sein Futter fand und unter besten Bedingungen lebte – nicht von einer gequälten Kuh aus der Massentierhaltung.

Meine Mission ›Gesundes Leben‹ ging somit in die nächste Runde – und es wurde höchste Zeit, denn obwohl ich schon seit Jahren fast ausschließlich Bioprodukte kaufte, hatte ich das Gefühl, der Lebensmittelindustrie nicht trauen zu können. Es gab zu viele Skandale, immer wieder erschreckende Schlagzeilen, zu viele unerwartete Enthüllungen. Ich wollte keine Rückstände von Antibiotika, Hormonen und Steroiden in der Nahrung haben und auch sonst keine Gifte, Weichmacher oder andere Schadstoffe, die während der Produktion ins Essen gerieten und sich dann als krebserregend herausstellten. Wir wussten doch niemals wirklich, was wir da eigentlich aßen! Es sei denn, wir produzierten all unsere Nahrung vom Anfang bis zum Ende selbst. Wenn dann davon auch noch die Umwelt profitierte – umso besser. Es würde in unserem Haus keine Milchtüten oder Plastikflaschen mehr geben, keine Joghurtbecher, Käseverpackungen oder ähnlichen Müll – unsere Milch würde gleich vom stählernen Melkeimer in Glasbehälter befördert werden und dabei pur und unbelastet bleiben. Auch lange Transportwege und eine aufwendige Lagerung würden wegfallen, was schließlich unserem Klima zugutekam.

Am Anfang meiner Recherchen plante ich, eine Kuh in die Scheune zu stellen. Ich kam von dieser Idee jedoch schnell wieder ab, nachdem ich verschiedenen Erfahrungsberichten entnahm, wie schwer es ist, eine Kuh artgerecht zu halten, wie viel Arbeit und wie viel Milch – viel zu viel für eine Familie – eine Kuh mit sich bringt. Klimaschonend sind Kühe ja auch nicht gerade, und wenn ich wirklich konsequent und umweltbewusst sein wollte, konnte ich von meinem Grundstück aus keine methangeladenen Kuhfürze in die Atmosphäre schicken, fand ich.

Nein, der Ratschlag aller erfahrenen Kleinbauern in der näheren und weiteren Umgebung lautete: Ziegen. Die seien viel ökonomischer, einfacher zu halten und zu versorgen, und man könne unter den verschiedenen Rassen eine auswählen, die in Sachen Milchgeschmack und -menge genau die persönlichen Bedürfnisse befriedigte. Die allgemeine Auffassung, dass Ziegenmilch nach Ziege schmeckt, sei ein Gerücht, ließ ich mich belehren, und gesünder sei sie allemal. Ganz zu schweigen von den köstlichen Käsen, die man daraus machen konnte.

Also begab ich mich auf die Suche. Ich schaute mir Nubier mit Schlappohren und hohem Butterfettgehalt an und Oberhaslis mit Stehohren und mittlerem Fettgehalt. Es gab auch Lamanchaziegen ganz ohne Ohren, aber mit besonders schmackhafter Milch, oder winzige Pygmäenziegen, die immer noch leicht eine ganze Familie mit Milch versorgen konnten.

Schließlich fiel meine Wahl auf zwei Saanenziegen. Diese alpine Rasse, benannt nach einer Schweizer Gemeinde, ist bekannt für ihre Freundlichkeit, für schneeweißes Fell, Stehohren und einen relativ niedrigen Fettgehalt in der Milch. Sehr schön sahen unsere beiden Exemplare außerdem aus, fast wie wilde Bergziegen. Sie hießen Leila und Nelly, und ich fand sie in einem orthodoxen Kloster in Otego, einem kleinen Ort im Norden des Bundesstaates New York. Dort lebte eine Gruppe Nonnen abgeschieden mit ihren Tieren, züchtete, pflegte, molk und gewann Nahrungsmittel.

Sie taten genau das, was ich nun auch vorhatte, und bei meinem ersten Besuch lernte ich bereits, wie man Hufe beschnitt, den unvermeidlichen Wurmbefall mithilfe der FAMACHA-Karte überwachte, was in der Ziegennotfallapotheke alles vorhanden sein musste und wie wichtig es war, auf ein frisch ausgestelltes CAE-Zertifikat zu achten, um sich auf keinen Fall ein Tier mit ansteckender Capriner Arthritis-Enzephalitis in den Stall zu holen.

Zugegeben, das hatte ich mir irgendwie einfacher vorgestellt, doch Sister Pamela zeigte und erklärte mir alles geduldig. Sie war eine herzliche und sehr resolute Nonne, mit rotem, rundem Gesicht und Jeanskutte unter dem weißen Schleier, und meine anfängliche Befangenheit verflog schnell. Das Kloster sah auch nicht aus wie eine heilige Stätte, sondern eher wie ein Bauernhof, mit vielen Weiden, Ställen und Feldern. Frauen in schwarzen Habits arbeiteten in den großen Gärten, grüßten, lachten, und überall liefen Ziegen, Schafe und Hühner umher. Es war eine kleine, idyllische Oase, und außer der Tracht erinnerte kaum etwas an die strenge Religiosität der Bewohner. Lediglich einige Kreuze und Marienstatuen, dezent auf schmalen Anrichten platziert, sowie religiöse Bilder an den Wänden zeigten mir, wo ich war, als ich das Zimmer der Mutter Oberin betrat.

Mother Katherine empfing mich mit offenen Armen und einem Glas Ziegenmilch, das übrigens ganz hervorragend süß und frisch und kein bisschen ziegig schmeckte. Sie entschied schließlich nach einem langen Gespräch, dass ich würdig war, zwei ihrer geliebten Ziegen zu besitzen. Für je zweihundert Dollar – und das war ein guter Preis, denn die reinrassigen Tiere kosteten eigentlich doppelt so viel. Leila und Nelly hatten einige Lücken im Stammbaum, weswegen ich sie zum halben Preis bekam.

»Jetzt gucken wir uns mal die Jungs an«, sagte Sister Pamela, als wir wieder im Stall waren, »die sind nämlich gerade heiß.« Sie erzählte mir, dass sich die beiden Böcke in der Brunst befanden und jetzt die Zeit zum Decken am besten sei. »So kommen die Jungen im Frühjahr zur Welt, das ist natürlich, so funktioniert es in der Natur.«

Also statteten wir D'Arcy und Doodle einen Besuch ab, und oh, ihr Gestank und Benehmen passten wirklich überhaupt nicht in ein Kloster. Die beiden sahen zwar prächtig aus mit ihrem langen weißen Fell und den geschwungenen Hörnern, doch die Ausdünstungen, die sie verströmten, waren so intensiv, dass ich es kaum aushalten konnte. Ich musste an die frische Luft!

»Wir müssen die beiden getrennt halten, denn sie sind verrückt nach den Mädels. Und du riechst es ja, sie stinken gen Himmel. Das wäre nicht gut für die Milch, wenn sie da in die Nähe kämen.«

Doodle und D'Arcey rumorten in ihren Ställen herum, gaben interessante Grunzlaute von sich und schienen wie elektrisiert zu sein.

»Ja, sie lieben die Paarungszeit«, klärte mich Sister Pamela auf. »Meist müssen sie auch mehrmals am Tag ran. Gleich ist es wieder soweit, das ahnen sie schon. Zwei der Mädchen sind bereit.« Sie grinste verschmitzt. »Sex ohne Ende, und dann noch all die Kunden, die ihre Mädels zum Bedecken bringen – da geht's oft richtig rund, in unserem Liebesnest der ewigen Lust«, tönte es aus dem Mund der enthaltsamen Ordensfrau.

Ich verabschiedete mich etwas überstürzt und verließ den Stall in einer Wolke aus Ziegenbockaroma, das mir garantiert noch Tage anhängen würde. Es wurde ja schon dunkel, und ich hatte noch einen weiten Weg vor mir. Außerdem hatte

Leila ihr Abenteuer mit Doodle bereits hinter sich, als ich sie ins Auto springen ließ – ohne Nachwuchs würde sie schließlich keine Milch produzieren, hierin sind sich alle Säugetiere gleich. Nelly, die Jüngere, hatte noch ein Jahr Zeit bis zu ihrem Liebesurlaub und kam vorerst lediglich zur Gesellschaft mit.

5. KAPITEL

DAS WESEN HINTER DER WAND

Die Ziegenschwangerschaft dauerte fünf Monate, während der wir die kalte Seite des Landlebens kennenlernten. Der farbenfrohe Indian Summer ging zu Ende, es wurde kühl und grau, und die Pflanzen um uns herum verdorrten. Die Landschaft sah mit jedem Tag brauner und farbloser aus, und die Wildgänse begannen, gen Süden zu ziehen. Ihre keilförmigen Formationen am Himmel, die sich schon vor ihrem Auftauchen durch die lauten, klagenden Rufe ankündigten, erfüllten mich mit Wehmut.

Als die Tage kürzer wurden, schrumpfte auch die Begeisterung für unser neues Leben merklich. Aber natürlich mussten

Farmarbeit und Tierpflege bei Dunkelheit und Minusgraden trotzdem erledigt werden. Zum ersten Mal in meinem Leben bekam ich Frostbeulen an den Füßen, weil der Boden so kalt und das Haus so schlecht isoliert war.

Etwa um diese Zeit hörten wir die Geräusche zum ersten Mal. Die Schritte hinter der Wand. Immer nachts zur selben Zeit, wie ein huschendes Laufen, aber lauter. Die Wand hinauf, dann über uns in der Zimmerdecke. Popp, popp, popp – fast wie ein Hopsen, als würde jemand über unseren Köpfen Seilspringen. Irgendetwas war mit uns im Haus. Ein Tier, glaubten wir. Aber welches? Ein Waschbär oder ein Wiesel vielleicht? Ein Opossum oder Ratten? Gab es eigentlich Ratten hier in der Wildnis? Ich wusste es nicht, und unsere *Upstate N.Y. Wildlife Encyclopedia* sagte nichts dazu. Ich musste es selbst herausfinden.

Hinten im Kinderzimmer gab es eine kleine Kammer, von der aus eine hölzerne Luke in den Dachboden des alten Hauses führte. Es war wie der Eingang in eine unheimliche, verbotene Welt. Wir hatten einmal mit Schaudern hineingeguckt und die Luke schnell wieder verschlossen. Stockdunkel war es da oben, es roch nach jahrhundertealtem Staub, Schimmel und Mäusedreck, und man konnte sich nur kriechend auf dünnen Holzplanken ins Innere des niedrigen Raumes begeben.

Dennoch beschloss ich nun, den Dachboden zu untersuchen. Ich musste wissen, was dort vor sich ging, wer oder was dort oben herumhüpfte und das Haus mit uns teilte. So zog ich mir eines Abends einen alten Overall an, band mir ein Tuch um den Kopf, steckte zwei Taschenlampen ein und erreichte über eine wackelige Leiter den Eingang in die Zwischenwelt. Ich schloss die kleine Luke hinter mir, damit nichts und niemand ins Kinderzimmer gelangen konnte, und war allein.

Es herrschte stickige, muffige Stille. Die Dunkelheit war undurchdringlich, kompakt und fühlte sich fast an wie ein Wesen, ein Untier, das mich zu bedrängen schien. Selbst für jemanden, der nicht klaustrophobisch ist, war dies ein extremer Ort. Ich klemmte mir eine der Lampen zwischen die Zähne, schaltete sie ein und begann langsam und auf allen vieren vorwärts zu kriechen. Dabei musste ich mich unter Balken und durch Zwischenräume zwängen, die kaum größer waren als ich selbst. Dennoch schaffte der Lichtkegel es selten, die hintersten Ecken auszuleuchten, die mit Schleiern von Spinnenweben und Staub verhangen waren.

Ich kroch weiter. Immer tiefer hinein in die dichte Dunkelheit. Unter meiner Hand spürte ich einen Widerstand, etwas zersplitterte. Ich richtete die Taschenlampe nach unten. Knochen, ein kleiner Schädel, wahrscheinlich von einer Maus. Weiter ging es, ganz langsam, und mit der Zeit verlor ich die Orientierung.

Dann hörte ich von irgendwoher ein Geräusch. Ich konnte nicht sagen, woher es kam. War es nah oder weit weg? War es überhaupt im selben Raum? Oder kam es von draußen? Ich wusste es nicht. Ich wusste aber, dass ich mich weit vom Eingang entfernt hatte, von der Luke und damit der Sicherheit.

Da war das Geräusch wieder, und jetzt erkannte ich es: Popp. Popp. Popp. Die Schritte, die Sprünge. Ich konnte immer noch nicht sagen, aus welcher Richtung sie kamen, aber sie klangen näher, als mir lieb war. Ich verharrte unbeweglich, und mir wurde auf einmal klar, was für eine schlechte Idee diese Unternehmung doch war. Ich hatte nichts mitgenommen, um mich zu schützen oder zu verteidigen, nicht einmal feste Handschuhe oder Ähnliches angezogen. Was, wenn das Wesen, das hier herumsprang, mich angreifen würde? Wenn es Junge hatte, die es zu beschützen galt, oder wenn es krank war?

Jetzt stand mir der kalte Schweiß auf der Stirn, und ich bemerkte, dass ich keinen schnellen Rückzug antreten konnte. Ich begann, mich auf den Knien rutschend umzudrehen, doch es war schon zu spät. Aus dem Augenwinkel sah ich eine Gestalt vorbeihuschen, am Deckenbalken krabbelnd, ein wendiges Wesen, wie ein Schatten, seltsam und flink. Kopfüber verschwand es aus meinem Blickfeld, dem Lichtkegel – wohin, ich wusste es nicht.

Panik überkam mich. Kleine schwarze Gestalten, kopfüber an der Decke, so was kannte ich nur aus Horrorfilmen – wie der Babadook sah das Ding aus! Alle rationalen Inhalte verschwanden aus meinem Kopf, es gab nur noch einen Gedanken: Flucht! Bloß schnell raus hier, nur weg! Ich kroch, so schnell ich konnte, zurück Richtung Luke. Da versperrte es mir plötzlich den Weg. Klein, dunkel, teuflisch, mit riesigen Augen, die das Licht der Taschenlampe reflektierten.

Ich schrie auf, die Lampe fiel mir aus dem Mund, und das Wesen verschwand in der Dunkelheit. Ich weiß nicht mehr, wie ich die letzten Meter zurücklegte, aber ich schaffte es bis zur Luke, öffnete sie, fiel, mehr als dass ich kletterte, in die darunterliegende Kammer und wischte mir Schweiß und Spinnweben aus dem Gesicht.

Ich schloss die Luke über mir, und bei Licht betrachtet, konnte ich nicht glauben, dass ich mich so erschrocken hatte. Ich hatte die Gestalt erkannt. Wusste nun, wer im Dunkeln auf dem Dachboden hauste. Ich war da oben einem *flying squirrel* begegnet, einem Flughörnchen!

Es war eindeutig wieder einer dieser Fälle, die einen Fachmann erforderten. Sofort rief ich bei Pestmaster Services in Woodstock an, und schon am nächsten Tag kam Bradley vorbei, der seltsamste Mensch, der mir je begegnet war. *Creepy* war das Wort, das ihn am besten beschrieb. Er sah ein bisschen aus wie Tom Selleck von der Serie *Magnum,* benahm sich jedoch weit weniger charmant. Er bewegte sich wie eine Schlange, verrenkte seinen Kopf, schlich hin und her und fuhr ständig herum, als würde er sich erschrecken. Dann wieder stand er einfach nur da, schien auf etwas zu lauschen, was niemand sonst hören konnte, und ich fragte mich, was ihm wohl schon alles in seiner Berufslaufbahn widerfahren war. Wenn Bradley sprach, krochen näselnd-singende, fragende Sätze aus seinem Mund.

»Das wird nicht einfach, hmm?«

»Okay, erklären Sie mir mehr.«

»Das sind viele da oben, zu viele, nehme ich an?«

»Deswegen habe ich Sie ja angerufen.«

»Die kommen da nicht einfach raus, nicht alle, verstehst du?«

»Ich weiß nicht, Sie sind der Experte, Sie sollen das Problem lösen.«

»Sie haben da ihre Nester, für ihre Familien?«

»Keine Ahnung.«

»Mütter mit Jungen?«

»Ach so.«

»Kot und Urin, siehst du die Flecken an der Decke?«

»Verstehe.«

»Die Löcher müssen wir finden, willst du sehen, was ich im Auto habe?«

Das wurde mir jetzt irgendwie unheimlich. Tom war in Woodstock, sonst hätte er das regeln können, aber so ging ich eben mit Bradley zum Auto, wo er ein ausgestopftes Flughörnchen aus seiner Werkzeugtasche holte. Er begann, es leidenschaftlich zu streicheln.

»Ich habe sie zu Hause, meine Schmusetiere, siehst du?«

Genug davon. Ich wollte gar nicht mehr wissen. Ich ließ mir einen Kostenvoranschlag geben, verabschiedete mich und beschloss, dass Tom bei Bradleys nächstem Termin zu Hause sein würde.

Bradley kam noch zweimal, schlängelte herum, stopfte das eine oder andere Loch in der Außenfassade und unterm Dach, doch an den nächtlichen Geräuschen änderte das nichts. So nahmen wir letztendlich auch dieses Problem selbst in die Hand, und von nun an waren unsere Abende und Nächte gefüllt mit dem Einfangen der kleinen, nachtaktiven Nager, die übrigens mit den Eichhörnchen verwandt sind. Mit Käfigfallen und Erdnussbutter fingen wir jede Nacht mindestens zwei der niedlichen *squirrels,* um sie dann viele Kilometer entfernt, auf der anderen Seite des Ashokan Reservoirs, wieder freizulassen. Dabei war es jedes Mal spektakulär, zu sehen, wie die Tiere den nächstbesten Baum erklommen, in Sekundenschnelle zur Spitze kletterten und von dort aus losglitten. Die Beine gespreizt, die Flughäute gespannt, segelten sie graziös durch die Luft und schnell außer Sichtweite. Ich glaubte fest, dass sie um diese Jahreszeit keine Babys auf unserem Dachboden zurückließen.

Neben Bradley mussten wir in diesen Tagen noch einen weiteren Fachmann konsultieren, und zwar Hank, den Schornsteinfeger. Obwohl wir Holzofen und Kamin auf Vordermann gebracht hatten, stimmte etwas mit dem Abzug nicht, und wir wollten keinen Kaminbrand und schon gar keine Kohlenmonoxidvergiftung riskieren. Ich vermutete, dass die Flughörnchen irgendwo dort ihre Nester gebaut hatten, aber nur Hank konnte das klären. Hank war riesig, passte kaum durch die Tür und konnte Leitern und Werkzeuge mit einem Finger tragen. Er inspizierte den Ofen und den Kamin, konnte jedoch das Problem nicht gleich finden und bat um Zugang zum Dachboden, damit er den Schornstein auf Beschädigungen untersuchen konnte. Ich warnte ihn, aber er stieg hinauf.

Es dauerte keine zehn Minuten, bis ich ein ohrenbetäubendes Getöse und Gepolter vernahm. Es hörte sich an, als würde ein Teil des Hauses einstürzen, und so ähnlich war es auch, wie ich kurz darauf mit eigenen Augen sah. Das ganze Schlafzimmer lag voller Schutt und Staub, Holzteile und Mörtelbrocken bedeckten Boden und Möbel, und in der Decke klaffte ein großes Loch.

Hank, der Riese, stand auf dem Bett, mitten im Chaos. »Sie haben mich angegriffen«, stieß er fassungslos hervor. Er zeigte mir blutige Wunden an den Händen und im Gesicht sowie eine aufgerissene Hose, obwohl das alles durchaus auch beim Sturz durch die Decke hätte passieren können. »Die verdammten Flughörnchen haben mich angegriffen!«

Plötzlich hatte ich unglaubliche Angst davor, dass er uns verklagen würde. Vorsichtig drückte ich meine Zweifel aus und vermutete, dass er vielleicht eher vor Schreck hingefallen oder gestolpert war und mit seinem Gewicht die Decke des darunterliegenden Raumes durchschlagen hatte. »Das ganze Zimmer ist jetzt kaputt«, fügte ich eingeschüchtert hinzu, doch das schien den empörten Hank nicht zu interessieren.

Am Ende verklagte niemand jemanden, und Hank reparierte den Abzug, ohne ein weiteres Wort über die Flughörnchen zu verlieren. Tom und ich schliefen vorerst im Wohnzimmer, und das Loch in der Decke wurde eine Woche später von Chuck (dem langhaarigen Dachdecker) repariert, der plötzlich und ohne Erklärung wieder aufgetaucht war und, um seine Ehre zu retten, auf ein Honorar verzichtete.

6. KAPITEL

WILDER WINTER

Als der erste Schnee fiel, verwandelte sich unsere graubraune Welt in eine blendend weiße. Nichts darin war mehr düster oder trübe, alles strahlte jetzt gleißend und hell. Die gefallenen Blätter und verwelkten Pflanzen waren verschwunden, verborgen unter eisigen Decken, und lediglich einige Spitzen ragten aus der weißen Pracht hervor. Noch nie hatte ich die Verwandlung so bewusst erlebt. Plötzlich sah nichts mehr aus wie vorher. Die weiten Hügel, die Wälder, die unberührte Landschaft – alles war in Weiß gehüllt, ein Weiß, das niemals grau oder matschig wurde.

Wir tobten mit den Kindern durch diese verwunschene Welt, lieferten uns wilde Schneeballschlachten, bauten

Schneemänner und fühlten uns, als würden wir unseren ersten echten Winter erleben. Fröhlich, aufgekratzt und voller Bewunderung. Wir wurden es nicht müde, immer wieder auf tellerartigen Schneeschuhen die tiefen verzauberten Wälder und Berge zu durchstreifen oder Schlittschuh auf unberührten Waldseen zu laufen. Oft zogen wir die Kinder auf hölzernen Schlitten hinter uns her, während sie, in Decken gehüllt, mit großen Augen um sich guckten. Wir begegneten dabei niemandem, nur einige Hirsche kreuzten manchmal unseren Pfad, schauten uns neugierig an und zogen dann ihres Weges. Ab und zu hörten wir in der Ferne den Ruf eines Kojoten. Die Wildnis rief, gar keine Frage.

Wenn wir von unseren Streifzügen zurückkehrten, setzten wir uns gemeinsam vor den warmen Ofen, tranken heiße Schokolade und wärmten uns wohlig die Füße, während ich den Kindern von Buck, dem Hund, und seinen Abenteuern erzählte.

Schon bevor der Schnee kam, hatten wir Unmengen von Holz gehackt. Doch die riesigen Stapel aufgeschichteter Scheite, die wir ums Haus herum aufgetürmt hatten, verbrauchten sich in diesen eisig-verschneiten Tagen schnell. Es war noch nicht mal Weihnachten, da mussten wir für Nachschub sorgen, wenn wir es weiterhin warm haben wollten. Das erste Holz stammte von drei umgestürzten Bäumen, die wir in der Nähe des Hauses gefunden, zersägt und zerhackt hatten. Nun mussten wir tiefer in den Wald gehen, um weitere Stämme zu finden, und zwar solche, die schon länger tot waren, denn das feuchte Grünholz eines frisch gefällten Baumes verbrennt nicht sauber, hatte Hank uns gelehrt. Zu viele Schadstoffe werden im Feuer freigesetzt, und es besteht die unterschätzte Gefahr eines Kaminbrands, wenn sich der entstehende Ruß im Schornstein festsetzt. Immer wieder werde er zu verheerenden, dabei völlig unnötigen Brandschäden gerufen, die er dann mühevoll reparieren müsse, hatte Hank mit erhobenem Riesenfinger gewarnt. Ich wollte auf gar keinen Fall, dass uns so etwas je passierte! Sicherheitshalber besorgten wir uns ein elektronisches Feuchtigkeitsmessgerät, mit dem wir jedes Scheit kontrollierten, bevor es in den Ofen durfte. War es nicht knochentrocken und enthielt auch nur einige Prozent Wasser, wurde das Holz noch einmal für eine Weile in der Nähe des Ofens nachgetrocknet. *Better safe than sorry,* wie der Amerikaner sagen würde (übrigens eignete sich das Gerät auch hervorragend, um Flughörnchenurin in den Wänden aufzuspüren).

So hackten, schleppten, stapelten und trockneten wir und sorgten dafür, dass das Feuer niemals ausging. Doch obwohl wir es uns so kuschelig warm und gemütlich gemacht hatten, kam uns der Winter irgendwann zu lang vor. Alles schien zu stagnieren, nichts bewegte sich (außer den schnell verbrennenden Holzscheiten), die Welt schien buchstäblich eingefroren zu sein, bis in alle Ewigkeit, so fühlte es sich an. Man konnte sich immer weniger vorstellen, dass dieser Zustand jemals enden würde. Vielleicht lag es daran, dass hier die Jahreszeit den Tagesablauf den Tagesablauf so sehr bestimmte, dass man am Ende nur noch seine Monotonie wahrnahm. Das ewige Holzhacken. Das Schneeschaufeln und Eisbrechen, die erschwerte Fortbewegung, tagein, tagaus. Woche für Woche. Monat für Monat.

Als schließlich Anfang März die Tage merklich länger und wärmer wurden, atmete ich auf. Ich freute mich intensiver auf Frühling und Sommer als je zuvor. Außerdem konnte ich es kaum erwarten, meinen ersten Ahornsirup herzustellen. Schon vor Wochen hatte mir die Besitzerin eines kleinen Tante-Emma-Ladens in Woodstock alles über *maple sugaring* und *tree tapping* erzählt – und mir auch gleich die stählernen Zapfhähne, sogenannte *spiles,* samt Anleitungsbroschüre dazu verkauft. Mit einem Hammer schlug ich diese Hähne nun in drei nahegelegene Ahornbäume ein. Die dicken Stämme hatte ich zuvor mithilfe eines Handbohrers präpariert, und zwar anderthalb Meter über dem Boden zur Sonnenseite hin. Dort prangten jetzt trotz meines bescheidenen handwerklichen Geschicks tiefe, etwa ein Zentimeter breite Löcher, in welche die *spiles* genau hineinpassten. Ich hatte auch einige Stahleimer besorgt, die ich an Haken darunter aufhängte, um den Ahornsaft aufzufangen, jene Flüssigkeit, die durch den Baum fließt, um ihn mit Nährstoffen zu versorgen. Im Vorfrühling ist der *sap* besonders süß, da sich die im Holz gespeicherte Stärke in Zucker verwandelt, doch nur während der kurzen Zeit, in der die Nächte noch Frost bringen, die Tage aber schon warm sind, kann man ihn sammeln – denn nur dann läuft er auch aus dem Baum heraus! In der Tat steckt ein recht komplexer Prozess hinter dem *maple sap flow:* Es entsteht nämlich bei Minusgraden ein Unterdruck im Stamm, der dazu führt, dass Flüssigkeit angesaugt wird, die dann im Baum gefriert. Klettert das Thermometer nach oben, taut sie wieder, während gleichzeitig im Holz Gase expandieren und einen Überdruck erzeugen, der den Saft aus dem Stamm herausdrückt. Dieser

Wechsel von Kälte und Wärme war es also, der nun meine drei Ahornbäume gewissermaßen zu Pumpen machte und die kostbare Nährstofflösung in meine Eimer tropfen ließ.

Ungefähr zwei Wochen lang sammelte ich täglich die Flüssigkeit ein und füllte sie in große Container, die ich draußen im Restschnee kühl hielt. Manchmal gaben die Bäume mehrere Liter in wenigen Stunden ab, zu anderen Zeiten tropfte es nur spärlich und am Ende eines Tages war gerade mal der Eimerboden benetzt (diesen einen Schluck trank ich dann meist aus, statt ihn abzufüllen). Schließlich stand ich aber mit etwa siebzig Litern Ahornsaft da, die nun zur Sirupgewinnung eingekocht werden mussten. Dazu bauten Paul und Phillip aus großen Steinen eine extra Feuerstelle neben unserem Haus, auf die wir dann zwei große Blechpfannen setzten. Diese befüllten wir nach und nach mit dem *sap*, der darin munter blubberte, brodelte und langsam verkochte. Einen ganzen Tag lang stiegen über dem Feuer duftende Dampfschwaden auf, während sich der süße Saft mehr und mehr reduzierte und konzentrierte. Man konnte sich gut vorstellen, wie schon vor Hunderten von Jahren die Ureinwohner Nordamerikas auf ähnliche Weise ihren Sirup kochten. Auch wenn es ewig dauerte – wir alle genossen es, den ganzen Tag draußen am Lagerfeuer zu sein, die Vorfrühlingsgerüche wahrzunehmen, die ersten jungen Knospen zu bestaunen und dabei etwas wahrhaft Besonderes herzustellen: Knapp zwei Liter Ahornsirup füllte ich am Ende des Tages in Gläser, dickflüssig, dunkelgolden und köstlich.

Während der vergangenen Monate hatte ich die Ziegen fast jeden Tag nach draußen gebracht. Sie liebten den Schnee, tobten darin herum und fraßen gern im Wald Äste, alte Blätter und vor allem Nadelhölzer, am liebsten Fichten- und Kiefernzweige. Dazu verschlangen sie Unmengen von Heu und bekamen auch eine Getreideration – trotzdem sah Leila nun im März immer noch unverändert schlank aus, obwohl sie in einigen Wochen Nachwuchs bekommen sollte, und ich wurde misstrauisch.

Ich hatte einiges gelernt, seit die Ziegen zu uns gekommen waren. Zum Beispiel, wie viel feines Heu sie auf dem Boden zertraten oder sonst wie verschwendeten (Nelly nahm gerne ein großes Maul voll und versenkte es im Trinkeimer), wie futterneidisch und herrisch sie sein konnten und wie Leila der jüngeren Nelly – und auch mir – immer wieder zeigte, wer jetzt hier die Chefin war. Da wurde gestupst, gestoßen, gezupft und gemeckert, was das Zeug hielt, und mir wurde klar, wo Begriffe wie ›zickig‹, ›bockig‹ und ›blöde Ziege‹ ihren Ursprung hatten. Ich lernte auch, wie unglaublich oft die beiden pinkeln und kacken mussten (und wie viel auch hiervon zielsicher im Wassereimer landete) und wie geruchsintensiv die Stallreinigung sein konnte. Außerdem waren die beiden wahre Kletterkünstler und konnten Zäune, Türen und Tore überwinden – oder öffnen. Dann fraßen sie buchstäblich alles, was in ihre Reichweite kam, und man musste sehr genau auf seine Knöpfe, Handschuhe und Halstücher aufpassen. Auch der eigene Stall war nicht sicher, und schon nach ein paar Monaten hatten sie große Löcher in die perfekt gezimmerten Holzplanken geknabbert.

Was ich nach all der Zeit allerdings immer noch nicht wusste, war, woran man eine trächtige Ziege erkennt. Da Leila weder runder, noch träger oder gar mütterlicher wurde, begann ich, an ihrer Schwangerschaft zu zweifeln.

»Warum wird sie denn gar nicht dicker?«, wunderte sich auch Paul.

»Da sind garantiert keine Babys drin«, stellte Phillip fest.

»Also, was meint ihr, Leute, hat es vielleicht nicht geklappt?«, fragte ich in die Familienrunde.

Kopfschütteln und Schulterzucken.

Ich war kein bisschen klüger. »So was kann bestimmt vorkommen, oder? Das gibt's ja bei den Menschen auch. Aber das wäre jetzt wirklich saublöd, dann müsste ich noch ein ganzes Jahr auf die Milch warten.« Was würde aus meinen sorgfältig kalkulierten Käseplänen werden, nach all diesen Monaten der Arbeit?

»Gibt es nicht einen Schwangerschaftstest für Ziegen?«, fiel Tom schließlich ein.

Was? Das war's! Warum war ich da nicht selbst draufgekommen? Zwar konnte ich nicht sagen, ob Tom es überhaupt ernst meinte – aber der Sache musste ich nun nachgehen.

Ich fragte herum, suchte Rat bei anderen Ziegenbesitzern, rief Sister Pamela an (die mir ausdrücklich die Potenz ihrer Böcke bestätigte) und fand schließlich Patty, die ein Stück weiter oben am Fluss, im Dorf Shandaken wohnte. Patty war eine wettergegerbte, derbe Bäuerin mit langen grauen Haaren und Lachfalten im Gesicht, und sie hielt schon seit Jahrzehnten jedes erdenkliche Getier. Sie wusste alles über Ziegen, schlachtete sogar selbst, und es hieß, sie musste noch nie einen Tierarzt konsultieren, so gut hatte sie alles im Griff. Doch selbst Patty sagte mir, dass sie an errechneten Geburtsterminen schon die eine oder andere Überraschung erlebt hatte. »Du könntest allerdings mal den *bleach test* ausprobieren, nicht sehr zuverlässig, aber schaden kann's nicht«, schlug sie mir mit einem Augenzwinkern vor. Ich bedankte mich überschwänglich – endlich gab es etwas, das ich tun konnte!

Am nächsten Morgen stand ich auf der kühlen Weide, bewaffnet mit einem Plastikbecher, und wartete. Nur ein kleines bisschen von Leilas Urin musste ich ergattern, doch auf einmal musste sie kaum noch pinkeln, und wenn sie musste, dann tat sie es im Laufen. Es sah bestimmt absolut lächerlich aus, wie ich sie mit ausgestrecktem Arm, geduckt und stolpernd verfolgte – ich hätte wetten können, dass ich aus Nellys Richtung mehrfach ein belustigtes Schnauben hörte.

Nach langer Jagd und mit nassen Händen brachte ich schließlich einen viertelvollen Becher ins Haus. Endlich! In einer Minute würde ich wissen, ob Leila trächtig war oder nicht: Wenn ich den Urin in eine Schüssel mit chemischer Haushaltsbleiche schütten würde, dann würde die Anzahl der aufsteigenden Blasen die Schwangerschaft entweder bestätigen oder ausschließen. Viel Geblubber bedeutete ein positives Ergebnis, wenige oder keine *bubbles:* negativ.

Voller Spannung kippte ich das Pipi in die Schüssel – doch nichts geschah. Nicht eine einzige Blase stieg auf. Nicht schwanger! Verflixt!! Ich konnte es nicht glauben.

In den folgenden Wochen wiederholte ich den Test noch einige Male, sammelte sogar Vergleichsurin von Nelly ein (die sich wesentlich kooperativer zeigte und deren Urin deutlich mehr Blasen produzierte) und kam zum immer gleichen Ergebnis. Nicht schwanger. Selbst als Leila bereits ein dickes, fettes Euter gewachsen war.

Nach der Geburt (die schließlich vier Tage nach dem errechneten Termin stattfand) diente dieses Euter nun den beiden Zicklein als Quell des Lebens, und mir war die Parallele zu meiner eigenen Stillzeit akut bewusst. Das Euter roch auch ähnlich wie eine milchgefüllte Menschenbrust, und die Vorstellung, dort demnächst mit meinen eigenen Händen die Milch herauszudrücken, die eigentlich für die jungen Tiere produziert wurde, bereitete mir Unbehagen. War es nicht seltsam, dass wir als Menschen diese Flüssigkeit tranken, die eigentlich für die Aufzucht von Tierbabys bestimmt war? Zum Glück hatte ich noch etwas Zeit, die kleinen Ziegen verbrauchten alle Milch selbst, und ich schob den Gedanken ans Melken erst mal zur Seite.

Was ich allerdings nicht wegschieben konnte, war das Thema Enthornung. Dieser Eingriff musste mithilfe eines Brenneisens bereits ein paar Tage nach der Geburt vorgenommen werden, und zwar sobald die kleinen Hornansatzknubbel unter dem flauschigen Babyfell spürbar wurden. Eigentlich hätte ich gern die Hörner wachsen lassen – ich fand das natürlicher, schöner, und natürlich einfacher –, doch sowohl Sister Pamela als auch Patty aus Shandaken rieten mir ganz dringend zum Enthornen, und die beiden waren schließlich Expertinnen, im Gegensatz zu mir. Zu gefährlich und unpraktikabel seien die Hörner, eine Gefahr für Mensch und Tier, und da auch Leila und Nelly enthornt waren, wären sie den gehörnten Nachkommen unterlegen und schutzlos ausgeliefert. Verkaufen könne man gehörnte Ziegen auch schlecht, auf Ausstellungen würden sie disqualifiziert (nicht dass wir vorhatten, unsere Ziegen zur Schau zu stellen), und selbst mein Ratgeber widmete dem Thema *disbudding* ein ganzes Kapitel.

Obwohl ich schon ahnte, dass dies eine der furchtbarsten Aktivitäten des Bauernlebens sein würde, beugte ich mich also den Erfahrenen, ließ mir den Vorgang genau zeigen und erklären und ging fünf Tage nach der Geburt ans Werk.

Zuerst mussten die kleinen, niedlichen, flauschigen Ziegenbabys so fixiert werden, dass sie sich nicht bewegen konnten, und das war schon schlimm genug. In Decken gewickelt und festgeschnürt auf einem Holzgestell ahnten sie, dass nichts Gutes passieren würde, wehrten sich und schrien, dass es kaum zu ertragen war. Unglaublich, wie laut und stark ein fünf Tage altes Zicklein sein kann! Ich war bereits zu diesem Zeitpunkt schweißgebadet und mit den Nerven am Ende, und obwohl ich genau wusste, was zu tun war, schien es das Unmöglichste der Welt zu sein.

Ich atmete tief durch, warf noch einen letzten Blick auf die Gebrauchsanweisung ...

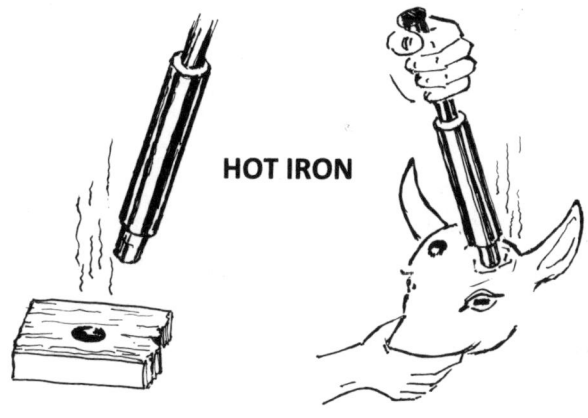

HOT IRON

... und dann drückte ich das rot glühende Brenneisen auf die Stelle zwischen Augen und Ohren, wo eigentlich die Hörner wachsen sollten. Zehn lange und qualvolle Sekunden lang. Pro Hornansatz. Mit sanftem Druck und Drehbewegung.

Der beißende Qualm, der Geruch von verbranntem Haar und Fleisch waren grauenvoll, aber am schlimmsten fand ich das Geschrei, die aufgerissenen Mäuler der Kleinen, die heraushängenden Zungen und verdrehten Augen.

In einigen Ländern darf diese Prozedur nur unter Narkose durchgeführt werden, und ich verstand, warum. Hier jedoch hieß es, dass die Betäubungsspritzen mindestens ebenso schmerzhaft und die Injektionen und Narkose noch stressiger für die Tiere seien als die Prozedur selbst, und tatsächlich: Kaum eine Minute später sprangen die Ziegenbabys schon wieder fröhlich herum, als wäre nichts gewesen. Da es kein Blut gab und die Wunden durch die Hitze sauber kauterisiert worden waren, konnten die beiden sofort von dannen toben und schienen im Nu alles vergessen zu haben. Mir hingegen zitterten noch Stunden später die Hände, ich fühlte mich schlecht, wie ein schrecklicher Tierquäler, und fragte mich, wie weit die Schreie wohl zu hören gewesen waren und ob womöglich jemand die Polizei alarmiert haben könnte.

Doch diese Gedanken verblassten schnell. Der Frühling erblühte in voller Pracht, die Zicklein wurden größer, die Brandwunden verheilten, und wir alle liebten es, die Tiere auf der satten grünen Weide herumspringen zu sehen. Wie kleine Gummibälle hüpften sie durchs hohe Gras, munter und verspielt, und Paul und Phillip tobten zusammen mit ihnen über die Wiese, liefen um die Wette und konnten nicht genug von den quirligen Wirbelwinden bekommen. Die Idylle war einmal mehr perfekt, so hatte ich es mir vorgestellt!

7. KAPITEL

EIN KRABBELNDER ALBTRAUM

»**Was ist denn das für ein schwarzer Punkt da?**«, fragte Phillip eines Abends und zeigte auf sein Bein.

»Dreck«, mutmaßte Paul.

»Ein Leberfleck? Nein, da war vorher garantiert kein Leberfleck«, war ich mir sicher. Nach genauerer Inspektion bemerkte ich einen weiteren Punkt auf Phillips Hals. Und dann noch einen hinterm Ohr.

»Ich glaube, der Fleck hat Beine«, sagte mein schwarz gepunkteter Sohn.

In allen Träumereien, in der ganzen Planung, in all den wunderschönen Vorstellungen waren diese kleinen schwarzen Punkte nie vorgekommen. Aber die Realität holte uns schnell ein, genau genommen schon in diesem ersten Frühjahr. Sobald die Schneedecke verschwunden war und Blüten, Blätter und Gräser sprießten, warteten sie auf uns. In großen Mengen. An den seltsamsten Orten. Geduldig und ausdauernd: die Zecken.

Ixodes scapularis, auch *deer tick* genannt, ist dem europäischen Gemeinen Holzbock sehr ähnlich. Das kleine, mit der Milbe verwandte Spinnentier ist Überträger gleich mehrerer Krankheiten, darunter Babesiose, Anaplasmose und mit Abstand am häufigsten: die Lyme-Borreliose, benannt nach dem Städtchen Lyme in Connecticut, wo die Krankheit in den siebziger Jahren zum ersten Mal auffiel. Aktuell war diese bakterielle Infektion allerdings kaum irgendwo so verbreitet wie im Hudson Valley. Die Krankheit hatte hier epidemische Ausmaße angenommen, und es gab keine Impfung. Plötzlich hörte man auch immer häufiger Geschichten von Nachbarn oder Bekannten, die an der Borreliose erkrankt waren. Manche hatten nur geschwollene Knie und Fieber, andere litten unter Kopfschmerzen und Erschöpfung. Manch einer fand einen roten Kreis auf seiner Haut, die sogenannte Wanderröte, oder gar die Zecke selbst, und mit einem schnellen Gang zum Arzt und sofortiger Antibiotika-Einnahme konnte Schlimmeres verhindert werden.

Bei einigen jedoch wurde die Infektion zu spät – oder gar nicht – erkannt, und sie hatten mit teils schwersten chronischen Symptomen zu kämpfen. Arthritis. Herzbeschwerden. Völlige Erschöpfung. Auch Gesichtslähmungen und andere neurologische Probleme waren keine Seltenheit. Zwei Bekannte im näheren Umfeld mussten sogar ihre Arbeit aufgeben, wurden zu Invaliden. Zu allem Übel kam dann noch hinzu, dass kaum eine Versicherung die langwierige Behandlung einer chronischen Borreliose bezahlte. So hörten wir auch von einem Kind im Nachbardorf, das schon länger krank war. Die Eltern mussten für jeden Arztbesuch zweitausend Dollar hinblättern, dafür Kredite aufnehmen, ihr Auto verkaufen und auf der Crowdfunding-Plattform GoFundMe betteln gehen. Die Familie stand am Rande des Ruins – wegen eines kleinen schwarzen Punktes!

Bei mir setzte dementsprechend in diesem Frühling eine panische Pünktchen-Paranoia ein. Und zwar an jenem Abend, als ich an Phillip diese drei Zecken fand. Nymphen, noch nicht ausgewachsene Tiere, so klein, so winzig, dass sie mit bloßem Auge kaum zu erkennen waren. Wie Sandkörner. Noch am selben Abend fand ich einen weiteren Punkt in Pauls Gehörgang.

»Ist das 'ne Kruste oder 'ne Zecke?«

»Weiß ich doch nicht.«

»Hast du dich im Ohr gekratzt?«

»Nein.«

»Wie soll ich das Ding denn da jetzt rauskriegen? Mist, ich glaub, jetzt ist der Kopf ab, und zerquetscht hab ich sie wahrscheinlich auch. Was, nein – da krabbelt sie! Huch. Oha! Ich halt's nicht aus«, schnappatmete ich schwitzend.

Wir hatten schon seit unserem Einzug im vergangenen Jahr regelmäßige ›Zeckenchecks‹ durchgeführt, nach dem Spielen im Wald immer mal kurz nachgeschaut – das gehörte zum Landleben dazu, wussten wir, aber es war eher eine Formsache gewesen. Wir hatten bisher nie etwas gefunden. Doch schon ohne die zahlreichen Krankheiten jagten mir diese Tiere Angst und Schrecken ein. Die Vorstellung, dass die kleinen Blutsauger unbemerkt auf dem Körper herumkrabbelten, sich dann mit ihrem Mundstück in die Haut eingruben, um dort tagelang zu verharren und immer dicker (und ekliger) zu werden, hatte mir schon als Kind Albträume bereitet. Doch jetzt bekam dieser Schrecken eine neue Dimension. Wie konnte ich nur meine Kinder schützen und verhindern, dass auch sie krank wurden?

Gründlichere und häufigere Zeckenchecks, das war die erste Maßnahme. Denn nur wenn die Zecken über einen längeren Zeitraum das Blut saugen, so hatte unser Arzt gesagt, kann die krankmachende Bakterie übertragen werden. Borrelia burgdorferi lauert nämlich in den Eingeweiden der Zecke, und erst wenn diese dort unser Blut eindickt und überschüssige Flüssigkeit aus ihren Därmen mit ihrem Speichel zurück in die Wunde drückt, kann der Keim in unseren Körper gelangen. Das dauert eine ganze Weile, und wenn man also mindestens alle zwölf Stunden kontrolliert und wirklich nichts übersieht, dann ist das ein recht guter Schutz, zumindest was die Borreliose betrifft.

Und so geschah es. Morgens eine halbe Stunde pro Person, abends noch mal und manchmal auch zwischendurch und dann noch mal, nur zur Sicherheit. Alles, absolut jede Hautfalte, jede Körperstelle, wurde millimetergenau und penibelst abgesucht, jeder kleinste Punkt ausgiebig und von allen Seiten mit der Lupe betrachtet (um die Zecken besser sehen zu können, wurde ich zur Brillenträgerin), und immer wieder war es ein Schreck, wenn sich herausstellte, dass der Punkt Beine hatte. Es wurde zum blanken Horrorritual.

Daneben wurde nun auch das Streunen am Waldrand verboten (der Wald war ja wegen der Bären ohnehin schon gestrichen), ums Haus herum durfte nur noch in der Mitte des kurz gemähten Rasens gespielt werden, und kaum ein Satz kam so häufig aus meinem Mund wie dieser· »Achtung, Kinder, nicht in die Büsche gehen!«

Ich versuchte es mit Insektenspray, Diethyltoluamid – oder DEET –, welches laut ärztlichem Rat das einzig wirksame Mittel gegen die Blutsauger war. Diese chemische Keule, entwickelt von der US-Armee, konnte allerdings bei exzessiver Anwendung zu Nerven- und Hirnschäden führen und widersprach meinen Prinzipien von einem naturbelassenen Leben zutiefst. Wollte ich damit wirklich meine Kinder einschmieren? Was hatte da nun Vorrang, mögliche Nervenschäden durch Zeckenmittel oder mögliche Nervenschäden durch Zeckenstiche?

Ich probierte das Mittel aus, zu groß war mein Grauen vor den kleinen Krabblern, doch schnell stellte sich heraus, dass DEET sowieso nicht den gewünschten Erfolg erzielte. Die Zecken kamen trotzdem, über die Hosen, Hemdsärmel und Haare. Sie warteten auch nicht nur in den Büschen und im hohen Gras, nein, sie saßen auch am Haus, im Türrahmen und auf der Türklinke, verharrten dort mit hochgestreckten Vorderbeinen, lauerten darauf, dass jemand sie berührte und abstreifte. Sie saßen auf der Klinke des Gartentors, manchmal vier oder fünf hintereinandergereiht, an der Scheunentür und sogar auf den Griffen von Schaufeln und Gartengeräten. Als wüssten sie, dass dort in Kürze jemand hinfassen würde. Einige fanden sogar den Weg ins Haus, aufs Sofa, in die Badewanne. Wir waren belagert!

Die Kinder durften nun fast gar nichts mehr anfassen, und wenn sie rauswollten, mussten sie auch an heißen Tagen lange Ärmel, feste Schuhe, Hüte und in Strümpfe gesteckte Hosen anziehen. Bälle durften nur noch mit Spezialwerkzeugen aus den Büschen geholt und Fahrräder nur noch mit Handschuhen gefahren werden, und ich selbst ging nie mehr ohne hochgeschlossene Gummistiefel aus dem Haus und untersuchte meine Hände, Arme und Hosenbeine alle paar Minuten, was mich aussehen ließ wie eine Idiotin.

Jene Zecken, die sich dennoch unbemerkt anhängen und festbeißen konnten, wurden sofort nach ihrer Entdeckung fachmännisch mit einer Spezialpinzette entfernt: Gerade nach oben und zügig (aber nicht ruckhaft), ohne zu drehen oder zu quetschen, wurden sie direkt an ihrem Kopf aus der Haut gezogen. Die Einstichstelle wurde anschließend gewaschen und desinfiziert, die Haut und das Allgemeinbefinden fortan genauestens beobachtet. Unsere Kühlschranktür zierte nun zur ständigen Konsultation eine großformatige Grafik:

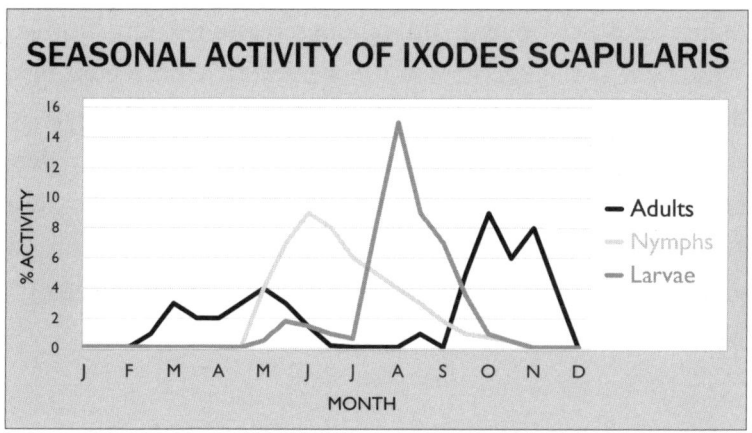

Und so beherrschten uns diese winzigen Tierchen mehr oder weniger fast das gesamte Jahr hindurch. Es gab kein Entkommen, und ich sehnte schon im Mai den Winter herbei, denn nur Schnee und Minusgrade brachten eine kleine Verschnaufpause mit sich. Ich glaube, ich werde nie wieder irgendwo einen Waldrand oder hohe Gräser anschauen können, ohne an Zecken zu denken, und wahrscheinlich werde ich für den Rest meiner Tage beim Anblick kleinster Krümel und Punkte auf der Haut einen Panikanfall bekommen.

Dennoch wollten wir uns zu der Zeit nicht gleich geschlagen geben und sannen nach Wegen aus der Misere. Dabei kam die nächstliegende Lösung für mich natürlich nicht infrage: Pestizide würden der Umwelt schaden, wären Gift für die Kinder, und ihr Einsatz hätte schlichtweg meiner gesamten Idee vom natürlichen Landleben widersprochen. Stattdessen überlegten wir, uns Perlhühner anzuschaffen. Diese haben den Ruf, durch ihr Fressverhalten die Zeckenpopulation deutlich zu reduzieren und als Allesfresser auch andere Schädlinge in Schach zu halten (angeblich töten sie sogar Mäuse und Schlangen). Ihr schönes Aussehen und lustiges Wesen sowie die Aussicht auf leckere Eier überzeugten uns, und im Übrigen wurden uns diese Vögel auch als Delikatesse auf dem Teller wärmstens empfohlen. Die Lösung schien perfekt! Und so zogen wir eines Morgens im Spätfrühling los, um bei einem Züchter, mehrere entfernte Dörfer weiter, sechzehn Perlhuhneier samt Brutkasten und Zubehör zu erwerben.

8. KAPITEL

VON KÜKEN UND KINDERN

Jetzt wird es spannend. Einige der Eier bewegen sich, rollen auf dem Gitter hin und her, und sie piepsen! Paul und Phillip lehnen schon seit geraumer Weile über der Plexiglasscheibe des Brutkastens und können der Versuchung kaum widerstehen, den Deckel anzuheben. Das Piepsen und Tschilpen ist erstaunlich laut, wenn man bedenkt, dass es von so winzigen Vögeln kommt, die noch nicht einmal ausgeschlüpft sind. Es klingt gestresst und ein bisschen panisch, und auch ich habe das Gefühl, dass ich den Deckel öffnen und den Kleinen helfen muss. Aber nein. Finger weg. Auf gar keinen Fall darf in dieser heißen Phase der Brutkasten geöffnet werden, Temperatur und Luftfeuchtigkeit würden zu schnell abfallen, was für die schlüpfenden Küken tödlich sein könnte. Zu schnell würden sie auskühlen, zu trocken könnte ihr Flaum werden und dann mit der Eierschale verkleben, bevor sie sich daraus befreien können. Also gucken wir alle mit kribbelnden Fingern weiter zu, und nach einer Weile sieht man ein kleines Loch in einem der Eier, das sich nun besonders wild hin und her bewegt.

Dann ist es plötzlich still. Nichts tut sich mehr.

»Ist es tot?«, fragt Phillip besorgt. Tränen steigen in Pauls Augen auf.

»Ich glaube nicht«, versuche ich die beiden zu beruhigen. »Ich glaube, es schläft nur. Das Picken ist sicher sehr anstrengend. Stellt euch vor, wie winzig es ja noch ist. Und was für eine harte Arbeit es erledigen muss – ganz allein. Es ist sicher sehr, sehr müde.«

* * *

Knapp vier Wochen ist es nun her, dass wir mit der wertvollen Fracht vom Züchter zurückgekehrt sind. Sofort habe ich die Perlhuhneier in den Brutkasten gelegt, die Temperatur auf 38 Grad Celsius eingestellt und die Wasserbehälter zur Luftbefeuchtung im Kasten laut Anweisung gefüllt. Genau eine Woche später habe ich noch zwölf Hühnereier, die ich von einem Hof in der Nähe bekommen hatte, hinzugefügt. Perlhühner brauchen vier Wochen, um sich zu entwickeln, gewöhnliche Hühner nur drei, und so würden alle Vögel etwa zur gleichen Zeit ausschlüpfen.

Der Brutkasten war eine einfache Styroporkiste mit einem Drahtgitter über dem Boden und flachen Plastikbehältern darunter, die man mit Wasser befüllen konnte, um die nötige Luftfeuchtigkeit zu gewährleisten. Im Deckel, der zum Teil aus Plexiglas bestand, befand sich die Heizspirale, die Temperatur konnte von außen eingestellt werden. Während der gesamten Brutzeit mussten die Eier drei- bis fünfmal am Tag umgedreht werden, damit sich die wachsenden Embryonen richtig entwickeln konnten, in Bewegung blieben und nicht mit einer Seite der Schale verwuchsen, was zu Deformationen führen konnte. Auch mussten Temperaturschwankungen, so gut es ging, ausgeglichen sowie faulende Eier frühzeitig entdeckt und aussortiert werden. Die meiste Angst hatte ich davor, dass ein Ei unbemerkt verrottete, plötzlich im Kasten explodierte und mit seinem stinkenden Inneren alle anderen Eier ruinierte. Also hob ich einmal pro Woche jedes einzelne Ei aus dem Kasten, hielt es vorsichtig vor unsere beste Taschenlampe und konnte so eine Idee von seinem Innenleben gewinnen.

Dieses Durchleuchten gehörte zu meinen schönsten und spannendsten Erlebnissen auf der Farm, und noch immer erfüllt es mich mit Erstaunen und Bewunderung, wie sich aus einem simplen Ei, diesem Ding, das wir in die Pfanne hauen, im Kuchenteig verrühren oder aus dem Becher löffeln – wie sich daraus ohne weitere Zutaten und in so kurzer Zeit ein komplettes lebendes Wesen entwickeln kann, ein ganzes Tier mit Schnabel, Krallen und Federflaum.

Bereits nach einigen Tagen kann man beim Durchleuchten die Adern und Venen erkennen, die sich durch das gesamte Ei ziehen. Kurze Zeit später, in der zweiten Woche, ist ein dunkler Punkt zu erkennen, das Auge des Embryos, der nun mit beachtlichem Tempo wächst. Schon bald kann man seine Bewegungen ausmachen, und man kann die Luftkammer im Ei erkennen, das mehr und mehr vom Vogel ausgefüllt wird. In der dritten Woche schaute ich mir jedes Ei so lange an, bis ich sicher war, dass sich darin etwas bewegte. Zwei Exemplare hatte ich schon in der ersten Woche aussortiert, dort hatte sich gar nichts entwickelt, die Eier waren also entweder nicht befruchtet oder hatten einen anderen Defekt. Fünf weitere zog ich im Laufe der folgenden Wochen aus dem Verkehr, dort waren die heranwachsenden Embryonen aus mir unbekannten Gründen gestorben. In die letzte Runde gingen wir also mit zwölf Perlhuhn- und neun Hühnereiern.

* * *

Das Küken scheint wieder aufgewacht zu sein, sehr zu Pauls und Phillips Freude und Erleichterung. Das Ei bewegt sich wieder, und man kann sehen, wie kleine Stückchen der Eierschale nach außen fliegen. Unermüdlich pickt der kleine Schnabel jetzt, und das Loch wird zum Spalt, wird immer größer, zieht sich nun fast um das gesamte Ei, am runden Ende, dort, wo beim Durchleuchten die Luftkammer zu sehen war. Das Kleine legt eine Pause ein, noch einmal wird verschnauft, sich ausgeruht vor dem großen Moment. Dann folgt ein wildes Gezappel, und mit voller Kraft bricht und fällt das winzige, nasse Tier aus seinem Gefängnis heraus, weiß nicht, wohin mit seinem Kopf, mit seinen Beinen, rollt auf den Rücken, auf den Bauch und bleibt schließlich erschöpft, mit von sich gestreckten Füßchen liegen.

So faszinierend es auch ist, diese ›Geburt‹ zu beobachten, das kleine Küken tut mir sofort leid. Denn eigentlich hat die Natur vorgesehen, dass nun eine Mutterhenne zur Stelle ist (die übrigens zuvor auch die Eier gewendet und für die richtige Temperatur und Feuchtigkeit gesorgt hätte), sich um das Kleine kümmert, es unter ihr Gefieder schiebt und dort kuschelig warm hält. Stattdessen muss das arme Ding nun allein auf dem nackten Drahtgitter liegen.

Allein ist es aber zum Glück nicht lange, denn inzwischen tut sich auch in einigen anderen Eiern etwas, und innerhalb der nächsten drei Stunden schlüpfen vier weitere Küken aus. Zu diesem Zeitpunkt können sich Paul und Phillip nicht mehr beherrschen, und ich stelle sicher, dass alle übrigen Eier unversehrt sind und noch kein weiterer Vogel mit dem Picken begonnen hat. Dann lasse ich meine Söhne ganz schnell und vorsichtig die fünf Küken aus dem Kasten nehmen und in eine Plastikwanne setzen, die wir mit weichen Küchentüchern, einer Wärmelampe, Kükenfutter und Trinkwasser vorbereitet haben, und völlig unglaublich: Die kleinen Vögel, erst wenige Stunden alt, sind jetzt rund und flauschig, laufen zielstrebig umher und wissen genau, wo ihr Futter ist und was sie damit tun müssen. Man kann ihnen förmlich ansehen, dass sie auch zählen und rechnen können, wie eine Studie jüngst zeigte – ich jedenfalls glaube das sofort. An Niedlichkeit sind sie dabei in ihrer Geschäftigkeit kaum zu übertreffen, und wenn sie nach einer Weile des Fleißigseins müde werden, legen sich alle gemeinsam hin, strecken die Füße von sich und schließen die Augen – um dann wenige Minuten später wieder aufzuspringen und ganz eifrig und beschäftigt hin und her zu laufen.

* * *

Noch während die Eier im Brutkasten lagen, hatte ich mir Gedanken darüber gemacht, wo die Vögel leben sollten. Die Scheune schien nicht genug Platz für Hühner und Ziegen zu bieten, daher entschlossen wir uns, ein Hühnerhaus am Waldrand aufzustellen. Ich wusste, dass man in dieser Region solche Ställe besonders stabil bauen musste, da nicht nur Kojoten und Füchse, sondern auch die weitaus stärkeren Schwarzbären gegen eine Hühnermahlzeit nichts einzuwenden hatten. Also besorgten wir uns einen Stapel hölzerner Industriepaletten, die, mit extra langen Schrauben zusammengehalten, ein grundsolides Gerüst bildeten. Unzerstörbar, undurchdringbar, stabiler fast als unser Haus. Die Außenwände wurden mit Metall und dickem Holz verkleidet, die Fenster mit Plexiglas und einem starken Metallgitter geschützt. Die Tür versahen wir mit mehreren Riegeln und Schließmechanismen, und um den ganzen Stall bauten wir einen soliden Viehzaun mit Elektroschockeffekt. Eine Festung. Nichts und niemand würde hier hineinkommen.

Das galt leider auch erst mal für uns selbst, und kaum etwas war in der Folge so nervig wie das ewige Aufschließen, Verriegeln, Doppelabschließen, das Ab- und Anschalten des Zaunes und das Kontrollieren der Türen und Tore. Tagein, tagaus. Ich hasste den Hühnerstall schon jetzt.

* * *

Der nächste Morgen ist da, und über Nacht sind fast alle restlichen Küken geschlüpft. Lediglich zwei Eier sind noch unversehrt. Wir entschließen uns, alle Vögel zu ihren Artgenossen in die Wanne zu setzen und die beiden verbliebenen Eier noch mindestens einen Tag im warmen Brutkasten liegen zu lassen. Paul und Phillip können sich vor Begeisterung über die kleinen Vögel kaum beherrschen, und ihre Freude, ihre strahlenden Augen erfüllen mich mit Glück. Ich bin froh, dass sie diese Beobachtungen und Erfahrungen machen können!

Während die zehn Perlhuhnküken alle gleich aussehen, nämlich braun-schwarz gestreift und überhaupt nicht perlig, sind die Hühnerküken genau so, wie man das von Bildern her kennt. Unsere sind jedoch nicht alle gelb, sondern haben die verschiedensten Farben: Schwarz, Braun, und auch ein schneeweißes ist dabei.

»Können wir ihnen Namen geben?«, fragt Paul.

Ich zögere und bin mir nicht sicher, ob das eine gute Idee ist. Schließlich sind es keine Haus-, sondern Nutztiere, Geflügel, mit dem wir keine allzu enge Bindung eingehen wollen.

»Leila und Nelly haben doch auch Namen!«

Na gut, das stimmt. Ich lasse mich überreden.

»Das weiße muss natürlich Hedwig heißen – wie Harry Potters Eule!«, ruft Paul erfreut.

»Und das schwarze könnte Blacky sein«, findet Phillip.

»Ich glaube, das dicke braune da sollte Barney heißen – und das graue Berta.«

»Und siehst du das gelbe mit dem silbernen Flaum auf dem Rücken? Ein *silverback*! Ich will, dass es Gorilla heißt.«

»Dann ist das hellbraune dort Sandy, und das kleinste da, das nenn' ich Lotti.«

»Bleiben zwei übrig, die nennen wir einfach Kleine Freunde«, schließt Phillip die Namensgebung ab.

Ob wir uns das alles merken können? Natürlich wissen wir zu diesem Zeitpunkt auch noch gar nicht, wer Hahn und wer Henne ist und ob die Namen später überhaupt passen werden. Aber egal. Als nächstes bekommen die Perlhuhnküken, die sich in nichts voneinander unterscheiden, der Einfachheit halber einen Einheitsnamen: Jedes von ihnen heißt nun Poppy. Und während man fast zusehen kann, wie die Kleinen wachsen, liegen die beiden verbliebenen Perlhuhneier noch immer im Brutkasten.

Drei Tage vergehen, dann entschließe ich mich, sie zu entsorgen. Ich öffne den Kasten, nehme eines der Eier heraus und sehe in dem Moment, dass das andere ein Loch hat! Dann höre ich plötzlich ein schwaches Fiepen. Wie kann das sein? Nach dieser Zeit kann doch wohl nicht noch was schlüpfen! Aber tatsächlich, ein weiterer Vogel beginnt den Weg ins Leben, allerdings schafft er es nicht aus dem Ei. Wahrscheinlich stimmte von Anfang an etwas nicht mit dem Küken, daher kommt es so spät, und nun ist es zu schwach, um sich selbst aus der Schale zu befreien.

Ich entschließe mich, etwas zu tun, was man eigentlich nicht tun soll: Nachdem das Küken sich schon über eine Stunde abgemüht hat, öffne ich den Kasten und pelle die Eierschale von ihm ab, helfe ihm so ins Leben. Vermeiden sollte man diesen Schritt, da Vogeljunge, die es nicht selbst aus dem Ei schaffen, meist sowieso nicht lebensfähig sind und man der Natur ihren Lauf lassen sollte. Aber würde eine Hühnermutter nicht auch nachhelfen, wenn es nicht so gut klappt mit dem Ausschlüpfen? Nein, wahrscheinlich nicht. Doch ich bin keine Hühnermutter, also rette ich das Küken, das etwas kleiner ist als die anderen und stark verbogene Zehen hat. Ich schließe es sofort ins Herz, und als einziges anders aussehendes Perlhuhn bekommt es von mir einen eigenen Namen: Ich nenne es Hillary.

∗ ∗ ∗

Wir brüteten in den folgenden Jahren noch drei weitere Male Küken aus. Jedes Mal musste ich während der Brutzeit etwa ein Viertel der Eier aussortieren, da die Embryonen die Wochen im Brutkasten nicht überlebten. Diese recht hohe Sterberate schrieb ich der einfachen Beschaffenheit meines Gerätes zu, bei dem alles von Hand gemacht werden musste (es war keines dieser Hightech-Modelle mit automatischem Eierwender, Temperaturkontrolle und Feuchtigkeitssensor). Obwohl ich versuchte, die Temperatur konstant zu halten, gelang dies nicht immer, und ich vermutete, dass die empfindlichsten Embryonen die Schwankungen nicht überlebten. Dies schienen vor allem die männlichen Vögel zu sein, denn jedes Mal schlüpften sehr zu meiner Freude etwa doppelt so viele Weibchen wie Männchen aus. Das konnte kein Zufall sein, und ich überlegte, ob man diese Methode nicht in Industriebetrieben zur Reduzierung des Kükenschredderns einsetzen könnte. Es wurden ja nach wie vor Millionen von Vogelbabys getötet, obwohl es bereits Verfahren gab, durch die sich das Schlüpfen männlicher Vögel verhindern ließe. Die spektroskopische Geschlechtsbestimmung zum Beispiel, bei der mittels Licht das Blut der Embryonen im Ei analysiert wird, und die endokrinologische, bei der die Hormone des Kükens bestimmt werden. Mithilfe dieser Methoden – und womöglich auch mit meiner Temperaturschwankungsmethode – könnten Eier mit männlichen Embryonen aussortiert werden und die Tiere schon vor dem Schlüpfen sterben. Auch das ist natürlich nicht unumstritten, doch es wäre ein Schritt in die richtige Richtung, fand ich, und ich war mir bewusst, dass wir im Grunde nichts anderes taten, wenn wir Eier kochten, brieten, aßen. Sofern sie befruchtet waren, bestand ja schon Leben in ihnen, das wir ohne Hemmungen auslöschten und verspeisten.

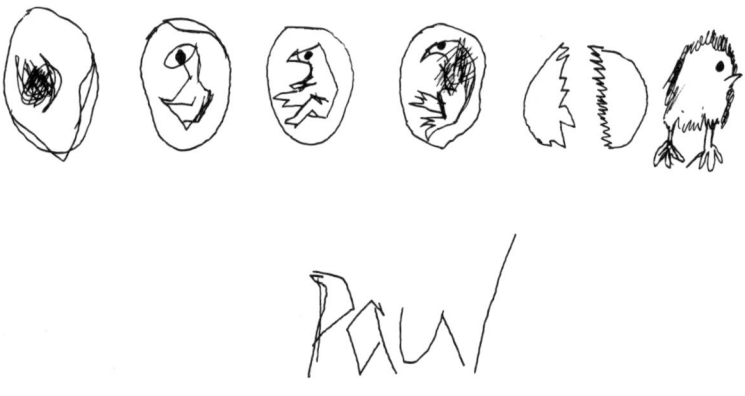

9. KAPITEL

DINOSAURIER UND TOMATEN

Unser Einzug jährte sich zum ersten Mal, und Phillip besuchte inzwischen die Bezirksgrundschule, während Paul in den dazugehörigen Kindergarten ging. Beides befand sich im selben Gebäude des für uns zuständigen Onteora School Districts, eines achthundert Quadratkilometer großen Gebiets. Ein Schulbus holte die Kinder nun jeden Morgen ab und brachte sie am Nachmittag wieder zurück, der Weg war weit und das freie, unbeschwerte Leben ein für alle Mal vorbei. Den Großteil der Zeit verbrachten die beiden jetzt auf Bus- und Schulbänken, doch wenigstens gab es dort keine Zecken oder Bären.

Ich selbst hingegen konnte mich jetzt verstärkt der Farmarbeit, den Tieren, dem Garten und somit der Lebensmittelproduktion widmen. Ich hatte inzwischen auch Kontakte geknüpft und ein paar Freunde in der Umgebung gefunden, die ich regelmäßig traf und mit denen ich mich austauschte. Einige waren ebenfalls Aussteiger, die versuchten, ihren Traum zu leben, und so gehörte zu unseren entfernteren Nachbarn auch ein Paar aus dem Schwarzwald, Conni und Janos. Die beiden hatten ihr Glück in Amerika mit der überaus erfolgreichen Produktion und Vermarktung eines ganz besonderen Saftes gemacht: ihrem Ingwer-Elixier nach deutschem Spezialrezept. Das Elixier war ein Renner unter Hippies und Hillbillys gleichermaßen, hatte bereits Preise gewonnen und eindeutig eine Marktlücke gefüllt.

Mit unserem klapprigen Van suchte ich die beiden regelmäßig auf, um Erfahrungen auszutauschen. Dann saß ich mit Conni bei Kaffee und Ingwerplätzchen, wir schauten über die Berge, sprachen über unsere Schulzeit in Deutschland, und in mir regte sich bei jedem dieser Treffen ein kleines bisschen Heimweh. Obwohl ich fließend Englisch sprach, konnte ich mit wenigen Einheimischen so gut Kaffeeklatschen wie mit Conni, mit niemandem so lauthals lachen und in Erinnerungen schwelgen und mich bei kaum jemandem so zu Hause fühlen. Und das lag nicht nur an ihrer Herzlichkeit und dem Gesicht voller Lachfalten, in das ständig ihr dunkles Haar fiel. Es war auch nicht die Kuckucksuhr an der Wand oder die karierte Tischdecke in ihrer Küche. Nein, es war die Erinnerung an die alte Heimat, die sie immer wieder wachrief, und damit die Erkenntnis, dass man manch einen kulturellen Unterschied als Auswanderer vielleicht nie überwinden kann.

Zu Conni fuhr ich besonders oft und erwarb dementsprechend viel Ingwer-Elixier (wodurch sich bestimmt meine strotzende Gesundheit erklären ließ), während ich von anderen Freunden andere Güter kaufte. Honig von Jenna, Apple Cider von Sean und Claire und frisches Rindfleisch von Bauer Matt. Als erfahrener Landwirt stand Matt mir häufig mit Rat und Tat zur Seite und beantwortete alle Fragen stets besonnen und ausführlich. Er besaß eine große Farm in Woodstock, auf der er wie schon sein Vater und Großvater Texas-Longhorn-Rinder züchtete: riesige Tiere mit gigantischen Hörnern, die sich über zwei Meter weit spannten. Angsteinflößend und gewaltig grasten die Rinder den ganzen Tag in den weiten Feldern, und wenn ab und an eins der Tiere geschlachtet wurde, dann verkaufte Matt das Fleisch an Freunde. Ich schätzte mich glücklich, einer davon zu sein, und konnte es nicht erwarten, schon bald meine eigenen Lebensmittel – Milch, Käse, Gemüse und Eier – eintauschen zu können.

Der Sommer verstrich, Tom fuhr täglich nach Woodstock, die Kinder gingen zur Schule, und ich arbeitete auf der Farm. Alltag und Routine waren eingekehrt, und obwohl unsere anfängliche Euphorie ein wenig verblasst schien, fühlten wir uns zufrieden. Ich war sicher, dass wir die richtige Entscheidung getroffen hatten, und auch wenn nicht immer alles nach Plan verlief, fanden wir doch noch Zeit fürs Abenteuer, streiften durch die Wälder, schwammen im Fluss und verbrachten unsere Abende am Lagerfeuer, im Gras, unter den Sternen (selbstverständlich mit langen, in die Socken gesteckten Hosen und einem ganzen Katalog weiterer Verhaltensregeln).

Während dieser Zeit wuchsen die Vögel unaufhaltsam und konnten schließlich in den Hühnerstall umquartiert werden. Die Perlhühner verwandelten sich dramatisch, hatten ihren braun gestreiften Flaum gegen schwarz-weiß gefleckte Federn eingetauscht und bekamen Hörner auf dem ledrigen, bläulich-roten Kopf. Wie kleine Dinosaurier sahen sie aus, und in gewisser Weise waren sie das auch – selbst wenn sie bei Weitem nicht so furchterregend daherkamen. Vor allem die Kinder liebten die Vorstellung, dass unsere Hühnerschar vom Tyrannosaurus Rex abstammte, und vielleicht hatten die Vögel von ihrem Urahn ja auch das eine oder andere vorteilhafte Verhalten geerbt. Alle Vögel stolzierten jedenfalls schon aufmerksam umher, erkundeten energisch ihre Umgebung, pickten furchtlos und wuchsen prächtig.

Wir beobachteten die Entwicklung mit Spannung, waren wir doch alle neugierig, wie viele der Tiere sich als weiblich entpuppen würden (leider beherrschte keiner von uns die Technik, mit der in der Eierindustrie schon am ersten Lebenstag das Geschlecht mit einem Blick auf Federn oder Darmausgang bestimmt werden kann). Natürlich wollten wir möglichst viele Hennen und wenig Hähne. Doch es gab noch kein Anzeichen, das uns die Geschlechter verraten hätte. Kein Krähen war zu hören, kein Hahnenschweif zu sehen, und auch die Perlhühner glichen sich bis auf Hillary noch immer wie ein Ei dem anderen. Alle Poppys hörten sich auch völlig gleich an, obwohl weibliche Perlhühner einen zusätzlichen Ruf von sich geben können – eine Art fragendes ›Bo-book‹ – neben dem lauten, maschinengewehrartigen ›Ra-pa-pa-pa-pa‹ und dem leisen, zwitschernden ›Tschirieel‹, die von beiden Geschlechtern beherrscht werden.

Die Persönlichkeiten der Vögel begannen allerdings, sich zu verändern und erheblich zu unterscheiden. Barney zum Beispiel wurde anhänglich und mochte das Kuscheln, flatterte oft auf meinen Arm, ließ sich dort streicheln und steckte dabei den Kopf in meine Achselhöhle. Blacky hingegen war frech, wild und stolz und übte das Fliegen bei jeder Gelegenheit. Gorilla wurde immer ruhiger und zurückhaltender, und die kleine süße Lotti entwickelte sich zu einem gemeinen Biest. Jeden Tag beim Füttern lauerte Tyrannosaurus Lotti im Hinterhalt, um mir dann kräftig in Hände und Arme zu hacken, einmal ging es sogar ins Auge (was ich eindeutig als sehr unvorteilhaftes Dinosaurierverhalten bezeichnen würde). Der Angriff auf meine Pupille war so heftig, dass ich noch zwei Wochen später ein blutunterlaufenes Auge hatte, und von da an wusste ich: Lotti war ein Hahn. Und so nannten wir ihn fortan Lotto, woraus schließlich Otto wurde.

Ich fütterte Otto nur noch mit Schutzbrille und dachte darüber nach, ob man eine friedliche, nette Henne wirklich ›Gorilla‹ nennen sollte und was wohl aus Hillary werden würde, wenn sich herausstellte, dass sie ein Perlhahn war. Es gab keine leichte Antwort, und ich entschied, die Namens- und Geschlechterfragen erst einmal beiseitezuschieben und mich auf andere Dinge zu konzentrieren, zum Beispiel meinen Gemüsegarten. Dort gab es in diesem Spätsommer nämlich jede Menge zu tun, und ich hatte inzwischen recht ansehnliche Ernteerfolge zu verzeichnen.

Bereits im Frühjahr hatte ich auf einer leicht abfallenden, sonnenverwöhnten Wiese südlich des Hauses zwölf große Hochbeete angelegt. Die rechteckigen, etwa ein mal drei Meter großen Kästen aus unbehandeltem Zedernholz hatte ich mit Erde aus dem Wald, kompostiertem Ziegenmist (der laut meinem Gartenbuch besonders gut als Dünger geeignet war) und altem Laub gefüllt. Ich hatte alles kräftig durchgemischt, gewässert und dann mit der Aussaat begonnen. Alles musste natürlich Bio sein, und ich stellte mir einen wilden, bunten Garten vor, mit dem ich ein Zeichen setzen wollte gegen umweltschädliche Monokulturen, gegen genmanipuliertes Gemüse und den Einsatz von Glyphosat, das mir ja schon lange ein Dorn im Auge war. Zudem war Monsanto gerade in aller Munde und ein Riesenthema, denn da Monsantos Totalherbizid Roundup nicht nur die Artenvielfalt bedrohte, sondern nun auch im Verdacht stand, durch das enthaltene Glyphosat Krebs zu erregen, war die Firma erneut in die Schlagzeilen geraten. Bereits zuvor hatte es ja Hinweise auf eine erbgutschädigende und hormonelle Wirkung des Giftes gegeben, außerdem galt es als mitverantwortlich für das Bienensterben. Es hatte auch eine verheerende Auswirkung auf die Bodenfruchtbarkeit, und da hier in Amerika der Anbau von genmanipulierten glyphosatresistenten Pflanzen erlaubt war, konnte der Pflanzenvernichter ungehemmt und ständig in Unmengen auf die Felder gekippt werden. Unglaublich! Nichts Derartiges sollte meine Familie jemals essen. Was ich über Monsanto hörte, fand ich so empörend, dass ich das Gefühl hatte, mich vehement dagegen wehren zu müssen. Ich wollte mit der Natur arbeiten, nicht gegen sie! Und so säte ich wild und wütend jede Menge unterschiedliche und unbehandelte Gemüsesamen in meine hausgemachte Erde, in der sich die Regenwürmer nur so tummelten. Ich streute Erbsen, Spinat- und Salatsamen aus. Fügte Karotten-,

Zwiebel- und Grünkohlsamen hinzu. Danach vergrub ich in einigen Beeten halbe Kartoffeln, und schließlich, als es wärmer wurde, pflanzte ich auch noch Tomaten, Paprika, Gurken, Bohnen, Zucchini und Melonen an. Dazu kamen Beeren, Kräuter und Wildblumen, außerdem Mais für die Tiere. Eine sehr gute Mischung, fanden auch die Kinder, die mir bei der Gartenarbeit eifrig zur Hand gingen.

»In meinem Beet will ich aber eigentlich am liebsten nur Erdbeeren haben«, entschied Paul dann jedoch, als wir mit dem Säen und Pflanzen fast fertig waren.

»Und ich Kürbisse«, beschloss Phillip, »für Halloween.«

Na gut.

»Okay. Wir müssen aber einiges beachten, auch bei euren Beeten – denn die Pflanzen wollen nicht gern alleine sein. Sie brauchen Nachbarn, mit denen sie gut auskommen, mit denen sie sich ergänzen und austauschen, versteht ihr? Sie dürfen sich nicht streiten, sondern müssen sich gut vertragen, sich gegenseitig helfen. Genau wie wir.«

Verständiges Nicken.

»Das heißt, sie müssen den Boden zusammen gut nutzen, müssen unterschiedliche Nährstoffe aus der Erde holen und wieder an sie abgeben, und vor allem dürfen sich ihre Wurzeln nicht in die Quere kommen.«

Zustimmendes Murmeln.

Ich erklärte den Kindern, was für ein dynamisches System die Pflanzenwelt ist, dass sich in der Natur solche Mischkulturen von selbst zusammenfinden und wir im Garten nun unser Bestes tun mussten, um dementsprechend nachzuhelfen. Und deshalb sollten Möhren neben Frühlingszwiebeln, Bohnen und Mais zwischen Kürbissen, Spinatblätter um Kartoffeln herum und Knoblauchpflanzen im Erdbeerbeet wachsen (der Klassiker, wie in meinem Buch zu lesen war, obwohl Paul sich nicht so leicht überzeugen ließ).

»Wenn alles nach Plan läuft, dann werden die Pflanzen ganz besonders gut gedeihen. Und Schädlinge und Krank heiten werden in Schach gehalten, weil die eine Pflanze die Schädlinge von der anderen Pflanze fernhält – Leute, ist die Natur nicht genial, wenn man sie nur machen lässt?«

»Ist das ein Schädling?« Paul hielt ein kleines braunschwarz behaartes Etwas hoch.

»Das ist ein *woolly bear*«, rief Phillip.

»Genau«, bestätigte ich, »*woolly bears* sind Raupen, die spinnen sich aber jetzt ein und werden zu Nachtfaltern, Bärenspinnern, sind also für unser Gemüse nicht allzu gefährlich. Aber wisst ihr was? Es heißt, sie können vorhersagen, wie kalt der Winter wird. Keine Ahnung, ob das stimmt, aber je mehr schwarze Haare sie haben, desto kälter soll es werden. Wenn der rotbraune Teil allerdings größer ist, wird's wohl eher wärmer.«

»Dann wird der nächste Winter kalt!«

Bis dahin dauerte es aber zum Glück noch eine Weile, und wir genossen die Gartenzeit in vollen Zügen. Es fühlte sich großartig an, in einem natürlichen und nachhaltigen Kreislauf zu leben, in dem selbst der Dünger vom eigenen Hof kam. Außerdem machte mir ebenso wie den Kindern das Wühlen in der Erde einfach Spaß. Es war befreiend! Draußen an der frischen Luft zu sein, mit dem Boden und den Pflanzen zu arbeiten, sie wachsen zu sehen, sich dabei auf eine frische, rundum gesunde Ernte zu freuen und gleichzeitig für so etwas Fundamentales wie die Nahrungsversorgung zuständig zu sein – all das erfüllte mich mit dem essenziellen Gefühl der Zufriedenheit.

Doch auch ein Garten hat natürlich seine Tücken. Vor allem ein Garten ohne Herbizide, ohne Pestizide und ohne künstliche Wachstumsverstärker. Ich hätte zum Beispiel niemals gedacht, dass diese Gemüsepflanzen so unendlich lange brauchen würden, bis sie etwas Essbares produzierten. Hatte ich vielleicht doch etwas falsch gemacht mit der Düngung, oder war der Waldboden ungeeignet? Während das Unkraut wucherte und gen Himmel sprießte, dümpelten meine Gemüsepflänzchen nur so vor sich hin und gewannen kaum an Größe. Es dauerte ewig, bis sie Früchte trugen, und überhaupt konnte der Lohn erst nach reichlich harter Arbeit eingefahren werden (von der sich die Kinder dann doch recht bald verabschiedeten): Häufiges, stundenlanges Unkrautjäten, zeitaufwendiges Wässern und wiederholtes Beschneiden waren unerlässlich, ebenso wie die besagte richtige Düngung – eine willkürliche Menge Ziegenmist und alte Blätter reichten da nicht aus. Ich fand heraus, dass ich außerdem den Boden mit Kalk anreichern musste, also suchte ich nach *limestone* im nahen Flussbett und fand Kalksteine und Kiesel, die ich einsammelte und in die Beete mischte. An der perfekten Düngung arbeitete ich lange, erst sehr viel später bekam ich sie hin, und zwar aus kompostiertem Hühner- und Ziegenkot samt Stallmist, kombiniert mit sorgfältig gepflegtem Küchenkompost. Dieser Komposthaufen allein war eine Wissenschaft für sich! Welche Abfälle darauf passten und welche nicht (Kaffee und

Eierschalen: ja, Bananen- und Zitrusschalen: nein), wie oft er gelüftet und gewässert werden musste und dass man nicht zu viel Grasschnitt auf einmal draufgeben durfte, da sonst die Gefahr einer spontanen Selbstentzündung bestand – wer hätte es gewusst? Außerdem werde ich wahrscheinlich nie wieder ohne zu zögern Fischgräten, Fleischreste oder Käserinden in eine Biotonne werfen können – denn das wurde bei uns zur Regel Nummer eins: Nichts davon durfte auf den Kompost, denn solche Reste lockten die Bären an, die dann schon mal gern den ganzen Kompostkasten zerstörten.

Doch das war längst nicht alles. Neben den schon erwähnten Zecken, die zunehmend auch das Gemüse bevölkerten (wenn Paul und Phillip nicht ohnehin beschlossen hätten, dass Unkrautjäten nicht so ihr Ding ist, hätte ich sie spätestens jetzt ins Haus geschickt), litt die Freude am Gärtnern bald unter weiteren ungebetenen Gästen. Niemals werde ich den Morgen vergessen, an dem ich in den Garten ging, um meine Tomatensetzlinge zu begutachten. Vor über zwei Monaten hatte ich sie auf der Fensterbank im Schlafzimmer in Blumentöpfe gesät, liebevoll gepflegt und großgezogen und vor einigen Tagen in den Garten ausgepflanzt. Dunkelgrün, stark und gesund – sie waren mein ganzer Stolz! Doch an jenem Morgen lagen sie alle tot am Boden, mit knapp über der Erde durchtrennten Stängeln.

Was war passiert? Tatsächlich widmete mein Gartenbuch dem verantwortlichen Schädling eine halbe Seite, und ich fand heraus, dass es sich um einen *cutworm* handelte – der eigentlich kein Wurm, sondern ebenso wie der *woolly bear* eine Mottenlarve ist. Allerdings eine weit weniger harmlose, denn *cutworms* leben im Gartenboden und ernähren sich von jungen Pflanzen, wobei sie gerne und regelmäßig den gesamten Setzling fällen. Ich grub mit meinen Fingern in der Erde um die toten Pflanzen herum, und siehe da, ich brachte drei dieser fetten grauen, eingerollten Raupen zutage. Gnadenlos zertrat ich sie, dass es grün und schleimig nur so spritzte. Dennoch fand ich in den nächsten Tagen weitere durchtrennte Stämmchen, diesmal hatte es meine jungen Melonen, Buschbohnen und schon relativ großen Paprikapflanzen erwischt.

Ich verfluchte das Gärtnern und hasste den Wurm. Wie verlockend war doch der Gedanke, ihn mit einer Runde Chemie einfach auszumerzen! Es wäre so einfach. Würde so schnell gehen. Ich könnte alle meine Pflanzen retten!

Doch nein. Ich blieb standhaft. Keine Pestizide. Stattdessen bekämpfte ich die Plage mit runden Manschetten, die ich aus zerschnittenen Plastikflaschen bastelte. Etwa fünf Zentimeter hoch waren diese Zäunchen, die ich um die Basis jeder verbliebenen Pflanze legte und deren unteren Teil ich in die Erde drückte. Es brauchte eine ganze Menge Flaschen und sehr viel Zeit, doch diese ›Kragen‹ überwanden die Raupen nicht, und so konnte ich das Problem zumindest kontrollieren, wenn auch nicht ganz beseitigen.

Anderem lästigem Ungeziefer rückte ich mit Kieselgur zu Leibe, da die darin enthaltenen mikroskopisch kleinen, messerscharfen Fossilienkanten die Chitinpanzer der Insekten (und auch die von Zecken und Hühnermilben!) aufschnitten und sie so austrockneten. Das funktionierte jedoch nur, solange die Gur staubtrocken war. Ein Schauer, feuchte Erde oder Morgentau machten die Wirkung sofort zunichte. Und so kreuchte, krabbelte und fleuchte es trotz all meiner Mühen an jeder Ecke. Außerdem dauerte es nun weitere Monate, bis die ersten (neu gepflanzten) Tomaten einen Hauch von Rot zeigten, bis schließlich die Paprikaschoten eine akzeptable Größe erreichten und bis genügend Kartoffeln für eine lohnende Ernte gewachsen waren. Immer wieder beeinträchtigten Kartoffelkäfer, Blattwanzen, Stammläuse und zahllose Schnecken den Fortschritt, und ich musste mich mit Mehltau und anderen Blattkrankheiten herumschlagen, von denen ich nicht einmal die Namen kannte.

Doch dann konnte ich endlich die erste tiefrote, pralle, wenn auch knotige Tomate abpflücken. Ich biss hinein – und alle Mühen waren vergessen. Was für eine Geschmacksexplosion! Was für ein intensives, vollmundiges und köstliches Aroma! Noch nie hatte ich etwas so Leckeres im Mund gehabt. Fruchtig und süß, aber nicht zu süß, etwas säuerlich, aber nicht zu sauer – ich schmeckte buchstäblich den Lohn meiner Arbeit und ließ ihn mir auf der Zunge zergehen mit einem Genuss, den mir keine Supermarkttomate je bescheren könnte. Und das bildete ich mir nicht ein: Ich hatte vor Kurzem im Radio gehört, dass amerikanische Wissenschaftler daran arbeiteten, die Züchtungswege von Tomaten zurückzuverfolgen, um zu verstehen, warum die roten Früchte heutzutage so fad schmeckten. Wir kennen ja alle dieses wässrige, absolut geschmacksneutrale, blassrote Füllmaterial in Salaten oder auf belegten Broten. Was war nur mit der guten alten Tomate geschehen? Die Wissenschaftler hatten aufgedeckt, dass das Geschmackserlebnis bei einer originalen Heirloom-Tomate viel komplexer ist als bei jeder anderen Frucht, und entschlüsselten, dass diese ursprüngliche Tomatensorte fast vierhundert Geschmacksgene besitzt und mehr als fünfundzwanzig Aromakomponenten bildet. Diese bestehen aus verschiedenen Chemikalien wie Säuren und Zucker und werden wiederum von vielen unterschiedlichen Rezeptoren in unserem Mund und in der Nase wahrgenommen. Tomatenessen ist also eine höchst komplexe Angelegenheit, und fehlte nur eine der besagten Komponenten, wäre das volle Aroma schon gestört, der Geschmack verändert, der Genießer enttäuscht.

Leider sind bei den supermarkttauglichen Sorten genau jene Gene weggezüchtet worden, die für das vielschichtige Aroma verantwortlich sind – und zwar zugunsten von Haltbarkeit und uniformem Aussehen. Ich gebe zu, dass ich sogar halbwegs verstehen konnte, warum diese Tomaten transportfähig, gut aussehend und lagerfähig sein müssen. Denn was wäre gewonnen, wenn im Handel die leckersten Tomaten weggeschmissen werden müssten, weil sie nach einem Tag verdorben sind oder aus ästhetischen Gründen nicht gekauft werden? Oder wenn die köstlichsten Tomaten schon während des Transportes matschig und schimmelig werden?

Zum Glück konnte ich dieses Dilemma nun hinter mir lassen, zusammen mit dem faden Geschmack, den müllproduzierenden Verpackungen und den klimaerwärmenden Lieferwegen. Und teures Biotomatengeld musste ich natürlich auch nicht mehr ausgeben.

10. KAPITEL

DIE MALESCHE MIT DER MILCH

In den folgenden Jahren war ich immer wieder überrascht, wie viel in meinem Garten trotz aller Widrigkeiten wuchs. Die Ernte fiel zwar nicht jedes Jahr gleich gut aus, war immer auch schädlings- und wetterabhängig, doch konnten wir in der Regel für den größten Teil des Jahres unseren gesamten Obst- und Gemüsebedarf aus dem Garten decken und hatten außerdem noch einiges zum Tausch und Verkauf übrig. Einen weiteren Teil fror oder kochte ich für den Winter ein (während dem wir zuweilen auch Cranberrys, *cattail*-Wurzeln und Pilze, vor allem *oyster mushrooms,* aus dem Wald dazusammelten).

Natürlich aßen wir manchmal tagelang Tomatensoße, dann wieder gab es dreimal am Tag Gurkensalat, dann wiederum wochenlang Kürbisbrot oder Kohlsuppe. Gegessen wurde, was gerade im Garten wuchs, und die damit einhergehenden Nörgeleien überhörte ich geflissentlich.

Einmal gab es ein Jahr, da erntete ich so viele grüne Bohnen, dass sie – trotz täglicher Pflichtportion – noch zu Weihnachten kiloweise im Gefrierschrank lagen, doch im nächsten Jahr fraßen die Streifenhörnchen alles weg. Nicht eine einzige Bohne blieb übrig, und auch die Erdbeeren und Tomaten fielen den flinken *chipmunks* zum Opfer. Warum sich die kleinen Kerlchen ausgerechnet in jenem Jahr für diese Pflanzen interessierten, die sie weder zuvor, noch je danach wieder antasteten, blieb mir ein Rätsel. Doch in dem Sommer gab es weder Tomatensoße, noch Erdbeermarmelade, und Bohnen nur vom Vorjahr. Es blieben auch alle Kosten und Mühen, die ich in den Schutz dieser Pflanzen steckte, unbelohnt: Ich versuchte es mit Maschendraht und Plastikplanen, Hörnchenfallen und Geruchsabwehrsystemen (in Form von Kojoten-Urin, den es zu diesem Zweck zu kaufen gab). Ohne Erfolg.

Doch ich versuchte es Jahr für Jahr aufs Neue, irgendwas wuchs immer, und all die Arbeit, der Frust und das Warten lohnten sich jedes Mal, wenn man endlich einen vollen Korb mit frisch gepflücktem aromatischem Gemüse in die Küche bringen und wenig später den saftigen Auflauf genießen konnte, der selbstverständlich mit Ziegenkäse aus der Eigenproduktion überbacken war.

Ich hatte nämlich damit begonnen, Leila zu melken. Die jungen Ziegen, die nun gar nicht mehr so klein waren, tranken zwar noch immer die Muttermilch, hatten aber inzwischen angefangen, auch Heu, Gras und Körner zu fressen. Nachts brauchten sie keine Milch mehr, und so führte ich sie jetzt abends in einen Stall gleich neben Leila, wo sie ihrer Mutter zwar nah sein, das Euter aber nicht erreichen konnten. Früh morgens zog ich dann mit frisch gewaschenen Händen, einer großen Portion Futter und dem glänzend stählernen Melkeimer in Richtung Scheune und begann das Ritual: Zuerst gab es eine überschwängliche Begrüßung mit ausgiebigem Ohrenkraulen, etlichen Nasenstupsern und ein paar extra Streicheleinheiten für Nelly (damit sie sich nicht vernachlässigt fühlte), dann hieß es für Leila: Hinauf auf den Melkstand! Hierzu musste ich Nelly ablenken, Leila schnell durch die Stalltür schieben und gleichzeitig aufpassen, dass sie nicht ihr Futter fand und verschlang, bevor ich mich überhaupt auf den Schemel setzen konnte. Manchmal hatte Leila keine Lust und weigerte sich, auch nur einen Schritt zu tun. Öfter allerdings entwischte sie mir, verschwand schnurstracks zwischen den Heuballen oder, schlimmer noch, aus der Scheunentür, die ich doch eigentlich geschlossen hatte. Dabei erwies sich das Klischee von der Sturheit der Ziegen und ihrer Unfolgsamkeit als absolut zutreffend – und stark war Leila obendrein! An manch einem Morgen jagte ich ihr also fluchend und schimpfend über Hof und Wiesen hinterher und konnte sie nur mit Mühe aus dem Blumenbeet ziehen.

Auch an meinem denkwürdigen ersten Melktag hatte es eine Weile gedauert, bis Leila endlich auf der selbst gebauten Melkbank stand. Dort reinigte und desinfizierte ich ihr Euter mit einer speziellen Jodlösung, stellte sicher, dass ich wirklich saubere Hände hatte, brachte Futter- und Melkeimer in Position, und dann ging's los: rechts, links, rechts, links, drücken (nicht ziehen!), und zwar mit Daumen und Zeigefinger zuerst, und dann runter bis zum kleinen Finger. Die ersten Spritzer daneben, dann in den Eimer. Mensch, war das anstrengend. Doch als ich die erste Pause einlegen musste, waren da gerade mal gefühlte zehn Tropfen drin!

Also weiter, rechts, links, mir taten jetzt schon die Arme weh. Zwanzig Tropfen. Nicht aufgeben, dachte ich, und so machte ich weiter und weiter und weiter, bis ich schließlich eine ansehnliche Menge weißer, schäumender Flüssigkeit im Eimer hatte. Und dann trat sie zu! Ich weiß nicht, ob Leila einfach nur ungeduldig wurde, ob eine Fliege sie ärgerte – oder ob sie mich ärgern wollte. Sie trat in meine Richtung, in Richtung Eimer, dieser kippte halb um, und als ich ihn gerade noch auffangen konnte, um wenigstens etwas von der Milch zu retten, deren größter Teil sich in einem Schwall über meine Hose ergoss, da landete ihr kotbeschmierter Huf mitten im Eimer, mitten in der restlichen Milch, die sich sehr schnell sehr braun verfärbte.

Mir war zum Heulen zumute, und ich hätte gerne alles hingeworfen. Warum machte ich das hier? Sehnsüchtig erinnerte ich mich an die Zeiten, als ich gemütlich im Supermarkt für ein paar Cent meine Tüte Milch einkaufte.

Ich führte Leila in den Stall zu ihren Jungen, die sich über die restliche Milch im Euter hermachten, während Nelly mich aus dem Nebenstall mitleidig anzugucken schien. Ich hätte schwören können, dass ihr so etwas wie ›blöd gelaufen‹ auf der Ziegenzunge lag.

In den folgenden Tagen und Wochen lernte ich, wie ich das Melken effektiver gestalten und in möglichst kurzer Zeit unter möglichst geringen Schmerzen möglichst viel Milch aus dem Euter herausbekommen konnte. Der Ablauf blieb dabei immer gleich – jeden Morgen rauf auf den Milchstand, Euter reinigen und desinfizieren, Futtereimer vors Maul und dann drücken, drücken, rechts, links, in Höchstgeschwindigkeit, damit ich möglichst fertig wurde, bevor der Futtereimer leer war. Denn danach wurde es schwierig, Leila wurde ungeduldig, trat den Eimer um oder biss mir in den Rücken.

Das Hochgeschwindigkeitsmelken brachte schon bald eine chronische Sehnenscheidenentzündung und geschwollene Ellenbogen mit sich, dennoch: Es verschaffte mir die größte Befriedigung, mit einem Eimer voll süßer weißer, schäumender Milch ins Haus zu gehen, sie vom Stahleimer in blitzende Glasbehälter zu filtern und dann auch gleich zu probieren. Lecker, pur und perfekt!

Bald darauf waren die Ziegenkinder so alt, dass sie keine Milch mehr brauchten. Der Stall wurde langsam zu klein für alle Tiere, und so kam die Zeit, sich von den Jungen zu trennen. Glücklicherweise fanden wir schnell Abnehmer für beide, und sie würden ein gutes, neues Zuhause bekommen. Ich war wirklich froh, dass ich keine Kastration des Bockes vornehmen musste, denn die Beschreibung in meinem Ratgeber jagte mir kalte Schauer über den Rücken: Burdizzo-Zangen und Emaskulatoren zum Zerquetschen von Samensträngen oder Elastratoren zum Abschnüren der Hoden waren absolut keine Geräte, die ich je in die Hand nehmen wollte! Einen Schlachthof zu finden wäre allerdings noch schlimmer gewesen. Doch glücklicherweise sah der kleine Bock, anders als viele seiner Geschlechtsgenossen, einem Leben als Zuchttier entgegen, und so hatte ich ein paar Sorgen weniger. Auch seine Schwester würde es gut haben, auf sie wartete endlose Weidezeit in einer großen, glücklichen Milchziegenherde, und trotzdem war ich am Ende traurig. Die Trennung traf mich nach mehreren Monaten des Zusammenseins schwerer als gedacht, und obwohl ich immer gewusst hatte, dass wir die Jungen nicht behalten würden, vergoss ich beim Abschied bittere Tränen.

Außerdem war dies das unerbittliche Ende aller freien Abende, denn ich musste nun zweimal am Tag melken. Ausmelken, wohlgemerkt, das Euter musste völlig schlapp und leer sein, und nun auch hinterher sorgfältigst desinfiziert werden, um Entzündungen zu vermeiden. Diese Jobs hatten zuvor die Ziegenbabys mit ihren Mäulern erledigt – nun war ich mit meinen Händen dran.

11. KAPITEL

OTTOS ENDE

Inzwischen waren die Vögel so groß geworden, dass über Ottos Geschlecht kein Zweifel mehr bestand. Er krähte laut und schmetternd, stolzierte erhobenen Hauptes umher, schüttelte sein glänzend braunes Gefieder und hielt nicht nur die Hennen auf Trab. Zu diesen gehörten nun eindeutig die schöne schneeweiße Hedwig, die verschmuste rotbraune Barney und die forsche pechschwarze Blacky. Ach ja – auch die gute Hillary hatte mich eines schönen Morgens mit einem herzlichen ›Bo-book‹ begrüßt! Otto hingegen war ohne Frage noch fieser und gemeiner geworden und verschonte niemanden mit seinen Attacken, weder den Postboten, noch die Kinder oder nichtsahnende Besucher, und dabei fand ich es ganz erstaunlich, wie viel Angst und Schrecken ein einfacher Vogel verbreiten konnte, wenn er plötzlich mit ausgebreiteten Flügeln und aufgestellten Federn auf einen zulief.

Otto wurde zu jedermanns blankem Horror. Zum totalen Tyrannen und Albtraum der Gegend. Einmal jagte er einen Freund von Phillip zweimal ums ganze Haus, wobei dieser sonst so furchtlose Bursche vor nackter Angst laut quiekte. Dann wieder schien Otto in der Hecke zu lauern, um auf die Kinder loszugehen, sobald sie aus dem Schulbus stiegen. Oft hatten die beiden gerade noch Zeit, sich vor dem ›Monster‹ in die nahe Scheune zu retten. Tom verließ nicht mehr ohne Besen oder ähnliches Verteidigungsgerät das Haus, wenn Otto Freigang hatte, und auch ich musste mir immer etwas einfallen lassen (oder Schutzkleidung tragen), um ihn mir vom Leibe zu halten.

Am Ende konnten wir ihn nicht mehr hinauslassen, und ähnlich ging es uns mit Sandy, der sich ebenfalls als Hahn entpuppt hatte und zwar nicht ganz so gemein, aber auch regelmäßig in Angriffslaune war. Eingeschlossen im Stall gingen die beiden nun aufeinander los, und nach mehreren blutigen Kämpfen traf ich eine schwere Entscheidung.

»Ich glaube, wir sollten sie schlachten«, sagte ich zu Tom.

»Na, Gott sei Dank«, entgegnete der, »ich werde Howard fragen, ob er uns hilft – du weißt, Howard von der Arbeit? Der hat schon ewig Hühner und schlachtet auch selbst.«

»Können wir zugucken?«, fragten Paul und Phillip einstimmig.

Theoretisch hatte ich das Szenario schon vorher durchgespielt und fand es in Ordnung, Tiere zu töten und dann zu essen. Ich war ja kein Vegetarier, hatte mein Leben lang gerne Fleisch (vor allem Hähnchen) gegessen und hatte mir eigentlich immer vorgestellt, dass es richtig, gut und natürlich ist, sein eigenes Essen selbst zu erlegen. Sollte nicht jeder Fleischkonsument ein Gefühl dafür haben, was genau er da eigentlich isst? Zumindest einmal gesehen haben, wie das Tier, das er verspeist, gelebt hat und vor allem wie es gestorben ist?

Ich wollte mich dieser Wahrheit stellen und mir das Leben und Sterben dieses Tieres, meiner Nahrung, bewusst machen. Verstehen, was vor dem Schnitzel kam. Und ich wollte, dass auch meine Kinder das verstanden.

»Ja, wenn ihr wollt, könnt ihr zugucken«, sagte ich zu Phillip und Paul.

* * *

Es ist ein schwerer Gang an diesem Morgen. Tränen laufen über meine Wangen, als ich mit schleppenden Schritten zum Hühnerstall gehe. Selbst die Wolken hängen trübe und tief an diesem Tag, als wollten sie mittrauern. Ich fühle mich schlecht, krank, wie eine Verräterin.

Otto und Sandy, die flauschigen kleinen Küken, die zu prächtigen Hähnen herangewachsen sind. Die ich jeden Tag gefüttert und gepflegt habe. Sandy und Otto, die zwar gemein sind, aber dennoch Lebewesen mit Persönlichkeit, sicher auch mit Gefühlen. Nun ist ihre letzte Stunde gekommen.

Als ich Otto im Stall nach kurzem Kampf einfangen kann, hat er Angst, das fühle ich. Seine Flügel und seine Beine zittern. Wir schauen uns in die Augen. Vielleicht bilde ich es mir nur ein, aber ich glaube, er weiß, dass sein Tod unmittelbar bevorsteht. Ich schluchze laut und kann vor Tränen kaum noch gucken, als ich ihn zum Messer trage. Ich halte ihn ganz fest, umarme ihn dabei irgendwie, streichle ihm über den Rücken. Ich spreche mit ihm, danke ihm und frage mich selbst: Was mache ich hier? Kehr um, kehr um, bring ihn zurück, lass ihn frei, alles kann wieder gut werden, sagt eine Stimme in meinem Kopf. Doch ich kehre nicht um. Alle warten auf mich, Tom, Howard, auch die Kinder, alles ist vorbereitet – es gibt kein Zurück.

Wie in Trance gehe ich weiter, auch Otto ist jetzt ruhig, und dann geht alles ganz schnell. Ein gezielter Stockschlag auf den Hinterkopf nimmt ihm das Bewusstsein, dann folgt ein scharfer Schnitt durch den Hals. Blut quillt hervor, rinnt über meine Finger, ich höre das Brechen der Knochen und ein Knacken, als Luft- und Speiseröhre durchtrennt werden. All das dauert nur wenige Sekunden, und sobald sein Kopf abgeschnitten ist, bricht Otto in wilde Zuckungen aus, was völlig bizarr erscheint. Unwirklich. Jeder Muskel scheint zu zappeln, die Flügel schlagen, die prächtigen Flügel, ein letztes Mal.

Es ist absolut grauenvoll, und da ist so viel Blut! Es spritzt, es läuft, und ich weine, weine. Es ist vorbei, ich weiß es, und Howard versichert mir, dass Otto keine Schmerzen spürt, dass die Zuckungen nur vom noch intakten Nervensystem im Rückenmark ausgehen, welches die Muskelkrämpfe hervorruft. Rein mechanisch, ohne Willen, ohne Absicht feuern von dort die Nervenzellen letzte elektrische Impulse zu den Synapsen, zu den Muskelzellen. Doch das ist kein Trost.

Ich erinnere mich daran, dass er zwar ein kurzes, aber gutes und artgerechtes Leben geführt hat, und das hilft ein bisschen. Etwas beruhigt, aber immer noch weinend, hole ich Sandy aus dem Stall, und ihn ereilt dasselbe Schicksal wie Otto. Es ist beim zweiten Mal nicht weniger schlimm.

Beide Hähne werden nun in einen bereit gestellten Eimer mit heißem Wasser getaucht, danach lassen sie sich relativ leicht rupfen, und dann nehmen wir sie aus. Mit dem scharfen Messer wird der Körper vorsichtig am unteren Ende aufgeschnitten, sodass man hineingreifen und die Eingeweide herauslösen kann. Von oben werden Kropf, Speise- und Luftröhre herausgezogen. Dann werden noch die Füße abgeschnitten, und plötzlich sehen Otto und Sandy ganz genauso aus wie die Hähnchen im Supermarkt, nur etwas kleiner und dünner. Unglaublich! Eben waren es noch lebendige, stolze Vögel, und jetzt sind sie das. Fleisch. Wie wir es seit jeher kennen.

Paul und Phillip haben übrigens nicht geweint. Sie haben auch nicht weggeguckt, sondern jeden Schritt der Schlachtung neugierig und interessiert beobachtet. Ich glaube und hoffe, dass dies eine nützliche Lektion für ihr Leben war.

* * *

Am nächsten Tag wurden Otto und Sandy auf dem Sonntagstisch serviert, mit Apfelfüllung, Rotkohl und Kartoffelbrei. Ihr Fleisch war dunkel, fest und sehnig, es wies auf gut trainierte Muskeln hin, auf gesunde und ständige Bewegung der Tiere, und hatte nichts mit dem weißen, weichen Supermarktfleisch gemein. Obwohl ein wenig zäh, war der Geschmack hervorragend, wild und intensiv. Doch ich konnte das Essen nicht genießen. Ich konnte den letzten Tag der Tiere nicht vergessen, konnte ihn nicht mit ›Genuss‹ vereinbaren und diesen Verzehr nicht mit den vielen Monaten, die ich für die Tiere gesorgt hatte, in Einklang bringen. Ich fühlte mich wie eine Mörderin und überlegte erstmals in meinem Leben, zum Vegetarier zu werden.

12. KAPITEL

KÄSE, KOT UND KALBSENZYME

Das tägliche zweimalige Melken bedeutete nicht nur viel Arbeit und striktes Planen, dem sich alles andere unterordnen musste, sondern hieß auch, dass wir Milch in Hülle und Fülle hatten. Über vier Liter kamen jeden Tag zusammen, und die galt es irgendwo unterzubringen. Einen Teil des Trinkmilchüberschusses konnte ich verkaufen, den Rest begann ich, zu Joghurt und Käse zu verarbeiten. Ersteres war relativ einfach, musste man doch die Milch nur erhitzen, wieder abkühlen, mit etwas vorhandenem Joghurt verrühren und dann an einem warmen Ort stehen lassen. Leider stellte sich heraus, dass ein fester, cremiger Joghurt aus unserer Ziegenmilch nicht zu machen war. Denn Milch ist nicht gleich Milch – verschiedene Tierbabys haben schließlich verschiedene Bedürfnisse. Wegen des recht niedrigen Butterfettgehaltes der Saanenmilch und der speziellen chemischen Zusammensetzung von Ziegenmilch im Allgemeinen (sie enthält andere Fettsäuren als Kuhmilch, weniger Casein, und da die Fettkügelchen viel kleiner sind, ist sie sozusagen schon von Natur aus homogenisiert) war Leilas Milch zwar besonders bekömmlich, zur Weiterverarbeitung aber nicht gleichermaßen geeignet wie andere Milch. Bei all meinen Joghurtversuchen kam immer nur saure Suppe heraus, die ich mit Verdickungs- und Süßungsmitteln versetzen musste, um sie genießbar zu machen. Doch Zucker, Pektin und Tapioka trübten nicht nur das reine Geschmackserlebnis, sondern auch die Freude und das Gefühl der Naturbelassenheit.

Nach dieser (minimalen) Enttäuschung versuchte ich mich am Käse, was wesentlich aufwendiger, aufregender, aber auch erfolgreicher war. Ich begann mit Chèvre, dem typischen französischen Ziegenfrischkäse. Um eine ansehnliche Menge herzustellen, benötigte ich verhältnismäßig viel Milch, Käsekulturen und dazu Lab, welches die Milchgerinnung bewirkte. Der Gedanke, dass fast jeder Käse Lab – also Enzyme aus dem Magen junger Wiederkäuer – enthielt, ließ mich schaudern und verdarb mir erst einmal den Appetit. Wollte ich wirklich Stoffe aus Kalbsinnereien, die den Tieren beim Verdauen der Muttermilch halfen, in meiner Nahrung haben?

Ich drängte den Gedanken zur Seite und ging ans Werk. Die Milch musste erwärmt und dann auf eine genaue Temperatur heruntergekühlt, die Zusätze in exakt bestimmten Mengen und

Zeitabständen hinzugefügt werden. Nur so konnte die perfekte Gerinnung stattfinden, bevor einen Tag später das Ganze in ein Käsetuch gegossen wurde. Die so gewonnene und geronnene Käsemasse musste nun wiederum stundenlang abtropfen, und nur wenn man alles genau richtig gemacht hatte, konnte man sich anschließend den Ziegenkäse in perfekter Konsistenz und Cremigkeit aufs Brot schmieren und ihn mit seinem frischen, einzigartigen Geschmack auf der Zunge zergehen lassen – Kalbsmagenenzyme hin oder her!

Oft genug passierte es mir allerdings, dass ich einen gummiartigen Klumpen aus dem Tuch holte oder aber die Masse so flüssig war, dass alles durchtropfte und so gut wie nichts übrigblieb. Doch ich gab nicht auf, versuchte unterschiedliche Rezepte und stellte verschiedene Käsesorten her, von Ricotta über Mozzarella bis hin zu verschiedenen, zum Teil recht experimentellen Schnittkäsen.

Obwohl ich mich immer freute, wenn der Käse auch nur annähernd so aussah und schmeckte wie geplant, konnte ich auf Dauer der Käseherstellung keine absolute Befriedigung abgewinnen. Zu viel Arbeit für zu wenig Käse, zu viele Misserfolge, und das Schlimmste war das Saubermachen. Alles musste ständig und akribisch gereinigt, geputzt, geschrubbt und desinfiziert werden. Eimer, Gläser, Utensilien, Arbeitsflächen: Alles, was mit der Milch in Berührung kam, musste steril sein, da schädliche Bakterien sich sonst sofort vermehren würden und im besten Fall den Geschmack verderben, im schlimmsten Fall zu lebensbedrohlichen Vergiftungen führen könnten.

Da kam mir die Idee mit der Seife: Das ganze Geputze hatte mich darauf gebracht – warum also nicht gleich das

Reinigungsmittel selbst herstellen? Zudem konnte man sich von Seife keine Lebensmittelvergiftungen holen, schmecken musste sie auch nicht und schnelles Verderben war ebenfalls kein Thema. Außerdem war Ziegenmilchseife im Laden teuer und für die Hautpflege wertvoll, und so begann ich, die Milch unter schärfsten Sicherheitsvorkehrungen, geschützt durch dicke Handschuhe und hinter einer Schutzbrille, mit Natronlauge und geschmolzenem Fett zu vermengen – alles natürlich wieder unter genauer Einhaltung bestimmter Temperaturen und Zeitabstände.

Schließlich konnte ich die ätzende leimartige Masse nach langem und ausdauerndem Rühren in Formen gießen, und der anschließende Verseifungsprozess fasziniert mich noch immer: Über viele Stunden lang erhitzt sich die Masse durch chemische Reaktionen von selbst, verwandelt sich sozusagen von ganz allein, und zwar durch die Zerlegung des Fettes in Glycerin und in Fettsäuren, welche dann mit der Lauge zusammen Alkalisalze bilden. So entsteht eine feste Seife, die sich am folgenden Tag in Stücke schneiden lässt – obwohl sie dann nochmals für einen Monat an der Luft trocknen, beziehungsweise reifen muss, bevor sie zur Körperpflege benutzt werden kann.

Es waren cremig sanfte, hellgelbe Waschstücke, die ich schließlich von der Reifebank (beziehungsweise dem Fensterbrett) nahm – und hier hatte ich meine vorläufige Passion gefunden! Die Seifenherstellung machte Spaß, war ergiebig, gelang fast immer und eignete sich besser zum Experimentieren als das Käsen. So kippte ich also, rührte, tröpfelte, maß und füllte und durfte natürlich in all dieser Geschäftigkeit die wahren Produzenten nicht vergessen: die Ziegen. Ich fütterte, tränkte, bürstete, führte sie durch Wald und Wiesen und wieder zurück, reinigte, schaufelte und mistete den Stall aus. Ich entfernte Zecken und *keds* (flügellose, blutsaugende Lausfliegen) aus dem Fell, bekämpfte Hautpilzinfektionen mit Kalk und Schwefel und versuchte, die Würmer zu kontrollieren, denn der interne Parasitenbefall der Ziegen war ein ewiges Thema. Lungenwurm, Roter Magenwurm, Leberegel, Band- und Fadenwurm, so heißen diese Tierchen, die sich in den Innereien eines jeden Weidetieres tummeln und die vor allem in den warmen Monaten zur Gefahr werden können. Jede Ziege, jede Kuh, jedes Schaf hat sie, diese Parasiten – es ist eine Frage der Menge.

Evolutionstechnisch haben sich Ziegen in dieser Beziehung nicht so gut entwickelt wie etwa Schafe oder Rinder, und das hängt mit ihrem Fressverhalten zusammen, hatte mir Sister Pamela erklärt. Wann immer sie können, fressen sie nämlich Blätter von hoch gelegenen Zweigen und Büschen ab und kommen so seltener in Kontakt mit den erdgebundenen Parasitenlarven. Ihr Immunsystem hat sich also im Laufe der Zeit nicht so gut daran gewöhnen und anpassen können. In freier Wildbahn ziehen die Herden außerdem stets weiter, sobald eine Weide abgegrast ist, und neu erschlossene, frische Wiesen bergen nicht dieselbe Gefahr wie eine eingezäunte, räumlich begrenzte Weidefläche, auf der es in kürzester Zeit zu einer enormen Verseuchung kommen kann. So werden zum Beispiel die Eier des gefährlichen Roten Magenwurms mit dem Kot ausgeschieden, zu viel Kot sammelt sich auf zu kleinem Raum, Millionen Eier werden zu ebenso vielen Larven, und die winzigen Dinger warten in den Tau- oder Regentropfen auf den verbliebenen Grashalmen, bis sie von einer Ziege gefressen werden. In Magen und Darm ernähren sie sich dann vom Blut ihres Wirtes, was zu Schleimhautschäden und erheblichen Anämien der Ziege führen kann, und dabei produzieren sie noch mehr Eier. Manch ein Bauer bringt aus diesem Grund seine Tiere gar nicht mehr nach draußen, denn was nur Stall- und Trockenfutter frisst, das hat auch weniger Wurmprobleme (der Zwergfadenwurm allerdings schlägt auch im Stall zu, da die im Kot ausgeschiedenen Eier sich ohne Zwischenwirt entwickeln und die schlüpfenden Larven über die Haut in die Jungtiere eindringen).

Zugegeben, sich damit zu beschäftigen war keiner meiner Wunschträume gewesen, doch kein Fleisch- oder Milchproduzent kommt um dieses Thema herum. Ich konnte auch jede Maßnahme nachvollziehen, die zur Reduzierung der Gefahr beitrug, die im kurzen Gras, in Tau- und Regentropfen, aber auch in Schnecken (in denen sich Lungenwürmer entwickeln) und Krabbeltieren lauerte: So dringen zum Beispiel die Larven des Kleinen Leberegels ins Gehirn von Ameisen ein und zwingen diese, sich an Grashalmspitzen festzubeißen. Daraufhin werden Ameisen samt Egellarven von Weidetieren gefressen, die nun ihrerseits infiziert sind. Ist die Natur nicht raffiniert?

Ich gewöhnte mir an, jeden Tag mit beiden Ziegen erst einmal einen Gang durch den Wald zu machen, bevor ich sie auf die Weide brachte. Während dieser Spaziergänge schlugen sie sich die Bäuche mit Büschen, Heckenrosen, Sträuchern und jungen Bäumen voll, alle weitgehend parasiten-, weil kotfrei und zu hoch für Schnecken und Ameisen.

Dennoch kam irgendwann der Tag, an dem es Leila nicht gut ging. Der Sommer war fast zu Ende, und die Tiere mussten für einige Wochen auf einer kleinen Ersatzkoppel grasen, da auf der großen Weide das Gras abgefressen war und die Wiese sich erholen musste. Obwohl ich alle Regeln befolgt und Leila nach der Geburt entwurmt hatte, auf der kleinen Koppel immer auch Heu anbot und die Tiere nur bei trockenem Wetter rausbrachte, wurde Leila ständig dünner. Sie verlor an Energie, bekam stumpfes Fell und sah einfach schlecht aus. Sie fraß kaum noch und gab weniger Milch. Eine Untersuchung ihrer Augen zeigte mir, dass die Lider innen sehr blass waren, fast weiß, nicht rosarot, wie sie sein sollten. Dies wies auf eine Blutarmut hin und, zusammen mit den anderen Symptomen, auf starken Wurmbefall. Da die meisten Wurmarten gegen die meisten Entwurmungsmittel resistent sind und man mit unbedachtem Entwurmen nur noch mehr Resistenzen schafft, war dem Problem auch nicht ganz so einfach beizukommen. Ich wollte nichts verkehrt machen, und um mich beraten zu lassen, fuhr ich zum lokalen Landwirtschafts- und Veterinäramt, das etwa eine Stunde entfernt auf der anderen Seite von Woodstock lag. Dort erfuhr ich mehr über Nematoden, Trematoden und Cestoden, als ich mir wünschen konnte, und auch was deren Bekämpfung betraf, lernte ich einiges dazu. Nach meiner Schilderung der Situation riet man mir schließlich zur Methode des *fecal egg count*, der fäkalen Bestimmung der Wurmeimenge und -art, und zu gezielter Behandlung dem Ergebnis entsprechend. Der Vorgang wurde mir genau erklärt, und neben der Anleitung bekam ich auch eine Wurmei-Identifizierungskarte mit auf den Weg:

Guide to Parasite Eggs and Larvae Found in Goat Feces
for Microscope Fecal Analysis and Fecal Egg Count (FEC)
by Shirley Goldman, DVM

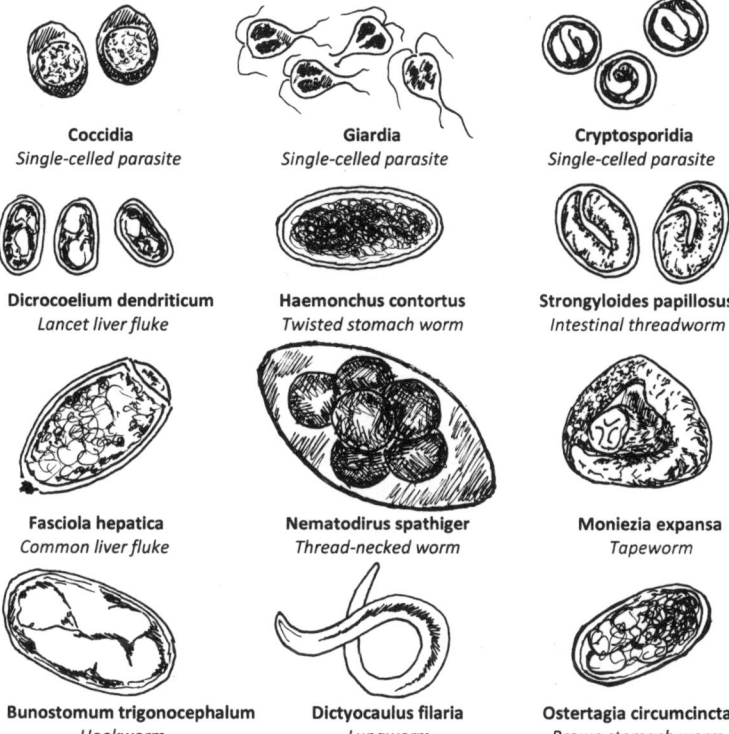

Coccidia	**Giardia**	**Cryptosporidia**
Single-celled parasite	*Single-celled parasite*	*Single-celled parasite*
Dicrocoelium dendriticum	**Haemonchus contortus**	**Strongyloides papillosus**
Lancet liver fluke	*Twisted stomach worm*	*Intestinal threadworm*
Fasciola hepatica	**Nematodirus spathiger**	**Moniezia expansa**
Common liver fluke	*Thread-necked worm*	*Tapeworm*
Bunostomum trigonocephalum	**Dictyocaulus filaria**	**Ostertagia circumcincta**
Hookworm	*Lungworm*	*Brown stomach worm*

Zu Hause borgte ich mir das Mikroskop meiner Kinder, trug Messbecher, Holzstäbchen, ein altes Teesieb und Glasplatten als Materialträger zusammen und sammelte eine frische Probe ein, direkt aus dem Ziegenhintern. Den Köttel ließ ich nun in einer abgemessenen Menge konzentrierter Zuckerwasserlösung zergehen, drückte die dicke Flüssigkeit mit dem Holzstäbchen durch das Teesieb (das ich selbstverständlich nie wieder zum Teemachen verwenden würde), träufelte nach einigem Rühren eine kleine Menge auf meinen Probenträger und schob diesen unters Mikroskop.

Bei vierzigfacher Vergrößerung erschloss sich mir ein neues Universum. Pflanzenfasern sahen wie fantastische Urwälder aus, voller Riesenfarne und merkwürdiger Pilze, und dazwischen saß anderes unverdautes Material, das Felsen und Gebirgen glich. Und überall dazwischen erspähte ich diese kleinen ovalen Dinger, durchsichtig, mit einem dunklen Zentrum: die Eier des Roten Magenwurms, Haemonchus contortus. Sie waren in enormer Menge vorhanden und schwebten wie kleine futuristische Fahrzeuge durch den Kot-Urwald.

Sofort erhielten die Ziegen Ausgehverbot, und ich behandelte Leila mit zwei verschiedenen Mitteln, die ich über mehrere Wochen abwechselnd einsetzte. Während der gesamten Behandlungszeit molk ich sie natürlich weiter, doch musste ich all die mühsam gewonnene Milch wegschütten. Jeden Tag schmerzte es aufs Neue, die kostbare Flüssigkeit im Ausguss verschwinden zu sehen, doch wegen der Medikamente war sie für den menschlichen Verzehr nicht geeignet, und auch Seife wollte ich lieber nicht daraus machen.

Glücklicherweise bekam ich das Problem innerhalb eines Monats in den Griff. Leila erholte sich, ebenso wie die große Weide. Die Ziegen konnten wieder hinaus, und wir genossen unsere Milch mit neuer Wertschätzung!

13. KAPITEL

ACH DU DICKES EI!

Herbst und Winter kehrten wie im letzten Jahr mit einem welkenden Garten, klagenden Wildgänsen und jenen Tätigkeiten ein, die so sehr an diese Jahreszeiten gebunden sind. Wir reinigten Holzofen und Schornstein, stellten sicher, dass die Dachrinnen frei und die Schindeln intakt waren und führten letzte Außenreparaturen durch. Wir dichteten zugige Fenster ab und ersetzten Fliegengitter durch Sturmscheiben. In einigen Räumen hängten wir dicke Decken vor die Fenster. Dann war es Zeit, die letzte Ernte hereinzubringen, vor allem die letzten Tomaten und Gurken, bevor der erste Frost kam. Grünkohl, Karotten und Zwiebeln ließ ich vorerst stehen, vor allem den Kohl ernteten wir noch bis tief in den Winter. Ansonsten wurde alles für den Wandel vorbereitet, die Beete mit Mist und Stroh und Unmengen von alten Blättern bedeckt, ein paar Bäume zersägt, Holz gehackt, die Späne für den Stall gesammelt, die Scheite für den Ofen gestapelt und das Feuer in Gang gehalten. Ich hatte für alle dicke Wollsocken besorgt und ein paar Lammfelle vor den Kamin gelegt. Das Haus war mollig und gemütlich.

Im Ziegenstall legte ich extra Strohschichten und die Holzspäne aus, die sich bald mit den Exkrementen der Tiere und mithilfe einer fleißigen Mikrobenarmee zu einer wärmeproduzierenden Kompostschicht entwickeln würden. Die Millionen kleinster Organismen, die sich vom Stallmaterial ernährten, sorgten nämlich durch ihren Stoffwechsel nicht nur für bestes Düngematerial. Sie schufen durch die Energie, die sie freisetzten, auch eine wunderbar funktionierende biologische Fußbodenheizung. Auf die musste ich dann nur noch ab und zu frisches Stroh streuen, und schon hatten Leila und Nelly ein trockenes, warmes Bett bis zum Frühjahr. Dann würde ich die Matte in den Garten und auf die Beete schaffen – oh, ich liebte diesen ewigen Kreislauf der Dinge!

Auch den Hühnerstall stopfte ich zur Isolation mit Stroh aus, kippte eine dicke Schicht Späne hinein, hoffte auf gute Mikrobenarbeit und hängte dazu noch Kartoffelsäcke vor die Fenster.

Alle meine Tiere waren ›winterfest‹, konnten also mit tiefen Temperaturen gut umgehen. Den Ziegen wuchs ein dickes Winterfell, und die Hühner konnten durch das Aufplustern ihres dichten Untergefieders und dank der Fähigkeit, ihre Körpertemperatur zu regulieren, selbst extreme Minusgrade gut verkraften. Kälte machte ihnen weniger aus als Hitze, und sie wollten auch im Schnee immer gern nach draußen. Dennoch rieb ich, wenn es sehr kalt wurde, Kämme und Hautlappen mit Vaseline ein, um sie so vor Erfrierungen zu schützen. Ich hatte bereits von einem Huhn in der Gegend gehört, dem im Schnee ein ganzes Bein abgefroren war und das nun zwar frei und fröhlich, doch einbeinig durchs Leben hüpfte. So weit wollte ich es nicht kommen lassen! In den allerkältesten Nächten brachte ich daher die empfindlichsten Vögel immer zu den Ziegen in die Scheune, denn dort war es meist ein paar Grad wärmer als im Hühnerstall. Zwischen Stroh- und Heuballen machten sie es sich dann gemütlich, ließen sich im Futterbehälter nieder oder setzten sich gleich auf die warmen, kuscheligen Ziegenrücken. Besonders die anschmiegsame Barney liebte es hier, und man konnte durchaus glauben, dass sich da tiefe Freundschaften entwickelten, so eng gluckten Hühner und Ziegen zusammen. Oft ertappte ich Nelly und Barney in inniger Zweisamkeit, und manchmal sah es so aus, als würden sie sich gegenseitig mit Heuhalmen füttern. Die Geräuschpalette der Hühner, ihre ›Sprache‹, erstaunte mich übrigens immer wieder: Ich war mir sicher, dass sie bedeutungsvoll und umfangreich miteinander kommunizierten. Im Rahmen ihres sozialen Gefüges – die Hackordnung wurde von der energischen Blacky angeführt – schienen sie regelmäßig hochinteressante und zuweilen recht hitzige Debatten zu führen, und manchmal ›redeten‹ sie auch mit mir.

Überhaupt hatte sich meine Vogelschar zu einer ganz wunderbaren Truppe entwickelt, bestehend aus vier männlichen und sechs weiblichen Poppys plus Hillary natürlich, nebst sechs Hennen und einem Hahn – unserem lieben Gorilla, wer hätte es gedacht! Obwohl Gorilla als junger Vogel immer ruhiger und freundlicher geworden war, dabei aussah wie eine Henne und sich auch wie eine benahm, fing er doch eines späten Tages an zu krähen. Wahrscheinlich folgte die späte Reife eher einem genetischen Zufall und keiner schlauen Kalkulation, doch nur so hatte er dem Schlachtmesser entkommen können. Otto und Sandy waren zu der Zeit längst verspeist, und Gorilla war nun Herr im Hühnerhaus. Er wurde zu einem prächtigen großen Kerl, mit glänzendem silberweißem Gefieder, dunklen langen Schwanzfedern und einem großen, leuchtend roten Kamm. Dabei blieb er, was er schon immer war: freundlich. Er griff niemals jemanden an, suchte die Nähe von Menschen, ließ sich gerne streicheln und aufheben. Alle mochten ihn, und er wurde unser Bilderbuchgockel – auch wenn er in diesem bitterkalten Winter ein paar seiner langen Kammspitzen durch Erfrierungen verlor.

Kurioserweise wählten die Hennen die kältesten Tage dieses Jahres, um ihre ersten Eier zu legen. Sie bauten sich ein kuscheliges Nest in einer Ecke des Stalls (die von mir installierten Nistboxen ignorierten sie) und legten fortan fast täglich erst kleine, dann immer größere Eier hinein, die ich nun einsammeln und zu leckeren Omeletts verarbeiten konnte. Paul und Phillip fanden das sehr aufregend und halfen gern beim Sammeln. Sie waren jeden Morgen gespannt darauf, wie viele Eier die Hühner wohl gelegt hatten, konnten sich aber schwer vorstellen, dass unser Frühstück wirklich aus dem Hühner-popo kam.

»Mama, machen die dann wirklich einfach so ein Ei, statt Kacke?«, fragte Phillip, als er eines eisigen Morgens die Ausbeute in seinem Korb inspizierte.

»Das ist ekelig«, fand Paul.

»Und guck, an dem klebt sogar noch was dran.«

»Nun«, erklärte ich, »natürlich kommt das Ei nicht ganz genau daher, wo die Kacke herkommt. Der Darm ist unten im Huhn, der Eileiter darüber, und das sind ganz getrennte Schläuche. Am Ende treffen die sich aber, und der Ausgang ist wirklich derselbe. Alles kommt da raus, auch das Pipi.«

»Iiieehh!«

»Heißt das denn dann trotzdem Popo?«

»Nein, es heißt Kloake.«

»Also ich glaub, ich will heute kein Rührei zum Frühstück.«

»Nee, ich nehm' auch lieber Obstsalat.«

Tatsache ist, dass uns kein Ei aus dem Supermarkt je so gut geschmeckt hat wie die frisch gelegten von unseren Hühnern, und natürlich steigerte es den Genuss ungemein, zu wissen, dass die Vögel glücklich und frei waren, sich ihr Futter größtenteils selbst suchten – oder von einer netten Ziegenfreundin namens Nelly mit Bio-Heu gefüttert wurden.

Wir stellten allerdings fest, dass sich unsere frischen Eier sehr schlecht pellen ließen, wenn wir sie mal in der Schale kochten – dazu mussten wir sie dann doch erst ein wenig älter werden lassen. Die Perlhuhneier waren außerdem so hart, dass man ihnen fast mit dem Hammer zu Leibe rücken musste (unglaublich, wie die Küken es schafften, da raus zu kommen!), und keines der Eier kam natürlich in uniformer Industriegröße daher, sodass man beim Kochen und Backen zuweilen improvisieren musste, vor allem wenn sich manchmal sogar zwei Dotter in einem Ei befanden. Die Form war auch nicht immer perfekt, doch all das beeinflusste den Geschmack nicht, und die Schalen dienten als gute Kalkspender für meine Gartenerde, egal wie sie aussahen oder wie hart sie waren.

»Alles dreht sich immer im Kreis«, erkannte auch Phillip, als er eines Tages die Eierschalen vom Frühstück auf den Kompost warf. »Die gehen jetzt wieder in das Gemüse, das wir essen, und weil wir was essen, können wir uns gut um die Hühner kümmern, und dafür geben sie uns dann wieder Eier.«

»Und vergiss nicht die ganzen Kartoffelkäfer und Raupen, die auch unser Gemüse essen, und die Zecken, die uns essen – die werden dann alle von den Hühnern gefressen«, bemerkte Paul scharfsinnig. »Davon müssen sie dann besonders oft aufs Klo, und das kommt auch alles in den Garten, und wir kriegen noch mehr Gemüse. Und noch mehr Eier.«

Was für ein Geben und Nehmen! Was für eine Ökobilanz! Ich erklärte den Kindern nun auch, dass es nicht nur schön war, Eier von zufriedenen Hühnern zu bekommen, die sich von Käfern, Würmern, Mais und anderen Samen aus unserem Garten und unserer Erde ernährten, sondern wie gut es auch für unseren Planeten war, ohne die ›graue‹ Energie auszukommen, die in Eierkartons, im Transport und in der Lagerung steckte – von der Massentierhaltung ganz zu schweigen. Sie fanden es sehr aufregend, ihren Teil zur Weltrettung beizutragen!

Übrigens bewahrte ich unsere Eier nicht im Kühlschrank auf: Solange Eier nicht gewaschen werden, sind sie mit einer natürlichen Schutzschicht, der Cuticula, überzogen, die eine Kühlung überflüssig macht.

Der Winter brachte dieses Jahr allerdings auch einiges Unglück mit sich. Es war über lange Perioden so kalt, dass unsere Quelle einfror und wir kein fließendes Wasser hatten. Wir mussten mit Eimern zum Fluss gehen oder Schnee zum Schmelzen bringen, konnten uns nicht duschen und nur notdürftig waschen. Auch der Strom fiel oft und lange aus, und einige Blizzards brachten extremen Schneefall mit sich.

»Boah, guck mal«, rief Paul eines Morgens begeistert, als er die Tür öffnete.

Man sah nichts außer einer weißen Wand. Was war das? Gab es hier etwa Lawinen? Wir waren begraben! Der Schnee türmte sich meterhoch an der Nordseite des Hauses, und ich bekam einen Anflug von Platzangst.

»Hurra, da fällt bestimmt die Schule aus«, freute sich Phillip.

Tom konnte nicht mal das Auto erreichen.

»Ich muss die Ziege melken und die Hühner füttern, wie soll ich das denn jetzt machen?« Ich wurde panisch. »Hoffentlich leben die alle noch!«

»Wir könnten einen Tunnel graben«, schlug Paul vor, und genau das taten wir dann alle zusammen. Dick eingepackt in unsere wärmsten Wintersachen, machten wir uns mit Händen und Füßen an die Arbeit (die Schaufeln mussten wir draußen erst mal finden) und gruben uns Zentimeter für Zentimeter langsam aus. Da der Schnee zum Glück nicht überall so hoch lag, kamen wir draußen besser voran und sahen dort auch wieder Tageslicht. Es dauerte dennoch Stunden, bis die Wege zur Scheune und zum Hühnerstall frei waren. Zu meiner größten Erleichterung fand ich alle Tiere wohlauf vor, und als ich schließlich fertig war mit Melken, Misten, Füttern, Eiereinsammeln und Aufhacken des gefrorenen Wassers in den Tränken, sank ich völlig erschöpft auf einen Küchenstuhl.

»Mama, alle meine Sachen sind klatschnass und voll Schnee, was soll ich damit machen?« Paul stand tropfend in der Küche und ließ mir keine Ruhe. »Was sollen wir denn überhaupt jetzt machen, ohne Schule, bei so viel Schnee?«

»Ich weiß was, Mama, du machst mit uns 'ne Schneeballschlacht«, schlug Phillip vor und klatschte in die Hände.

Oh wundervoller Winter in der Wildnis!

Die Schule fiel auch am folgenden Tag aus, und die Straßen waren weiterhin durch riesige Schneewehen versperrt, allen Bemühungen der Räumfahrzeuge zum Trotz. Wir waren abgeschnitten, und obwohl das Telefon funktionierte, fühlte ich mich unwohl und fragte mich, was wir wohl in einem Notfall tun würden. Was wäre, wenn jetzt jemand einen Herzinfarkt erleiden oder sich ein Bein brechen würde? Könnte uns ein Hubschrauber hier herausholen? Lächerlich, mahnte ich mich ab – wieso sollte so was ausgerechnet jetzt passieren?

Zum Glück hatten wir genügend Holz für den Ofen, mussten also nicht frieren, und da die Tiere auch im Winter Nahrung produzierten, mussten wir auch nicht hungern. Zudem hatte ich noch mehrere Kisten Kartoffeln aus dem Garten eingelagert und reichlich grüne Bohnen von einer guten Ernte übrig. Davon ließ sich eine Weile leben, und so genossen wir Kartoffelgratin mit Ziegenkäse, Buttermilchreibekuchen mit Ahornsirup und Bohnensuppe mit Eieinlage. Es kamen auch noch ein paar *yellow perches* hinzu, goldfarbene Flussbarsche, die Tom beim Eisfischen im nahen See gefangen hatte – mit Bratkartoffeln über dem Feuer geröstet ergaben sie ein köstliches Mahl!

Und so zog sich dieser lange Winter hin, wir schlugen uns ohne Beinbrüche oder Herzanfälle durch, und ich tröstete mich außerdem damit, dass ich mir weder um Zecken, noch um Leberegel und Magenwürmer Sorgen machen musste. Auch die Bären hielten natürlich Winterschlaf.

14. KAPITEL

AUF LEBEN UND TOD

Es ist wieder soweit. Dabei ist es bitterkalt, viel zu kalt für Anfang April. Eisige Minusgrade herrschen in der Scheune, und ich mache mir Sorgen, fürchte, dass eine reibungslose Geburt bei diesen Temperaturen schwierig werden könnte. Nelly sieht auch nicht glücklich aus, sie hat seit gestern nichts gefressen und nichts getrunken – das ist kein gutes Zeichen!

* * *

Unser zweites Jahr auf der Farm näherte sich dem Ende, und obwohl in dieser Zeit so viel Spannendes passiert war und ich so viel erlebt und gelernt hatte, schien der anfängliche Enthusiasmus, zusammen mit dem Reiz des Neuen, nun weitgehend verpufft zu sein. Das aufregende Gefühl des Abenteuers kam mir nach Monaten und Jahren abgenutzt vor. Die ständige Wiederholung aller Tagesabläufe ohne Pause oder Abwechslung hatte begonnen, mich auszulaugen.

Es war immer dasselbe. Tagein, tagaus. So viel Dreck. So viel Kacke, Pisse und Gestank. Kaum hatte ich den Stall sauber gemacht, war er schon wieder dreckig. Stand ich nach mühevollem Melken vom Schemel auf – das Ziegeneuter war gleich wieder voll. Und immer wenn ich den Vögeln frisches Wasser gab, schiss der erste sofort wieder hinein. Es hörte nie auf, und es gab kein Entrinnen.

Nie im Leben hatte ich mir vorgestellt, dass es so hart sein würde, sich mit Lebensmitteln selbst zu versorgen. In der Stadt war doch alles so einfach gewesen! Dort konnten wir kaufen und essen, was immer wir wollten. Fleisch, Gemüse, Eier, Milch – alles war da, zu jeder Zeit und nicht mal teuer. Doch die Erkenntnis, dass irgendjemand die ganze Arbeit machen musste, ließ mich jetzt nicht mehr los: Wenn ich es nicht selbst tat, mussten andere für mich schuften – Bauern, Schlachter, Feldarbeiter, die für niedrige Löhne diese unglaublich harte Arbeit in unser aller Essen steckten. Ich musste an die magische Szene denken, die ich am Anfang gesehen hatte, als ich mir vorstellte, wie hier vor zweihundert Jahren die Farmer ihre Felder bestellten und ihre Tiere versorgten – jetzt fand ich das alles ganz und gar nicht mehr magisch, es war kein bisschen romantisch! Die Bauern damals hatten doch noch nicht mal elektrisches Licht oder eine Wasserpumpe gehabt, geschweige denn ein Auto …

Also – genau genommen hatte ich es doch wesentlich besser, oder? Was meckerte ich eigentlich?

Ich schob meine Befindlichkeitskrise erst mal auf den Winter (bekanntermaßen können Kälte und Dunkelheit ja heftig aufs Gemüt schlagen) und beschloss, mich nicht weiter zu beschweren. Man konnte nicht immer froh und gut gelaunt sein, erinnerte ich mich, das Leben war schließlich vielschichtig und facettenreich und hatte weitaus mehr zu bieten als honigsüße Zuckerseiten. War es nicht mindestens ebenso komplex wie eine alte Heirloom-Tomate? Sicher würde auch bei mir ein wenig Sonne und Wärme die Bitterkeit vertreiben und die rosigen Seiten wieder zum Vorschein bringen. Wenn doch nur der ewige Winter endlich vorbei wäre!

Allerdings schienen die gesundheitlichen Probleme, die sich bald darauf zur schlechten Laune gesellten, nur bedingt mit der kalten Jahreszeit zu tun zu haben. Anfangs konnte ich sie noch ignorieren, doch irgendwann musste ich der mikroskopisch kleinen, allgegenwärtigen Gefahr ins Auge sehen – alle Tiere staubten nämlich wie verrückt! Fell und Federn staubten, der Kot löste sich in Staub auf, Stroh, Heu und Futterreste wurden zu Staub, ganz zu schweigen von toten Insekten, Milben und anderem pulverisiertem Ungeziefer. Und irgendwo war immer feuchtes, schimmeliges Heu oder Stroh, besonders in der biologischen Fußbodenheizung – und das, obwohl ich wendete, schaufelte, lockerte, mistete, putzte und reinigte, was das Zeug hielt. Heftige Rückenschmerzen waren die Folge meiner Mistgabelakrobatik, und die Partikel, Sporen und Pathogene, die ich Tag für Tag aufwirbelte und einatmete, rächten sich nun nach anderthalb Jahren Stallarbeit, indem sie mir eine chronische Bronchitis bescherten. Zusätzlich machten mir Ellenbogen- und Handgelenke zu schaffen, da ich mich an das ewige Ausdrücken des Ziegeneuters einfach nicht gewöhnen konnte.

* * *

Nelly steht jetzt kurz vor der Niederkunft. Nicht mehr lange, und wir werden neue Zicklein, ein weiteres Milchtier und noch mehr Milch haben.

Doch ich habe das Gefühl, dass etwas nicht stimmt. Eine Geburt ist ja immer ein Ausnahmezustand, nichts ist so wie sonst, dennoch hatte ich dieses ungute Gefühl nicht, als Leila vor einem Jahr ihre Jungen bekam.

Nelly ist zu still, sie gibt keinen Laut von sich, und ich gehe zu ihr, um sie zu streicheln. Hinter den Ohren, wie sie es mag. Sie reagiert kaum, und etwas in ihren Augen macht mir Sorgen: Die rechteckigen Pupillen sind geweitet, sie sind so groß, dass es wirkt, als hätte sie Angst. Ihre Beine beginnen einzuknicken, und ich kann an ihrem angespannten Rücken sehen, dass die Wehen eingesetzt haben. Dann bricht sie zusammen und fällt ins Stroh. Ich bekomme Angst und rufe mit zitternden Fingern den Tierarzt an. Die Nummer ist für Notfälle an die Scheunenwand gepinnt, so hatte Sister Pamela es mir empfohlen. Heute ist der erste Tag, an dem ich sie benutze.

Der Arzt beruhigt mich erst einmal, stellt ein paar Fragen und rät dann zum Abwarten. In einer Stunde soll ich mich mit einem Update wieder melden.

* * *

Noch etwas anderes geschah in diesem Winter. Mir fiel auf, dass Tom in diesem ermatteten Abenteuer keine allzu große Rolle mehr spielte und er sich mehr und mehr aus meinem Leben zurückzog. Klammheimlich machte er sich aus dem Staub, in dem ich dieser Tage versank, und flüchtete in eine andere, glanzvollere Welt. Während ich rund um die Uhr auf dem Hof ackerte, verbrachte er immer mehr Zeit in Woodstock – bei seiner Arbeit, wie er sagte.

Ohne Zweifel brachte das harte, rohe und intensive Leben auf der Farm Wahrheiten ans Tageslicht, die wir andernfalls vielleicht nie erkannt hätten. Die früher, im abgepolsterten Stadtleben mit all seinen Bequemlichkeiten und Ablenkungen, verborgen geblieben waren: Wahrheiten über uns selbst, über unsere Partnerschaft, über Lebensvorstellungen, Prioritäten und Ideale. Die Wahrheit darüber, was uns wirklich wichtig war – sie hatte sich damals, irgendwo unter der Decke der Zivilisation, verdammt gut versteckt!

Doch jetzt war es raus: Tom wollte so wenig wie möglich mit der Drecksarbeit, mit der Farm und den Tieren, zu tun haben und erinnerte mich bei jeder Gelegenheit daran, dass ich diejenige gewesen war, die sich für das Bauernleben entschieden hatte. Er wollte und würde nie ein Farmer sein – konnte ich das nicht begreifen?

Ich wollte es nicht begreifen. Obwohl ich im Grunde schon immer wusste, dass Tom kein Fan des Landlebens war, hatte ich es nie wahrhaben wollen. Zu fest hatte ich daran geglaubt, dass wir hier zusammen wachsen, eine Zukunft aufbauen könnten. Die ganze Zeit hatte ich auf gemeinsames Bauernglück gehofft, und ich hoffte immer noch. War es nicht Toms Entscheidung gewesen, mitzukommen? Er hatte doch auch hierher ziehen wollen. Oder etwa nicht?

* * *

Nelly liegt im dicken Stroh. Sie stirbt, ich fühle es. Ich weiß es. Etwa eine Stunde ist seit meinem Anruf beim Tierarzt vergangen, während der Nelly ihre beiden Jungen mühevoll, aber ohne allzu große Komplikationen zur Welt gebracht hat. Für einen Moment war ich erleichtert, doch die Freude währte nicht lange. Denn Nelly leckte nach der Geburt weder ihre Babys sauber, noch ließ sie die Kleinen trinken, und jetzt stehen die Ziegenbabys verklebt und jämmerlich blökend mit zitternden Beinen in der Kälte. Ich reibe die beiden wenigstens etwas sauber und trocken. Dann rufe ich den Tierarzt wieder an und bitte um Hilfe. Er scheint nun auch besorgt zu sein und sagt mir, ich solle nachschauen, ob sich vielleicht noch ein drittes Baby im Uterus befindet. Vielleicht ist das irgendwie stecken geblieben und bringt die Mutter in Not.

»Aber die Nachgeburt ist doch schon rausgekommen«, sage ich.

»Macht nichts, bitte trotzdem nachsehen, so was kann zu Komplikationen führen.«

»Was? Und wie mache ich das?«

»Bitte die Hand und den Arm ganz sauber waschen, desinfizieren und, wenn's geht, einen langen Plastikhandschuh drüberziehen.«

Oh nein, was? Ich?

»Könnten Sie nicht herkommen und das machen?«

»Nein, nun machen Sie schon, Sie schaffen das! Wenn das Baby noch drin ist, muss es jetzt sofort rausgeholt werden, so schnell kann ich gar nicht da sein.«

Oh Gott. Okay. Also waschen, desinfizieren, ich habe auch den Handschuh.

Und dann muss ich in sie hineinfassen. Es hilft ja nichts. Ich hatte schon darüber gelesen, in meinem Ratgeber, und wusste, dass bei schwierigen Geburten unter Umständen Hilfe nötig ist, aber ich hatte doch nie wirklich gedacht, dass ausgerechnet ich meine Hand und meinen Arm in die Vagina einer Ziege einführen muss.

Doch ich tue es. Nelly macht ein ganz grauenvolles Geräusch, wie ein verzweifelter, erstickter Schrei, als ich behutsam in ihr herumtaste, doch ich fühle nichts. Da ist kein Baby.

Der Arzt macht sich sofort auf den Weg. Als er knapp eine Stunde später eintrifft, kümmert er sich um Nelly, so gut er kann. Sie bekommt Spritzen und Infusionen, aber es geht ihr nicht besser. Sie kann nicht mehr aufstehen. Ihr Atem geht schnell und hart, und sie hat hohes Fieber. Ihr Kopf ist nach hinten gekippt, die Augen sind aufgerissen und verdreht, die Pupillen geweitet.

Ich weiß, dass es vorbei ist.

Dann sagt mir der Arzt, dass er nichts mehr für Nelly tun kann. Er hat eine Sepsis festgestellt, die bereits in einem fortgeschrittenen Stadium ist. Eine Überreaktion des Körpers auf eine außer Kontrolle geratene Infektion, die wahrscheinlich im Euter begonnen und sich dann über die Blutbahn ausgebreitet hat. Die jetzt nicht mehr in den Griff zu kriegen ist. Die Organe sind durch die heftige Immunantwort bereits geschädigt, funktionieren teilweise gar nicht mehr.

Nelly stirbt noch am selben Abend, während ihre kleinen Babys sich an sie kuscheln. Während Paul und Phillip sich an sie kuscheln. Auch Leila steht ganz dicht, spendet Wärme und Trost, und selbst die Hühner sind gekommen. Barney sitzt mit aufgeplusterten Federn da und hat einen Heuhalm im Schnabel, den sie vor die fieberheiße Ziegennase zu halten scheint. Für einen Moment sieht es aus, als wolle Nelly ihn nehmen, bevor sie die Augen für immer schließt.

Alles ist dunkel und eiskalt. Ich weine heftig und bin voller Schmerz und Trauer, spüre ihn hart, den Verlust. Unsere liebe, treue, freundliche Nelly, die mich jeden Morgen so fröhlich begrüßte! Die sich so gern hinter den Ohren kraulen ließ. Sie war ein Glied der Gemeinschaft, ein Teil unseres Lebens. Auch die Kinder haben Nelly geliebt und weinen bitterlich. Ich will die Trauer zulassen, will gar nicht rational sein – obwohl für einen kurzen Moment in meinem Kopf der Gedanke aufblitzt, dass der Tierarzt nun über tausend Dollar kassiert hat, während ich mit einer toten Ziege, zwei Waisen, ohne Milch, aber mit jeder Menge Tränen zurückbleibe.

* * *

Wir kamen über den Tod hinweg. Paul und Phillip halfen, die beiden Ziegenbabys großzuziehen, die anfangs alle paar Stunden, auch nachts, mit Leilas Milch aus der Flasche gefüttert werden mussten. Wir nahmen die winzigen Tiere mit ins

Schlafzimmer, in einem großen Pappkarton voll Heu, stellten Wecker, pflegten, streichelten und fütterten, bis sie groß genug für den Stall waren. Die weichen, weißen Wonneproppen wurden ein Teil unserer Familie, folgten Paul und Phillip auf Schritt und Tritt, und die Kinder erwiesen sich als großartige Ersatzeltern. Es gab Momente, in denen ich überglücklich war, dass meine Söhne so etwas erleben konnten!

Dennoch stellte Nellys Tod einen Wendepunkt im Leben der Kinder dar. Es geschah nicht von einem Tag auf den anderen, sondern schlich sich leise ein. Ganz langsam und zuerst kaum merklich begann bei Paul und Phillip das Interesse an den Tieren und der Farm nachzulassen. Vielleicht hatte es aber auch gar nichts mit dem Tod der Ziege zu tun, vielleicht wurden sie einfach größer, älter, und andere Dinge wurden ihnen wichtiger, immerhin stand Phillips zehnter Geburtstag in diesem Jahr an.

Neue abenteuerliche Gegenstände, Bilder und Poster hielten Einzug ins Kinderzimmer, und statt süßer Tiere begannen nun Popstars und Rennwagen das Gesamtbild zu dominieren. Auch die Wiesen und der Wald, der Fluss und die Seen schienen ihren Reiz zu verlieren. Stattdessen mussten Paul und Phillip immer öfter irgendwo hingefahren werden, zu Freunden, zum Sport, ins Kino, zu Partys oder Schulveranstaltungen. Wir hatten uns sogar ein zweites Auto anschaffen müssen (was sich natürlich höchst ungünstig auf unsere CO_2-Bilanz auswirkte, zumal der uralte Subaru noch klappriger war als unser Van), und eigentlich hätten wir zwei Chauffeure gebraucht, um die Herrschaften herumzukutschieren, denn alles war weit weg, und somit kostete jede Unternehmung sehr viel Zeit, die mir dann auf dem Hof fehlte.

Ich begann, die Großstadt mit ihren kurzen Entfernungen zu vermissen. Mickrige zwanzig Minuten hatten wir bis zum Spielplatz gebraucht! Immer öfter stellte ich mir belebte Plätze, die fröhliche Kneipe um die Ecke, geschäftige Läden und Straßenzüge vor. Und während mich meine verstaubten Bronchien mit kratzendem Dauerhusten quälten, konnte ich kaum glauben, dass ich mich jemals über die Stadtluft beschwert hatte.

15. KAPITEL

ASPERGILLUS UND DER AUFSCHWUNG

So kam und verging ein weiterer Sommer, und der nächste Herbst und Winter hielten Einzug (und sahen im Wesentlichen kaum anders aus als im Jahr zuvor). Wir hatten die weibliche Ziegenwaise behalten und sie Nellitu getauft, nach ihrer toten Mutter, der sie zum Verwechseln ähnlich sah. Den jungen Bock hatte ich mit Sister Pamelas Hilfe, allerdings nicht ohne Tränen, verkaufen können. Im März bekamen wir dann neue Ziegenbabys von Leila, die wir fünf Monate zuvor für eine Weile ins Kloster gebracht hatten. Während diesmal alles glattging und sich die kleinen Zicklein flauschig und niedlich wie immer präsentierten, zeigten sich Paul und Phillip (die ein gutes Stück gewachsen waren, was anscheinend mit geschrumpfter Hilfsbereitschaft einherging) bei Ziegenpflege und sonstiger Aufgabenverrichtung eher zurückhaltend. »Warum ich, der Papa muss doch auch nicht helfen!«, argumentierten sie – und was sollte ich darauf schon sagen? Derweil kam Tom von Tag zu Tag später nach Hause, und ich war mit meiner Hofarbeit und Farmerlunge weitestgehend allein – bis mir eines Morgens die Luft wegblieb.

»Also, mir geht's überhaupt nicht gut. Ich weiß nicht, wie ich meinen ganzen Kram heute schaffen soll, und total schwindelig ist mir auch«, keuchte ich hustend und fiel fast von der Bettkante.

»Okay, dann lass uns zum Arzt fahren.«

»Mir geht es wirklich schlecht. Ich krieg keine Luft und scheiße, da ist auch Blut in der Spucke!«

Zehn Minuten später waren wir auf dem Weg ins Kreiskrankenhaus.

»Das sieht nach einer Lungenaspergillose aus. Bestimmte Pilze, Aspergillus-Schimmelpilze, haben sich in Ihrer Lunge angesiedelt, da ist es schön feucht, warm und dunkel, die fühlen sich da sehr wohl. Und einmal festgewachsen, können die sich immer weiter ausbreiten, können ein richtig großes Gewächs bilden, vor allem wenn das Immunsystem schwächelt«, erzählte mir der Arzt mit unbekümmert klingender Stimme, nachdem er verschiedene Tests gemacht und die Lunge mehrmals geröntgt hatte. Doch so unappetitlich die Diagnose auch klang, es war für mich wie eine Erlösung. Nach über einem Jahr konnte mein Problem endlich gezielt behandelt werden – es ging wieder bergauf!

Ich bekam Berge von Medikamenten in Tabletten- und Sprayform und arbeitete fortan nur noch mit einer Hightech-Gesichtsmaske, die mich wahrscheinlich selbst vor einem Giftgasangriff geschützt hätte – was natürlich wieder einmal das freie, natürliche Lebensgefühl erheblich beeinträchtigte, aber ich hatte ja inzwischen gelernt, dass man in dieser Hinsicht Abstriche machen musste. Auf jeden Fall fühlte sich alles sehr viel besser an, als ich wieder freier atmen konnte. Durchatmen!

Zur gleichen Zeit befreite sich auch das Land, schlug Eis und Schnee energisch zurück. Alles erwachte, öffnete sich, die Pflanzen regten sich, die Bäume schlugen aus. Wandel lag in der Luft, und alles war voll wogender Energie. Ein neuer Optimismus machte sich breit, und unsere Familie rückte mit frischer Lebenslust und guter Laune wieder enger zusammen. Ich erinnerte mich an das komplexe Tomatenprinzip mit den vielen Komponenten – und konnte es wieder mal aufs Leben anwenden: Je karger und entbehrungsreicher der Winter, desto fader (und saurer!) die Stimmung, hieß es tatsächlich bei uns, und je üppiger und sonniger der Frühling, desto intensiver und süßer das Glück.

»Weißt du noch, wie toll es war, als wir zusammen das Haus aufgebaut haben? Lass uns so was wieder machen! Lass uns die Scheune ausbauen. Lass uns ein *Bed and Breakfast* aufziehen! Wir könnten stadtmüden Menschen ein bisschen Landglück anbieten – weißt du, den guten alten Urlaub auf dem Bauernhof – und ihnen gleichzeitig zeigen, wie man nachhaltiger leben kann. Das ist doch eine geniale Idee, oder?« Mein alter Enthusiasmus bekam einen neuen Schub, es war, als würde mich die Frühlingswelle mitreißen.

Auch Tom ließ sich anstecken und trieb zumindest ein Stück weit mit. »Ich muss natürlich auch noch meinen Job in Woodstock machen, aber die Idee ist nicht schlecht. Ich schau mal, was wir aus der Scheune machen können«, bot er an.

»Ich mach dann die ganze praktische Arbeit, Hof und Garten, die Tiere, und du könntest den Verwaltungskram übernehmen.«

»Vielleicht könnten wir auch einen kleinen Hofladen aufmachen und deine Seife und die Lebensmittel verkaufen.«

»Die Gäste könnten das Melken und Käsemachen lernen. Und wie wäre es mit einem Pferd? Wäre es nicht toll, durch die weiten Wälder zu reiten, wild und frei?«

So weit ging Toms Abenteuerlust dann zwar doch nicht, aber egal: Wir hatten zumindest eine kleine gemeinsame Ebene wiedergefunden und schmiedeten zusammen Zukunftspläne. Das mit dem Pferd würde sich schon finden.

»Lass uns einfach wieder mehr zusammen sein, ja? Wieder auf der Wiese liegen und die Sterne angucken. Und zum Fluss gehen«, wünschte sich Tom.

Wir begannen sofort damit, und auch das war befreiend. Wir ließen die Krisen hinter uns, kamen uns wieder näher, und in den folgenden Wochen lebte ein bisschen von der alten Abenteuerlust und der Leidenschaft wieder auf, die wir bei unserem Einzug verspürt hatten. Es war, als hätten wir uns besonnen, als wären auch wir ›erwacht‹ und hätten uns an all das erinnert, was gut und wertvoll in unserem Leben war. Als wir kurz darauf unseren Ahornsirup einkochten, stellte sich jener Frühlingstag eindeutig als einer der idyllischsten und romantischsten Momente unseres gemeinsamen Lebens heraus (obwohl es natürlich nur eine Frage der Zeit war, bis auch die Zecken und Bären erwachen würden, doch den Gedanken verdrängten wir erst einmal).

Das Wetter war warm, sonnig, und Schneeglöckchen, Krokusse und Osterglocken wuchsen in perfekter Farbharmonie um uns herum.

»Ich bin heute der Feuermeister«, bestimmte Phillip, »und ich der Ahornmeister«, fügte Paul ganz kooperativ hinzu. Selbst die Kinder benahmen sich ungewohnt harmonisch und hilfsbereit, hielten das Feuer in Gang und gossen den Ahornsaft in die dampfenden Pfannen.

Warme, duftende Schwaden waberten kurz darauf durch die Luft, es roch betörend nach der süßen Flüssigkeit. Die Hühner pickten in der Nähe, der Hahn krähte auf dem Misthaufen, während die Ziegen sich auf der Weide vergnügten. Tom und ich saßen auf der Wiese und sahen uns an, und ich spürte eine Wärme in meinem Körper, die sich nicht allein durch das Feuer und die Sonne erklären ließ. Wir machten uns auf den Weg zum Fluss, während die Kinder das Feuer hüteten, und ohne Worte zog es uns zu unserem Platz, zum versteckten Kiesufer in der kleinen Bucht, wo jetzt die Sonnenstrahlen auf den Wellen tanzten. Und während wir uns umarmten und fest umschlossen hielten, spürte ich Verlangen, wilde Hoffnung und dann ein Glück wie schon lange nicht mehr.

Der Trend hielt an, und das Landleben zeigte sich für eine Weile von seiner besten Seite. Tom und ich waren voller Tatendrang und begannen mit dem Ausbau der Scheune, planten den Pferdestall und vergrößerten die Weide. Der Gemüsegarten warf in diesem Jahr mehr ab als je zuvor, und ich konnte die überschüssige Ernte tauschen und verkaufen, zusätzlich hatte ich Eier, Käse und Seife im Überfluss. Leila gab jede Menge Milch, und ihre Jungen (beide weiblich!) waren nun so groß, dass sie kaum noch vom Euter tranken. Als die Zicklein ein halbes Jahr alt waren, kam die Zeit, sich zu trennen, und ich brachte die beiden zu Patty, der Bäuerin aus Shandaken, die uns zum Tausch Bauholz für unsere Scheune und Zedernpfähle für den Weidezaun gab.

Es war ein überaus produktiver Sommer, und das Geschäft lief blendend. Ich hatte mittlerweile sogar eine feste Stammkundschaft: Conni aus dem Schwarzwald kam regelmäßig vorbei und brachte ihr goldgelbes Elixier zum Tausch gegen Eier mit. Dann gab es Edward, den mysteriösen älteren Herrn mit dunkler Brille und wechselnden Autos, von dem wir nichts wussten, außer dass er viel Geld besaß. Wir vermuteten, dass er für die CIA arbeitete, doch wen störte das, solange er ein treuer Abnehmer von Seife und Käse war. Sean und Claire, die Hippies vom anderen Flussufer, kauften immer das überschüssige Gemüse oder tauschten es gegen ihren selbst gemachten Cider ein (Sean war eigentlich Musiker, hatte seine Karriere aber wegen einer chronischen Borreliose aufgeben müssen). Oft saßen wir mit den beiden am Feuer und schlürften Hochprozentiges, während Sean auf seiner Gitarre spielte und ich mit Claire über den Sinn des Lebens, das Glück und über Tomaten philosophierte.

Und dann war da noch Jimmy: ein schwerer, weißbärtiger, von Wind und Wetter zerfurchter Landmann, der zwar wenig kaufte, aber umso öfter auf ein Schwätzchen vorbeikam, wobei sich die Gespräche immer um ein und dasselbe drehten: das Gewehr, das ich mir unbedingt anschaffen sollte.

»Du brauchst eine Büchse«, waren stets seine strengen Begrüßungsworte, und er ließ keinen Widerspruch zu. »Auf keinen Fall kannst du hier in den Bergen leben ohne ein Gewehr im Haus. Du musst eins haben. Zum Schutz. Zur Verteidigung!« Ich lächelte freundlich. Jimmy ließ nicht locker, versprach, mich zu beraten und mir Schießunterricht zu geben. Jedes Mal versuchte ich, diplomatisch das Thema zu wechseln, was mir allerdings nie wirklich gelang, und nach jedem Besuch wusste ich: Jimmy würde wiederkommen und mich weiter bearbeiten. Dabei war mir ja klar, dass fast jeder hier Waffen besaß. Dass Gewehre zum Inventar gehörten wie Autos, Geldbörsen und Klimaanlagen. Dass viele Kinder mit Waffen umgehen konnten, bevor sie überhaupt schreiben lernten, und dass Jugendliche Sturmgewehre erwerben durften, Jahre bevor der erste Schluck Alkohol erlaubt war.

Natürlich gingen auch viele Menschen, die hier in den Bergen lebten, auf die Jagd. Die Saison begann gewöhnlich im Herbst und erstreckte sich über mehrere Monate, fast bis in den Frühling, und ab und zu konnten wir auf unseren winterlichen Streifzügen die Schüsse hören. Doch das war nicht der Ruf der Wildnis, den ich mochte! Das Abschießen der wunderschönen Waldtiere verabscheute ich zutiefst – obwohl es ja eigentlich nichts anderes war als das, was wir auch getan hatten: das Töten eines Tieres zum Verzehr, zur Nahrungsgewinnung, die dem Überleben dient. Wenigstens hatte man zu den Hirschen und Hasen kein persönliches Verhältnis.

Sie hatten artgerecht gelebt, der Bestand war nicht gefährdet, und das Fleisch war garantiert besser, leckerer und gesünder als jedes Industriekotelett. Daher konnte und wollte ich die Jäger nicht verurteilen. Dennoch, ich selbst musste ja schon bei einem überfahrenen Eichhörnchen heulen und stellte mir dann vor, wie eine glückliche Tierfamilie nun zerstört und ein wertvolles Leben zu Ende war. Niemals würde ich zur Jagd gehen können – den Gedanken, eine Waffe anzufassen, fand ich schon immer unvorstellbar. Doch das sollte sich bald ändern.

16. KAPITEL

JÄGER UND GEJAGTE

Während der vergangenen Jahre hatten wir immer Glück gehabt, was unsere Vogelschar betraf. Alle Tiere waren ausnahmslos gesund und munter, und weder Krankheiten, noch nennenswerte Verletzungen trübten das schöne Hühnerleben.

Selbst Hillary mit ihren krummen Krallen führte ein glückliches und erfülltes Perlhuhndasein. Sie hatte einen Partner gefunden (Perlhühner leben in Paaren zusammen, wobei die Lebensgemeinschaften Bestand zu haben scheinen), und jeden Tag zog sie mit ihrem Freund Poppy in den Wald. Die Parallele zu menschlichen Paaren war dabei nicht zu übersehen: Hillary guckte hier, guckte da, schaute sich dort ein paar

Blätter an, konnte sich nicht entscheiden und suchte dann wieder da drüben nach etwas, während Poppy wartend am nächsten Strauch stand. Man konnte sich durchaus vorstellen, dass er zuweilen seine Taschenuhr konsultieren würde, wenn er denn eine hätte. In Wirklichkeit passte er jedoch auf, stellte sicher, dass keine Gefahr drohte und seine Partnerin ungestört auf Futter- oder Nistplatzsuche gehen konnte. Ich liebte es, die Tiere zu beobachten, und bewunderte ihre Teamarbeit. Auch der Rest der Schar verbrachte die Tage nach Lust und Laune. Die geselligen Vögel begaben sich in Gruppen oder Paaren auf Nahrungssuche (wobei hoffentlich viele der schon wieder völlig überhandnehmenden Zecken vertilgt wurden), scharrten und pickten, wetzten Krallen und Schnäbel und pflegten ihr Gefieder. Zu diesem Zweck veranstalteten sie kollektive Staubbäder, die sie an verschiedenen Lieblingsplätzen abhielten, vor allem in den Blumen- und Gemüsebeeten. Hier wälzten sich die Vögel wohlig im Dreck, schaufelten mit ihren Füßen Staub und Erde über sich, um dann alles in riesigen Wolken wieder von sich zu schütteln. Mit dieser Körperpflege säuberten sie nicht nur ihre Federn, sondern hielten sich auch Parasiten vom Leib und steigerten ihr allgemeines Wohlbefinden. Ich glaube, sie genossen ihre Staubbäder ebenso sehr wie ich mein heißes Bad in der Wanne! Daneben war übrigens auch das Sonnenbaden sehr populär, und sobald auch nur ein wärmender Strahl die Erde traf, legten sich die Vögel lässig auf die Seite, streckten Füße und Flügel von sich und sonnten sich hingebungsvoll. Als ich das erste Mal Zeuge des gemeinschaftlichen Sonnenbadens wurde, dachte ich tatsächlich für einen Moment, die Vögel wären gestorben, so entspannt lagen sie auf der Wiese herum. Selbstverständlich hielt immer mindestens ein Vogel Wache – meist war es Gorilla (der sich mit den Perlhähnen relativ gut verstand) – und warnte mit lauten, gackernden Rufen, wenn von irgendwo Gefahr drohte. Manchmal kreiste zum Beispiel ein Bussard am Himmel, und es war völlig erstaunlich: Auch wenn der Raubvogel nur als winziger Punkt in der Ferne zu sehen war, erkannten die Vögel die Gefahr und suchten Schutz unter Büschen und Bäumen.

Auch sonst kümmerte Gorilla sich vorbildlich um seine Hennen, stellte sicher, dass niemand verloren ging, passte auf, wenn die Schar den Zufahrtsweg überquerte, und führte die Truppe auch gern mal durch die Wälder zu abgelegenen Orten, von denen ich keine Ahnung hatte. Manchmal war er ein wenig aufdringlich, wenn es um die Begattung seiner Damen ging, und während er immer konnte und wollte, hatten die Mädels häufig überhaupt keine Lust und ergriffen kreischend die Flucht. Wie es im Leben eben so ist.

Spätestens am Abend fanden sich dann alle Vögel wieder im Hühnerhaus ein. Ich selbst hatte inzwischen Zeit gehabt, die Eier einzusammeln, den Stall zu reinigen und morsche Stellen auszubessern, und brauchte jetzt nur noch dafür zu sorgen, dass die Tiere mit Wasser und ein paar zusätzlichen Körnern für die Nacht versorgt waren. Anschließend musste ich die Festung gut verschließen, Sicherheitsriegel vorlegen, Schlösser kontrollieren, den Elektrozaun einschalten, um dann am nächsten Morgen alles in langwieriger Prozedur wieder zu öffnen und die Vögel in die Freiheit zu entlassen. So ging es tagein, tagaus – bis zu jenem Nachmittag im Sommer, kurz nachdem sich unser Einzug zum dritten Mal gejährt hatte.

Ein Traum wird wahr: Wir sind angekommen in der Wildnis, ...

... in der wir von nun an zu Hause sind.

Mit vollem Eifer stürzen wir uns ins neue Leben, ...

... das für die Kinder das Paradies ist.

Auch Leila und Nelly fühlen sich wohl, ...

... ebenso wie der Bär im Apfelbaum ...

... und die Schlange vor der Türschwelle.

Im Vorfrühling beginnt der Ahornsaft zu tropfen. *It's maple sugaring time!*

Einen ganzen Tag lang kocht der *sap* überm Feuer, ...

... bevor er zu Ahornsirup wird.

Große Spannung herrscht beim Kükenschlüpfen:

So wird aus einem Ei ...

... ein ausgewachsenes Perlhuhn!

Schon bald gehen Hillary und Poppy auf Wanderschaft, ...

... ebenso wie Gockel Gorilla und seine Hennen.

Der extremste aller Winter ...

... bringt neben besonders sorgfältiger Hühnerpflege ...

... und gefangenen Flughörnchen ...

... vor allem eins mit sich: tonnenweise Schnee!

Barney hat ihr erstes Ei gelegt!

Und Eier sind nicht nur zum Essen da.

Etwas ganz Besonderes ist die Geburt der Zicklein, ...

... und bald darauf beginnt die morgendliche Melkroutine.

Auch im Gemüsegarten gibt es viel zu tun, ...

... und während die Tiere den Weidetag genießen, ...

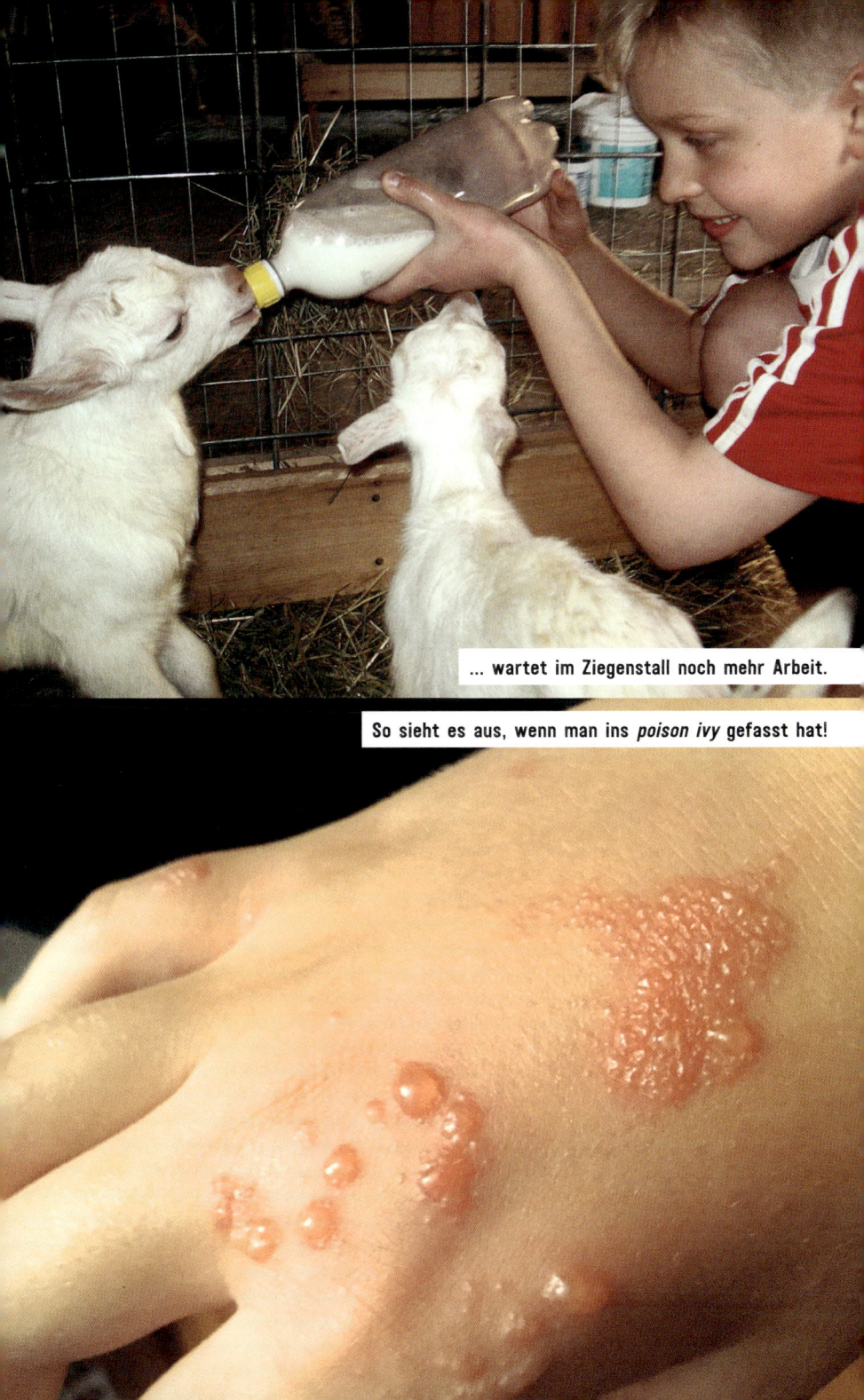

... wartet im Ziegenstall noch mehr Arbeit.

So sieht es aus, wenn man ins *poison ivy* gefasst hat!

Ausgeträumt: Bucky weiß noch nicht, was auf ihn zukommt, ...

... der Mink hat mehrere Hühner erwischt, ...

... und dann gibt's auch noch Besuch vom Bären!

Derweil werden die Kinder älter ...

... und helfen nicht mehr ganz so gern.

Unser letzter Frühling auf der Farm bricht an.

Nun heißt es Abschied nehmen von den Tieren ...

... und von der wunderbaren weiten Wildnis.

* * *

Es ist ein ganz normaler Tag, die Luft ist warm und feucht, am Vormittag hatte es ein Gewitter gegeben. Jetzt riecht es intensiv nach nasser Erde, Gras und Kiefernnadeln, ein wenig süßlich, Wald und Wiesen wirken wie reingewaschen. Noch immer hängen die Wolken tief über dem Fluss, und ich glaube, dass es noch mehr Regen geben wird. Ich habe die Ziegen im Stall gelassen, die Hühner jedoch suchen auf der Wiese neben dem Haus nach Futter – bei diesem Wetter gibt es dort besonders viele Regenwürmer. Hocherfreut über dieses Festmahl laufen sie aufgeregt umher und versuchen, sich gegenseitig die fettesten Brocken abzujagen. Ein bisschen Nässe stört die Vögel nicht, sie kommen mit fast jeder Witterung zurecht, und nur in ganz extremen Situationen ziehen sie den Stall vor. An diesem Nachmittag habe ich, wie so oft, mit den Kindern ein paar Erledigungen zu machen, und so steigen wir in unseren alten Subaru und überlassen die schwüle Idylle für eine Weile sich selbst.

Als wir zurückkehren, weiß ich sofort, dass etwas nicht stimmt. Schon als wir mit dem Auto in die Einfahrt einbiegen, spüre ich es. Die Luft scheint schwerer, die Geräusche verändert, gedämpft. Dann sehe ich die Wiese, und es sieht aus, als hätte es geschneit. Mein Gehirn versucht, den Anblick einzuordnen, und obwohl ich eigentlich schon weiß, was los ist, sucht mein Bewusstsein hektisch nach anderen Erklärungen. Es streitet die Wahrheit ab, die eigentlich klar ist.

Alles ist übersät mit weißen Federn, und ich sehe einen weißen Vogel, Gorilla, am Ende der Wiese leblos auf dem Rücken liegen. Jetzt realisiere ich, was meine Augen wahrnehmen, und ein kalter Schreck krallt sich um meine Brust und verschlägt mir für einen Moment den Atem. Ich weise die Kinder an, sich nicht von der Stelle zu rühren, und steige aus dem Auto. In einiger Entfernung höre ich die Perlhühner zetern. Erleichterung, es gibt Überlebende.

Doch je weiter ich laufe, desto mehr Leichen werden sichtbar, und ein Bild des Grauens offenbart sich. Zwei Perlhühner liegen auf der Wiese, halb in den Büschen, eines ist zerfetzt, das andere ist noch am Leben, von Bisswunden übersät. Blut läuft ihm aus Nasenlöchern und Schnabel. Es sieht zu mir auf, kann gerade noch ein Bein und den Hals bewegen, und mein Herz verkrampft sich. Mein erster Gedanke ist, dass ich das Tier sofort von seinen Qualen erlösen muss, doch während ich überlege, was genau zu tun ist, schließt der Vogel die Augen, zuckt noch einmal und ist tot.

Ich laufe weiter, um das Haus herum, und finde mehr Federn, verstreut und in Haufen, sowie einige Hühner, die sich in den Büschen verstecken, ein paar von ihnen blutig gebissen, andere unversehrt, zum Glück auch Hedwig, das Lieblingshuhn der Kinder. Ich finde aber auch noch zwei weitere tote Perlhühner und ein zerbissenes braunes Huhn. Es ist eins der beiden, die Phillip damals Kleine Freunde getauft hatte.

Wie betäubt laufe ich umher, versuche klar zu denken und hole nach einigem planlosen Hin und Her schließlich einen großen Karton aus der Scheune, um die toten Tiere einzusammeln.

Paul und Phillip sind inzwischen aus dem Auto gekommen und sind ebenso geschockt wie ich. Sie laufen zu Gorilla, unserem geliebten Gockel, und dann höre ich sie rufen: »Mama, Mama, Gorilla hat sich bewegt!«

Natürlich weiß ich, dass das nicht stimmen kann, und das macht es noch schwerer. Ich muss ihnen erklären, dass er tot ist, und erwarte, dass die beiden das nicht wahrhaben wollen, genau wie ich zu Anfang. Es wird ganz sicher Tränen geben. Schweren Herzens gehe ich zu ihnen hinüber – und da sehe ich es selbst! Gorilla hat die Augen geöffnet, und er zwinkert. Unmerklich fast, aber eindeutig – das ist keine Einbildung!

Ansonsten liegt er jedoch völlig unbeweglich mit in den Himmel gestreckten Füßen auf dem Rücken. Fast wünschte ich, er wäre tot, denn nun denke ich, dass ich ihn so schnell wie möglich aus dieser Situation befreien sollte und dass ich das den Kindern irgendwie erklären muss. Aber wie soll ich ihnen sagen, dass ich unseren geliebten Hahn mit der Axt würde töten müssen?

Ich kann es nicht. Ich kann es weder sagen, noch tun. Ich hebe Gorilla hoch, nehme ihn in den Arm, lasse die Kinder ihn streicheln, und gemeinsam bringen wir ihn in die Scheune. Dort bauen wir ihm ein Bett aus weichem Heu und legen ihn nieder, und insgeheim hoffe ich, dass er nun, wie schon das Perlhuhn zuvor, ganz schnell einschlafen und sterben wird, ohne lange leiden zu müssen.

* * *

Was aber war nun eigentlich geschehen an diesem Nachmittag in unserem Garten? Es machte mich wahnsinnig, dass ich es nicht wusste, und in den folgenden Tagen versuchte ich immer wieder, mir vorzustellen, welches Raubtier das getan haben könnte und was genau passiert war. Wie ein Detektiv schritt ich die Federspuren ab, bestimmte die Anordnung der Federhaufen und toten Tiere, analysierte die Bisswunden, den Abstand der Reißzahnlöcher, um den Hergang der Tat bestimmen zu können. Am seltsamsten war, dass kein Vogel fehlte. Niemand war gefressen, alle Opfer nur verletzt oder getötet worden.

Es ergab alles keinen Sinn, und diese Beweise passten zu keinem der Tiere, die in den umliegenden Wäldern nach Beute suchten. Es konnte kein Fuchs oder Kojote gewesen sein, denn die würden sich eher einen Vogel von der Wiese schnappen und damit verschwinden. Das Massaker passte auch nicht zu einem Luchs, und auch Marder, Wiesel oder Waschbär schloss ich aus, denn dazu passten die Bissspuren nicht. Ein Greifvogel kam ebenfalls nicht infrage, und am Ende blieb nur noch der Schwarzbär als möglicher Täter übrig. Aber auch an dieser Theorie stimmte vieles nicht. Es waren nirgendwo Tatzen- oder Kotspuren zu finden, und die paar Bären, die hier ab und zu bei Tag auftauchten, interessierten sich um diese Jahreszeit eher für die Äpfel und hatten noch nie die Vögel im Garten gejagt. Doch wer auch immer der Schuldige war, ich wollte Rache! Jetzt wollte ich eine Waffe haben, um den Mörder meiner geliebten Tiere zur Strecke zu bringen.

Als Jimmy von dem Vorfall hörte, kam er sofort mit dem passenden Gerät vorbei. Er drückte mir eine einfache, fast antik aussehende Repetierbüchse in die Hand, ein Jagdgewehr, das im Gegensatz zur Flinte nicht mit Schrotkugeln, sondern mit Patronen geladen wird. Das Gewehr war viel schwerer, als ich erwartet hatte, und der hölzerne Schaft, der mit Metallornamenten verziert war, fühlte sich eiskalt an. Ich schaute durch das Zielfernrohr und hatte absolut keine Ahnung, wie ich mit dem Gerät jemals irgendetwas treffen sollte. Doch Jimmy wies mich geduldig ein, erklärte mir alles, vom Ladevorgang über den Abzug bis zu Kimme und Korn, und nach einigen Probeschüssen stellte er mir die Waffe leihweise zur Verfügung.

Dann aber geschah etwas Seltsames. Während ich auf der Lauer lag und sicher war, dass der Schuldige früher oder später wiederkommen würde, kehrte Gorilla ins Leben zurück. Zwei Tage hatte er bewegungslos auf seinem Bett aus Heu gelegen, ohne zu sterben, und ich hatte es einfach nicht übers Herz gebracht, ihn aus seiner Lage zu befreien, ihn zu töten. Am dritten Tag hob er den Kopf und guckte mich an, als wollte er sagen: ›Die Versorgung hier könnte aber etwas besser sein!‹ Und sofort brachte ich Futter und Wasser, das er dankend annahm. Von da an ging es bergauf, und schon bald stand er wieder auf den Beinen, etwas wackelig zuerst, aber mit jedem neuen Tag wurde er ein Stückchen mehr zum alten Gorilla.

Während dieser Tage verbrachte ich viel Zeit mit ihm, manchmal saßen wir zusammen auf der Bank vor der Scheune, und er erinnerte mich ans Leben. Er hatte es geschafft und war dem Tod von der Schippe gesprungen. Andere schafften das nicht im ewigen Kreislauf von Leben und Sterben, von Fressen und Gefressenwerden.

Ich dachte viel über das Töten nach und über das Jagen und machte mir bewusst, dass um mich herum ständig und überall Tierfamilien zerstört und Leben ausgelöscht wurden. Wenn Füchse Kaninchen schnappten, Eulen Mäuse fingen und Kojoten Rehe jagten. Wenn Waschbären Nester ausräumten und Adler Eichhörnchen von den Ästen rissen. Sie alle töteten Tiere zum Verzehr. Die ganze Zeit, es war ihr Lebensinhalt. Da sollte doch ein menschlicher Jäger so etwas auch ab und zu dürfen. Der Unterschied allerdings war nun: Ich wollte aus Rache töten. Nicht zum Verzehr. Nicht um zu überleben.

Ich erkannte plötzlich, dass so etwas kein Tier tat und dass Rache eine schlechte Motivation ist. Am nächsten Tag gab ich Jimmy sein Gewehr zurück. Gorilla jedoch sahen wir nun alle mit anderen Augen, und er wurde zum Sinnbild des Unerwarteten und Wunderbaren, obwohl sich seine Wiederauferstehung letzten Endes schlicht mit einer heftigen Gehirnerschütterung erklären ließ. Wahrscheinlich war er von seinem Angreifer am Schwanz gepackt und geschüttelt worden, wobei er mit dem Kopf gegen einen Baum prallte. Durch großes Glück brach er sich dabei weder das Genick, noch erlitt er blutende Wunden, sondern kam mit einem vorübergehenden Schädel-Hirn-Trauma davon. Da er so aber auf der Wiese außer Gefecht gesetzt und völlig bewegungsunfähig war, hatte der Angreifer vermutlich das Interesse verloren und ihn nicht zu Tode gebissen. Und diese Tatsache verwies dann auch auf den wahren Übeltäter: Aller Wahrscheinlichkeit nach hatte ein Hund hier sein Unwesen getrieben, ein Streuner, Ausreißer oder Nachbarshund – das würden wir wohl niemals wissen. Doch wenn bei einem Hund der Jagd- und Spieltrieb zum Vorschein kommt, dann kann es durchaus sein, dass er ein Huhn hetzt, beißt, schüttelt und sich einfach dem nächsten zuwendet, sobald sich das vorige nicht mehr bewegt. Trotz alledem: Ein Symbol für großes Glück war und blieb Gorilla allemal!

17. KAPITEL

DER PREIS DER FREIHEIT

Es dauerte Wochen, bis ich den Hundeangriff verkraftet hatte und der Alltag zurückkehrte. Der Schreck saß tief, und ganz genau wie vorher konnten die Dinge nicht wieder werden. Ich konnte fortan nicht mehr unbesorgt die Farm verlassen, während die Vögel draußen waren. Jedes Mal machte ich mir Sorgen, jedes Mal war ich bei der Rückkehr nervös und dann wiederum unglaublich erleichtert, wenn alles in Ordnung war und alle Vögel lebten. Musste ich länger weg, ließ ich sie erst gar nicht raus, und ein neues Bewusstsein von ständig drohender Gefahr begleitete mich durch den Tag.

Tatsächlich sah nach außen hin alles so idyllisch aus wie zuvor, genau wie man es sich vorstellte. Eine kleine Bilderbuchfarm mit allem, was dazugehörte. Mit Haus und Hof und blühendem Garten. Mit stolzem Hahn und bunter, glücklich scharrender Hühnerschar. Mit Ziegen, die sich wohlig im hohen, mit Wildblumen gesprenkelten Gras wälzten, umgeben von duftenden Hecken und Bäumen. Und doch – unter der Oberfläche sah es anders aus. Der Tod lauerte im Hintergrund und konnte jede Sekunde zuschlagen.

Glücklicherweise verstrichen die meisten Tage nach wie vor ohne Zwischenfall, und die Vögel hatten weiterhin ein gutes, freies Leben. Doch ich wusste nun, dass dieses Leben seinen Preis hatte, und ein paar weitere Vögel mussten ihn im Laufe der nächsten Monate bezahlen: Zwei Perlhühner verschwanden auf mehr oder weniger mysteriöse Weise und hinterließen nur ein paar Federspuren, die sich im Wald verloren. War das der Luchs gewesen, der einige Male in der Umgebung gesichtet worden war? Oder ein Raubvogel? In der Tat wurde ich Zeuge einiger Attacken aus der Luft und konnte ein paarmal einen Rotschwanzbussard beim Angriff beobachten. Der Räuber hatte es sich zur Angewohnheit gemacht, zu bestimmten Tageszeiten geduldig und bewegungslos in den umliegenden Bäumen zu sitzen, und entging so zuweilen der Wachsamkeit der Hühner. Irgendwann schoss er dann wie ein Pfeil aus den Blättern und stürzte sich auf die unvorbereiteten Vögel, die oft zu weit entfernt vom schützenden Stall oder von Büschen und Bäumen waren. Er verkrallte sich dann in deren Rücken, hackte auf den Kopf ein und hatte doch bei keinem dieser Versuche je Erfolg – zu stark und schnell waren meine Tiere!

Nur einmal, nachdem eine Gruppe junger Hühner in den Wald entwischt war, fand ich am Ende des Tages einen jungen

Hahn tot auf einer Lichtung. Er hatte tiefe Stichwunden am Kopf, und da sich an diesem Tag ein Habicht in der Gegend aufgehalten hatte, fiel mein Verdacht sofort auf ihn. Wobei ich jedoch nie ganz sicher sein konnte und auch nicht verstand, warum er sein Opfer nicht gefressen oder mitgenommen hatte. Da wir diesen Hahn aber sowieso nicht behalten hätten, war der Verlust zu verschmerzen, und insgeheim atmete ich auf, dass es nicht eine der jungen Hennen erwischt hatte. Zumindest gab es nun einen Vogel weniger zu schlachten.

Dieser Zwischenfall ereignete sich im Herbst, einen Monat nach Pauls achtem Geburtstag – es war das vierte Jahr auf unserer Farm. Die junge Hühnerschar gehörte bereits unserer zweiten Vogelgeneration an, die ich nach dem Hundeangriff ausgebrütet hatte, um die dezimierte Anzahl der Vögel wieder aufzustocken. Außerdem hatte ich inzwischen gelernt, dass die Hühner nur für eine relativ kurze Zeit Eier legten. Nach etwa zwei Jahren, in denen es von allen fast täglich ein Ei gab, hatten die meisten Tiere die Produktion nun drastisch eingestellt und legten nur noch sporadisch hier und da mal was ins Nest. Alle Hennen der ersten Generation – darunter Blacky, Barney und Hedwig – gehörten also jetzt zu diesen Damen, die nur noch unregelmäßig, wenn überhaupt, Eier produzierten. Auch aus diesem Grund war es nötig gewesen, neue Vögel schlüpfen zu lassen, denn ich wollte ja weiterhin genügend Eier zum Verzehr und Verkauf haben. Während nun also wieder ein paar Hähne die Gegend unsicher machten, durften die alten Ladys ihren Ruhestand genießen und hatten noch eine Reihe entspannter Jahre vor sich, falls alles nach Plan verlief und sich kein weiteres Unglück ereignete.

Kaum ein halbes Jahr später geschah es jedoch, dass ich Fanny – eine der neuen, Eier legenden Hennen – aufgeplustert und mit eingezogenem Kopf auf ihrer Stange fand. Ihre sonst glänzend braunen Federn wirkten stumpf, und sie wollte nicht fressen, nicht trinken und auch nicht mit den anderen Vögeln nach draußen gehen, obwohl der Frühling mit Wärme, Wachstum und reichlich Futter eingekehrt war. Dies schien der allererste echte Krankheitsfall in meiner Hühnerschar zu sein trotz eines recht milden Winters, der eigentlich mit weniger Entbehrungen dahergekommen war als sonst.

Doch was genau fehlte Fanny? Ich schaute in meinem Ratgeber nach, und ihre Symptome passten zu fast allen Krankheiten, die im Buch aufgeführt waren, einige harmlos, andere jedoch ernst und gefährlich. Ich war besorgt. Konnte es etwa die Vogelgrippe, die aviäre Influenza sein?

In diesem Jahr war eine Epidemie im Land ausgebrochen, vorwiegend im mittleren Westen, und fünfzig Millionen Hühner, Truthähne und Enten mussten bereits notgeschlachtet werden. Zehn Prozent der amerikanischen Eierproduktion waren vernichtet worden, was zu leeren Regalen in den Supermärkten, erhöhten Preisen und zu einer deutlich gestiegenen Nachfrage nach meinen eigenen Eiern geführt hatte.

Die Situation war zwar gut fürs Geschäft, aber schlecht für die Nerven. Denn da das Virus durch Wild- und Wasservögel verbreitet wurde, konnte es leicht durch eine Wildgans oder einen anderen Zugvogel von einem zum nächsten Staat und letztlich auch in unseren Garten gelangen. Selbst Federn, Kot und Staub bargen die Gefahr einer Kontaminierung, daher war seit einiger Zeit höchste Aufmerksamkeit geboten. In allen Bundesstaaten galten nun neue Richtlinien, unter denen beim Verdacht einer Infektion das Agrarministerium (USDA) benachrichtigt werden musste. Bestätigte sich der Verdacht, wurden sämtliche Vögel eines Betriebes gekeult, also notgeschlachtet, und das galt auch für private Hühnerbesitzer, die lediglich ein paar Vögel im Garten hielten. Überall wurden Warnungen ausgesprochen, und das entsprechende Flugblatt hing bereits an unserem Kühlschrank:

PROTECT YOUR FLOCK FROM AVIAN INFLUENZA!

Owners of backyard chickens should follow these tips to prevent infection:

Keep your distance! *Stay away from other flocks, restrict access to your property.*
Practice good hygiene! *Wash your hands, clean and disinfect your clothes, shoes, and equipment.*
Don't spread disease! *Avoid contact with ill or dead birds. Avoid contact with contaminated surfaces.*
Look for warning signs! *(Coughing, difficulty breathing, diarrhea, runny nose, sudden increase in bird deaths, lack of energy and appetite, purple discoloration of wattles, combs, and legs.)*
Report sick birds! *Call your local or State veterinarian.*

„To limit the spread of the virus, biosecurity is key! Lockdown measures are essential! Don't bring anything in. Don't let anything out. It's the only way to fight this disease."

Dr. Jennifer Cornwall, DVM

PROTECT YOUR FLOCK
from
Avian Influenza

#PROTECTYOURFLOCK

Neben der Angst um die eigenen Hühner brachte die Vogelgrippe jedoch eine noch größere Sorge mit sich. Jeder wusste ja, dass in Asien eine Reihe von Menschen an dieser Krankheit gestorben war und dass unter Wissenschaftlern schon lange die Sorge bestand, dass das Virus mutieren und zu einer vernichtenden Pandemie führen könnte, auf die die Menschheit nicht vorbereitet ist. In Amerika hatte es meines Wissens noch keine menschlichen Todesfälle gegeben, was vielleicht daran lag, dass hier vorwiegend das H5N2-Virus grassierte und nicht das hochaggressive H5N1-Virus, dem die Menschen in Asien zum Opfer gefallen waren. Doch das beruhigte mich nur wenig. Sicher konnte doch auch H5N2 mutieren, oder? Und was bedeutete das überhaupt nun alles für meinen Arbeitsalltag, für unser Leben?

Meine giftgassichere Staubmaske würde im Stall mögliche Viren wohl fernhalten, hoffte ich – doch nur, wenn ich sie wirklich immer trug (was ich nicht tat). Was aber war mit den Kindern? Durften sie die Hühner noch streicheln oder auf den Arm nehmen? Die Eier einsammeln? Durften sie überhaupt noch im Garten spielen, in dem die Vögel ja überall ihre Federn und auch ihre Ausscheidungen hinterließen?

Sicherheitshalber kaufte ich ein paar Gesichtsmasken in Kindergröße, aber während Zeckenmaßnahmen und Bärenregeln im Allgemeinen gut hingenommen wurden, erntete ich hier nun heftigen Protest, und die Masken mussten vorerst im Schrank bleiben. Zum Glück waren die Kinder ja nicht mehr ganz so interessiert an den Tieren, und wir lebten erst einmal weiter wie bisher – doch wohl war mir dabei nicht.

Unterdessen blieb Fanny auf ihrer Stange sitzen und sah traurig aus, bis sie sich schließlich etwas zu erholen schien und dann kurze Zeit später auch wieder mit den anderen Vögeln ins Freie ging. Ich war unglaublich froh und erleichtert, denn ich mochte Fanny sehr und kam zu dem Schluss, dass es sich nicht um die Vogelgrippe handeln konnte, denn weder passte die Entwicklung der Symptome zu dieser Infektion, noch erkrankte ein anderes Tier.

Hühner können ihre Krankheiten aber lange und gut verbergen – so schützen sie sich in der Natur vor Räubern –, und daher kommt der Gang zum Tierarzt häufig zu spät, wenn man denn überhaupt sein Huhn zum Arzt bringt. Manch eine ernste Erkrankung ist beim Auftreten der Symptome schon so weit fortgeschritten, dass man dem Tier nicht mehr helfen kann, und mitunter bleibt nur noch, es schnell und möglichst schmerzlos zu erlösen.

Fanny jedoch war zum Glück fast wieder die Alte. Sie war ein lustiger Vogel, mit vielen komischen Eigenheiten, und zusammen mit der alten Barney und Freundin Blacky regierte sie die Scheune. Obwohl sie mit den anderen Vögeln im Hühnerstall schlief und gern mit ihnen durch den Wald und über die Wiesen zog, war doch ihr Lieblingsplatz immer bei den Ziegen. Hier, in deren Futtertrog, legte sie ihre Eier, hier kuschelte sie sich ins Heu, und wenn die Ziegen im Stall waren, dann saß sie gern auf deren Rücken und ließ sich herumtragen. Manchmal, bei sehr hohem Schnee oder starkem Regen, musste ich Fanny vom Hühnerstall zur Scheune tragen, weil sie nur dort ihre Eier legen wollte. Hatte ich sie zu ihrem Lieblingsplatz gebracht, zeigte sie mir ihre Dankbarkeit stets durch freundliches Gurren und zärtliches Picken – und manchmal, wie es schien, auch durch ein extra Ei.

* * *

Der Morgen kommt, an dem ich Fanny mit geschlossenen Augen zusammengesackt auf dem Boden vorfinde. Sie lebt noch, doch ich weiß, dass sie sich diesmal nicht erholen wird. Eigentlich bin ich mir sicher, dass ihr Tod nur eine Frage von Stunden ist, und ich kann es kaum fassen – es war ihr doch wieder so gut gegangen! Jetzt atmet sie schwer, und ihr Kamm ist grauviolett. Barney sitzt dicht bei ihr, als wolle sie Beistand leisten, und alle anderen Vögel sind verdächtig still. Ich weiß, dass ich Fanny schnellstmöglich isolieren sollte, auf gar keinen Fall sollte Barney oder eins der anderen Hühner mit ihr kuscheln. Aber ich bringe es nicht übers Herz. Ganz sicher will Fanny nicht einsam und allein sterben.

Als sie jedoch auch am späten Nachmittag noch unverändert dasitzt, nehme ich sie vorsichtig hoch und lege sie in einen großen, mit Heu gefüllten Karton. Als ich sie aufhebe, guckt sie mich an, für eine lange Weile, ihre Augen sind klar. Ich halte sie fest und stelle mir vor, was sie wohl sagen will. ›Danke‹ vielleicht oder ›Hilf mir!‹ oder auch nur ›Leb wohl‹. Leb wohl, meine liebe Fanny!

Mit tränengefüllten Augen fahre ich sie zu Jimmy, der nicht allzu weit entfernt wohnt, und bitte ihn, sie zu erschießen.

»Geht es so, dass sie gar nichts spürt und sofort tot ist?«, frage ich, während ich den Karton festklammere und nicht loslassen kann.

»Ja, klar. Stell den Karton hin. Ich setze hier oben an, siehst du, am Hals über den Schultern.«

Ich will nicht hingucken.

»Dann geht es direkt durchs Herz.«

Das Bild, das ich sehe, als der Schuss fällt, brennt sich gestochen scharf in mein Gedächtnis ein: Jimmys Werkstatt, randvoll mit verschiedenen Schrott- und Metallteilen, an der Wand etliche Vitrinen mit Waffen, Gewehren, darunter auch die Repetierbüchse, die ich für kurze Zeit hatte, dazu Pistolen, Revolver und sogar Messer und Macheten. Es sieht aus wie in einem Waffenmuseum. Durch eine halboffen stehende Tür kann man in einem düsteren, muffigen Nebenraum ein paar ausgestopfte Tiere wahrnehmen, einen kleinen Schwarzbären, einen Fuchs und einen Waschbären. Über allem hängt der Geruch von Öl und Metall, und ich trage ihn mit mir hinaus, diesen Duft, als der Schuss schon längst verhallt ist. Dann begrabe ich Fanny im Wald.

* * *

»Ach du Kacke – was ist das denn? Autsch, aua, ich kann überhaupt nicht mehr laufen!« Phillip schossen Tränen in die Augen.

Auch ich konnte mein Entsetzen kaum verbergen: »Hilfe! So was hab ich ja noch nie gesehen.«

»Iiieehhh«, war alles, was Paul herausbrachte.

Es war früh am nächsten Morgen, und an der Unterseite von Phillips Fuß hatten wir eine riesige Beule gefunden, groß wie ein Taubenei.

»Das sieht ja aus wie *bumblefoot* – nur schlimmer.« Ich musste sofort an Pododermatitis denken, auch *bumblefoot* genannt, eine bakterielle Entzündung an der Fußunterseite, mit der sich einige meiner Vögel schon mal herumschlagen mussten. Meistens hervorgerufen durch Staphylococcus aureus, verursachte sie große Beulen, die prall mit Eiter gefüllt und voller Bakterien waren. Schon mehrfach hatte ich diese Beulen bei den Vögeln behandelt, teilweise aufgeschnitten, ausgeleert, desinfiziert. Bei Nichtbehandlung drohten Blutvergiftung und Tod. Auch hier hatte ich immer eine gewisse Sorge gehabt, dass wir Menschen uns mit dieser nicht ganz ungefährlichen Bakterie bei den Vögeln anstecken könnten.

Doch bei Phillip war der Übeltäter keine Bakterie, das wurde bei genauerer Betrachtung klar. Ich untersuchte die Beule und stellte fest, dass es sich um eine fette Blase handelte, die hart und prall gefüllt mit Flüssigkeit war. Nun wusste ich Bescheid, denn ich hatte schon von etlichen Leuten die haarsträubendsten Geschichten darüber gehört: Schuld war ein Öl, und es kam von einer unscheinbaren Pflanze namens *poison ivy,* einem Gewächs, das nichts mit Brennnesseln zu tun hat, sondern in Deutschland unter dem Namen Kletternder Giftsumach sowie unter der wohlklingenden Bezeichnung Toxicodendron radicans bekannt ist. Oder eben nicht bekannt, denn in Europa ist die unauffällige Pflanze nicht zu Hause. In Nordamerika hingegen ist sie weit verbreitet und wächst mit grün-rötlich glänzenden dreiblättrigen Zweigen und ovalen, manchmal gezackten Blättern dicht über dem Boden, rankt sich über Wiesen und durchs Unterholz, klettert aber auch an Bäumen, Zäunen und Ähnlichem hoch. Mit anderen Worten, unsere Umgebung war voll davon.

Das Tückische an dieser Pflanze ist, dass sie mit ihrem Milchsaft das besagte Öl absondert, Urushiol, welches eines der stärksten pflanzlichen Kontaktgifte überhaupt ist. Bereits flüchtige Berührungen können zu schweren Hautreaktionen führen, jedoch spielt interessanterweise sowohl das Alter beim ersten Kontakt, als auch die Kontakthäufigkeit eine Rolle. Während ich selbst zahllose Male mit der Pflanze, die auf fast jedem Quadratmeter unseres Grundstückes wuchs, in Berührung kam, hatte ich nie eine Reaktion. Bei den Kindern sah das ganz anders aus, doch dauerte es auch bei ihnen mehrere Jahre, bis sich schwere Allergien entwickelten.

Diese zeigten sich in diesem Frühjahr zum ersten Mal, in Form der Blase auf Phillips Fußsohle, die er zweifelsohne bei Fannys Beerdigung erworben hatte. Da prangte sie nun, fett und gefüllt, und an Laufen war nicht mehr zu denken. Ich stach die Blase schließlich mit einer sterilisierten Nadel auf, und heraus kam eine klargelbe und schleimige Flüssigkeit. Wir desinfizierten und verbanden, doch am nächsten Tag war die Blase wieder da, dick und prall, als hätten wir sie nie ausgeleert. Und so ging das über Wochen.

Selbstverständlich war dies das absolute Ende aller barfüßigen Wald- und Gartenabenteuer, die wegen der Zecken eigentlich ohnehin verboten waren. Und doch passierte es nun immer öfter, dass blasige Stellen oder nässende Wunden auf Phillips Haut auftauchten, ohne dass wir wussten, wie, wo und wann genau der Kontakt stattgefunden hatte. So konnte es zum Beispiel ein in die Büsche geflogener Ball gewesen sein, denn selbst wenn man ihn zum Schutz vor Zecken und Pflanzen nicht mit den Händen, sondern mit der Harke aus dem Unterholz kratzte, so war er doch vielleicht ins *poison ivy* gefallen, und das Öl befand sich nun an dem Ball und gelangte von da an die Hand und von der Hand ins Gesicht sowie an jede andere erdenkliche Körperstelle, mit der die Hand in Berührung kam.

Dazu sei gesagt, dass ein Nanogramm Urushiol genügt, um eine Hautreaktion auszulösen (schlappe acht Gramm des Öls könnten also die Haut der gesamten Weltbevölkerung schädigen!), und dass es über Jahre auf Gegenständen wirksam bleibt. Es lässt sich auch nicht einfach mit Wasser und Seife abwaschen, lediglich mit Spiritus oder Reinigungsalkohol kann man es von der Haut (oder den Gegenständen) entfernen.

So etablierte sich nach und nach ein weiteres Regelwerk von umfangreichen Ritualen. Schließlich mussten alle Bälle, Frisbee-Scheiben und andere Flugobjekte und natürlich auch die rettende Harke ständig mit Alkohol gereinigt werden, ebenso Schuhe, außerdem Kinderhände, Arme, Wangen, Ohren und Hälse, falls der geringste Verdacht bestand, dass in irgendeiner Form auch nur ein Hauch des Öls dort hingekommen sein könnte. Dennoch ließ sich nicht vermeiden, dass es zum einen oder anderen Katastrophenfall kam. So spielte Phillip einmal bei Freunden Fußball und merkte nicht, dass er den Ball aus einer völlig verseuchten Wiesenecke heraustrat, um ihn kurz darauf vom Spielfeldrand einzuwerfen. Es kam, wie es kommen musste, und am nächsten Tag begannen überall an seinem Körper offene, gelb-schleimig nässende Stellen und rötliche Blasenflächen zu wachsen. Man konnte genau sehen, wo er sich die Haare aus der Stirn gestrichen, sich am Ohr gekratzt und sich das Hemd in die Hose gestopft hatte. Und wie das mit dem Pinkeln ausging, kann man sich dementsprechend auch vorstellen. Überall, wo seine Hände hingefasst hatten, wölbten sich jetzt übelste beulenartige Hautverbrennungen, was natürlich einen sofortigen Arztbesuch nach sich zog. Es bestand höchste Infektionsgefahr, Phillip bekam Antibiotika, die größeren Wunden mussten verarztet und verbunden werden, für die kleineren bekamen wir eine starke Cortison-Creme. Zusätzlich musste das arme Kind Steroide schlucken, um der Situation Herr zu werden.

Es dauerte über drei Wochen, bis Phillip wieder der Alte war, und nach diesem Erlebnis löste besagte Pflanze eine ähnliche Panik und Paranoia bei mir aus wie die Zecken. Wenigstens deckte man mit der Warnung »Bloß nicht in die Büsche treten« nun gleich zwei Bereiche ab.

Wie bei der Zeckenbekämpfung suchten wir auch hier nach alternativen Lösungsmöglichkeiten, da wir nicht die ganze Umgebung mit Herbiziden behandeln konnten und wollten. Eine mechanische Beseitigung war jedoch gefährlich und konnte nur mit speziellen Schutzanzügen erfolgen, Verbrennen war ausgeschlossen, da die Dämpfe ebenfalls das Öl enthielten und somit hochtoxisch waren, und im Übrigen würde die Pflanze bei all diesen Maßnahmen sowieso schnell wieder nachwachsen. Unter diesen Umständen traf es sich dann doch hervorragend, dass ausgerechnet unsere nimmersatten Ziegen das *poison ivy* liebend gerne fraßen und es auch keine nachteiligen Effekte für die Tiere mit sich brachte.

Also zog ich nun immer öfter mit Leila und Nellitu übers Grundstück zu den meistbewachsenen Stellen, um den Bestand wenigstens etwas zu reduzieren, wobei dieser Maßnahme jedoch auch wertvolles Gemüse und viele Zierpflanzen zum Opfer fielen. Später erfuhr ich, dass verschiedene Stadt- und Landkreise zur Bekämpfung der Giftpflanze ganze Ziegenherden engagierten, die sich zum Beispiel in Stadtparks oder Naherholungsgebieten die Bäuche vollschlagen durften. Angeblich hatte die Milch einer Ziege, die regelmäßig *poison ivy* fraß, sogar eine schützende Wirkung, und es hieß, dass allergische Reaktionen beim Trinkenden verhindert oder zumindest abgeschwächt würden. Natürlich wollten wir das gerne glauben, aber es ist schwer zu sagen und bleibt ungeklärt, ob in den weiteren Jahren die besagte Milch oder doch eher die fanatischen Alkoholreinigungsaktivitäten das Schlimmste verhinderten.

18. KAPITEL

LAND UNTER

Der Sommer, in dem unser viertes Jahr auf der Farm zu Ende ging, verwandelte sich in einen unruhigen Herbst. Das Wetter spielte verrückt, und während es zuvor sehr trocken gewesen war, regnete es nun fast ununterbrochen. Die Dürre, die in den vergangenen Monaten dem Land zu schaffen gemacht hatte, die unsere Quelle fast austrocknen, unseren Pfirsichbaum verdorren und das Gemüse welken ließ, war vorbei. Sturzfluten ergossen sich nun tagein, tagaus über Haus, Hof und Garten.

Es war ein besonders nasser und windiger Morgen, an dem wir von einem ohrenbetäubenden Krachen geweckt wurden. Solch ein Geräusch hatte ich noch nie zuvor gehört, ich konnte es überhaupt nicht einordnen. Das Haus schien zu vibrieren.

»Was war das denn?« Paul und Phillip rannten erschrocken aus ihrem Zimmer.

»Ich weiß nicht, hoffentlich ist kein Flugzeug abgestürzt.« Schnell zog ich mir ein paar Sachen über, während Tom aus dem Fenster schaute: »Vielleicht sind irgendwo zwei Lastwagen zusammengekracht, so hörte sich das an. Zu sehen ist aber nichts.«

»Vielleicht war es ein Meteorit. Oder ein Erdbeben. Kleine Erdbeben gibt es in dieser Region ab und zu«, versuchte Phillip die Situation wissenschaftlich zu analysieren. Das mit den Erdbeben stimmte zwar, doch ein Blick aus dem gegenüberliegenden Fenster zeigte uns die wahre Ursache der Erschütterung: Eine riesige, tonnenschwere Kiefer war vom Hang gegenüber auf den Zufahrtsweg gekracht. Der Baum hatte unser Haus nur knapp verfehlt, war nur wenige Meter neben dem Kinderzimmer niedergegangen.

Mir brach der kalte Schweiß aus, und ich wollte mir auf keinen Fall vorstellen, was hätte passieren können, doch die verschiedenen Szenarien liefen völlig unkontrolliert in meinem Kopf ab. Hektisch lief ich von Fenster zu Fenster, um zu sehen, ob noch von anderer Stelle Gefahr drohte. »Wir sollten diese Bäume alle fällen, diesen da und den da, auch die paar da drüben – das ist doch super gefährlich! Guck, was da alles aufs Haus fallen kann, wir könnten alle tot sein.«

»Jetzt mal keine Panik!« Tom versuchte, mich zu beruhigen. »Wir wohnen nun mal im Wald und können doch nicht einfach alle Bäume um uns herum abholzen. Die Chance, dass hier irgendwas aufs Haus fällt, ist winzig. Normalerweise fallen Bäume ja nicht einfach so um.« Das überzeugte mich nun gar nicht, denn genau das war doch gerade eben geschehen. Konnte es nicht jederzeit wieder passieren? Ich fühlte mich plötzlich im Haus nicht mehr sicher. In der Tat verloren die Bäume bei diesem Wetter im regendurchtränkten, aufgeweichten Boden ihren festen Halt, und ein mittelstarker Wind reichte aus, um sie zu entwurzeln und umkippen zu lassen. Noch während wir damit beschäftigt waren, das Ungetüm mithilfe von Kettensägen und Äxten aus dem Weg zu räumen, fiel auch schon der nächste Baum, eine große knorrige Eiche, aufs Scheunendach, unter dem wir erst vor Kurzem unsere Arbeiten am *Bed-and-Breakfast*-Quartier abgeschlossen hatten. Der Baum fiel langsam, als würde er sich in Zeitlupe verneigen, und wir sahen zu, wie er dabei mehr und mehr zerstörte. Auch der neue Weidezaun wurde geplättet, und ich schrie auf beim Anblick dieser Naturgewalt. Doch der Lärm des umkippenden Baumes erstickte jedes andere Geräusch. Kurioserweise kam mir in dem Moment diese philosophische Streitfrage in den Sinn, die sich damit beschäftigt, ob denn umstürzende Bäume nur ein Geräusch machen, wenn jemand da ist, der es hören kann. Fast musste ich lachen, und ich fragte mich, ob die Philosophen, die über so etwas nachdachten, wohl schon jemals Zeuge eines solchen Ereignisses geworden waren. Ich konnte mir nicht vorstellen, dass es danach noch offene Fragen gab.

Bei diesem Sturz nun wurde mitten im Getöse auch unsere Hauptstromleitung gekappt, die an der Scheune parallel zum Zufahrtsweg verlief, sodass wir vorerst die elektrische Kettensäge nicht mehr benutzen konnten. Mit der abgerissenen Stromleitung, die funkensprühend auf die nasse Straße fiel, und den kippenden Bäumen um uns herum fühlten wir uns nun ohnehin draußen noch weniger sicher als drinnen – es war, als wollte uns die Natur in unsere Schranken verweisen, und wir begaben uns schleunigst wieder ins Haus. Dort zündeten wir ein paar Kerzen an und warteten auf den Stromversorgungsnotdienst (der jedoch im Moment sehr viel zu tun hatte, wie man uns mitteilte, es könne daher eine Weile dauern). Es gab also erst mal nichts weiter zu tun, als in der Küche zu sitzen, *Scrabble* zu spielen und dabei literweise selbst gemachtes Ziegenmilcheis zu löffeln, das ansonsten im ausgefallenen Gefrierfach weggeschmolzen wäre. Doch obwohl das Eis köstlich schmeckte und ich nun schon das zweite Spiel gewann (hauptsächlich mit Wörtern wie ›Watt‹, ›Volt‹ und ›Ampere‹), konnte ich den Gedanken nicht völlig ausblenden, dass nichts mehr funktionierte, so viel kaputt war und nun so viel wieder neu gemacht werden musste. Worauf hatten wir uns nur eingelassen? In welche Gefahr hatten wir uns unnötigerweise begeben? Wie hatte ich nur unser altes, sicheres und behagliches Leben einfach so zurücklassen können?

Doch ich erinnerte mich selbst daran, dass alles noch viel schlimmer hätte sein können, dass wir alle gesund und am Leben waren, Speis und Spiel hatten und dass in Kürze sicher alles wieder repariert wäre. Vielleicht war es aber doch eine gute Idee, sich einen Generator zuzulegen, dachte ich.

Mehrfach war in diesen Wochen auch unser Keller überflutet, das hatten wir bisher noch nicht erlebt, und nur dank einer bestimmten Bauweise konnten wir der Wassermassen im Gebäude Herr werden: An der Ostseite des Hauses, die hangaufwärts lag, sowie an der gegenüberliegenden westlichen Seite gab es im Mauerwerk des Kellers je zwei Ein- und Austrittslöcher direkt über dem Boden, kleine quadratische Aussparungen im Gemäuer, die aussahen, als wären dort ein paar Steine vergessen worden. Bei starken Regenfällen wurde nun das Wasser, das vom Hang hinunterlief und die Erde tränkte, in das Haus hineingelassen und über den leicht abschüssigen Boden am anderen Ende hangabwärts wieder hinausgeleitet. So wurde ein Volllaufen verhindert, und größere Wasseransammlungen um das Fundament herum wurden ebenfalls vermieden. Man hatte zwar zeitweise reißende Flüsse im Keller und konnte dementsprechend nichts lagern oder auf dem Steinboden abstellen, dennoch verblüffte mich dieses simple System immer wieder. Es ging allerdings mit einer gewissen Schimmelgefahr einher, und Holz, Stoff, Papier und ähnliche Materialien mussten nun komplett aus dem steinernen Keller verbannt werden. Außerdem waren die Löcher natürlich eine willkommene Eintrittspforte für allerlei Getier. Vorwiegend Mäuse fanden hier ihren Weg ins Haus (und wieder hinaus), aber auch Streifenhörnchen, Salamander und Schlangen benutzten diesen Durchgang hin und wieder. Ohne Zweifel war damals auch unsere *copperhead* hier hereingekrochen, jene Schlange, die wir vor so langer Zeit eingerollt in der Kellerecke gefunden hatten. Und da wir sie nie wiedersahen – weder in Schränken, Spielkisten oder Betten noch im Keller –, war sie wohl auf demselben Weg auch wieder verschwunden.

Als wären all diese Tiere nicht genug, fand ich sogar eines Abends, nach einem besonders kühlen Tag, eine Fledermaus im Keller. Auf welchem Weg auch immer sie hineingekommen sein mochte, sie war sicher auf der Suche nach einem Winterquartier, und ich fürchtete, dass ihr unser Haus gefallen könnte. Während ich als Kind diese geflügelten Säuger faszinierend fand und immer froh war, wenn ich sie in der Dämmerung über Stadtparks und Gärten erspähte, hatte sich dieses Gefühl mittlerweile ins Gegenteil verkehrt. Ich hasste Fledermäuse. Natürlich völlig zu Unrecht, wusste ich doch, wie viele Insekten sie vertilgten und wie nützlich und unentbehrlich sie für das Ökosystem waren. Dennoch, nachdem die Mutter von Phillips bestem Freund eines Morgens eine Fledermaus über ihrem Bett entdeckt hatte und daraufhin wiederholt ins Krankenhaus musste (insgesamt fünfmal), um prophylaktische Tollwutimpfungen zu bekommen, fürchtete ich diese Tiere. Ich wollte sie auf keinen Fall in meiner Nähe haben, bestückte sämtliche Fenster mit Fliegengittern und stellte sicher, dass es keine anderen Eintrittspforten in die Zimmer gab. Angeblich können die Flattertiere ja durch Löcher mit dem Durchmesser eines Bleistiftes schlüpfen, und dementsprechend fanatisch überprüfte ich Fensterdichtungen, Bodenspalten und Wandritzen. Oft rief ich die Kinder schon vor Anbruch der Dämmerung ins Haus, denn dann kamen die Biester heraus, und ich wollte nicht einmal darüber nachdenken, wie nah sie über den Kinderköpfen herumschwirrten.

Mit der Tollwut verhielt es sich wie mit so vielen Dingen hier – ich hatte sie nicht erwartet und war nicht auf sie vorbereitet. Mein Leben lang hatte ich keinen Gedanken an das Thema verschwendet (obwohl ich mich noch gut an die Tollwutsperrbezirk-Schilder aus meiner Kindheit erinnerte, die damals immer einen angenehmen Grusel ausgelöst hatten), nun aber musste ich – zumindest zeitweise – über die Gefahr nachdenken. Denn außer den Fledermäusen gab es hier auch immer wieder tollwütige Waschbären, Stinktiere sowie Füchse und Kojoten, die das tödliche Virus potenziell übertragen konnten. Die Ziegen waren vorsorglich geimpft worden, von streunenden Haustieren sollte man sich fernhalten, und auffällige Wildtiere musste man den Behörden melden. Also noch mehr Regeln für alle. Und noch mehr Stoff, um paranoide Ängste zu schüren.

Die Fledermaus im Keller flatterte derweil in zackigen Kreisen um mich herum, während ich wie versteinert mitten im Raum stand. Wenn sie mich bloß nicht berührte! Wäre es sicherer, wenn ich hier stehen blieb, oder sollte ich vielleicht mit den Armen wedeln, sie vertreiben oder besser selbst die Flucht ergreifen? Ich hatte keine Ahnung.

Hektisch flog die Fledermaus hin und her, und ich spürte, wie meine Herzfrequenz anstieg, Schweißperlen auf meine Stirn traten und mein Atem schneller ging.

Immer näher kam sie nun – was hatte sie vor? War das normal? Oder flog sie nur ums Licht, das über mir hing? Sicher hatte das Licht sie aufgeschreckt, und jetzt war sie desorientiert und flog im Kreis, wo sollte sie auch sonst hinfliegen. Aber sah sie nicht irgendwie komisch aus? War da nicht etwas Weißes an ihrem Maul? Oder bildete ich mir das nur ein? Ich starrte wie ein Hase im Scheinwerferkegel, als sie nur wenige Zentimeter vor meinem Gesicht vorbeiflatterte. Ich konnte die ledernen Flughäute und Fingerknochen darin erkennen und das Gesicht mit der platten Nase, mit Riesenohren und dem Maul voller winziger, aber superscharfer Zähne. Was, wenn sie in meinen Haaren landete?

Ich duckte mich und quiekte vor Angst. Dann rannte ich tief gebückt aus dem Raum, die Treppe hoch und schlug die Tür hinter mir zu. Ich war ganz sicher, dass die Fledermaus nicht in meinen Haaren oder sonst wo auf mir gelandet war, dennoch schüttelte ich mich, schlug wie wild um mich und auf mich ein und fragte mich, ob ich nicht doch lieber ins Krankenhaus fahren sollte – nur zur Sicherheit.

Natürlich tat ich das letztendlich nicht, doch den Keller betrat ich einen Monat lang nicht mehr. Als ich mich schließlich traute, mit Kapuze, Schutzbrille, dicken Handschuhen und einem Baseballschläger bewaffnet, da fehlte von der Fledermaus jede Spur. Unseren Kühlschrank schmückte dennoch ein weiteres Flugblatt:

BAT RABIES ALERT!

Bats are an important part of nature, but they can also host a variety of viruses (like Ebola and Marburg viruses, coronaviruses and lyssaviruses).

Rabies is a fatal disease caused by a lyssavirus. The virus is transmitted by a scratch or bite and attacks the nervous system.

If you find a bat in your home, do not release it! Call your local health department for assistance. Rabies is preventable!

Die vielen Stürme und starken Regenfälle brachten in diesem Jahr nicht nur entwurzelte Bäume, Überschwemmungen, Erdrutsche und zahlreiche Stromausfälle mit sich. Sie ließen auch den Grundwasserspiegel enorm ansteigen, und die Folgen bekamen wir schon bald zu spüren. Da unser Trinkwasser nicht vom Wasserwerk, sondern aus unserer eigenen Quelle neben dem Haus kam, vermischte es sich nun mit Flutwasser, dem Weide- und Stallwasser und ja – auch mit dem Wasser, das unsere überflutete Sickergrube samt komplettem Kloinhalt umspülte.

Als uns das klar wurde, war es schon zu spät. Jede Menge Bakterien hatten sich explosionsartig vermehrt, hatten Grund- und Trinkwasser kontaminiert, und obwohl das Wasser vor dem Hausgebrauch in unserer Pumpanlage gefiltert wurde, bekam die ganze Familie eine höchst unangenehme Darminfektion, die mit unkontrollierbarem wässrigem Durchfall einherging (›Sprühkacke‹ nannten Paul und Phillip das) und sich über Wochen hinzog. Vom Arzt verschriebene Antibiotika machten die Sache kaum besser, und die erste Maßnahme nach ausgestandener Misere war die Installation eines UV-Lichts im Keller, welches, zwischen Quelle und Hauptleitung geschaltet, jeden Wassertropfen desinfizierte, der ins Haus gelangte. Trotzdem kochte ich bei starkem Regen unser Trinkwasser von nun an immer ab.

19. KAPITEL

DER VERLORENE VOGEL

Der Winter kam. Es war unser fünfter hier, doch etwas war anders. Vergeblich suchte ich nach den Formationen der Wildgänse am Himmel – flogen sie dieses Jahr gar nicht gen Süden? Und was war mit den Ziegen? Ihnen wuchs kaum noch dickes Fell! In den Tiertränken musste ich nur selten Eis aufhacken, und es gab so gut wie keinen Schnee zu schaufeln. Auch den Ofen hatten wir dieses Jahr Wochen später angeworfen als sonst, und die Holzstapel schrumpften merklich langsamer. Zum ersten Mal bekam ich keine Frostbeulen. Die Wollsocken durften im Schrank bleiben, und die zahlreichen *woolly bears* schienen rostroter denn je. Zu Phillips zwölftem

Geburtstag Mitte Dezember veranstalteten wir eine Gartenparty, und Weihnachten konnten wir in T-Shirts und Shorts verbringen – es war völlig verrückt! Wir gerieten sogar in Versuchung, unsere traditionelle Neujahrsschneewanderung durch einen Badetag am See zu ersetzen.

Auf den ersten Blick schien das alles ganz wunderbar zu sein, machte es das Leben doch um so vieles einfacher. Aber etwas stimmte nicht. Diese richtig warmen Wochen mitten im Winter fühlten sich verkehrt an. Sie führten außerdem dazu, dass nun auch im Januar die eine oder andere Zecke im Türrahmen hockte. Dazwischen bedeckte immer wieder pappiger Schneematsch das Land, es regnete häufig, und die Pflanzen konnten sich nicht entscheiden, ob sie nun mit dem Wachstum beginnen sollten oder nicht (diejenigen, die es taten, hatten dann beim nächsten Kälteschub das Nachsehen – wie unsere Magnolien, deren Knospen allesamt erfroren, bevor sie jemals blühen konnten).

Auch die Vögel kamen mit dem Wetter nicht zurecht. Eine der alten Hennen wurde auf überfrorener Straße vom schlitternden Auto des Postboten überrollt (es war die zweite der beiden Kleinen Freunde), und ein Perlhuhn starb, nachdem es tagsüber im Regen Futter gesucht hatte und ein unerwarteter Temperaturabfall am Abend das nasse Tier erfrieren ließ. Anfang Februar fand ich nach einer besonders warmen Woche zwei Legehennen tot im Stall, ohne dass sich eine Ursache erkennen ließ. Was war geschehen? Hatten sie eine Infektion gehabt oder vielleicht Parasiten? War dieser seltsame Winter schuld? Bereits vor Jahren hatten mir erfahrene Bauern erklärt, wie wichtig klirrende Kälte ist, um Schädlinge, Würmer und auch Krankheitserreger in Schach zu halten. Je wärmer die Winter, desto besser können sich all diese Plagen vermehren und ausbreiten (so ist zum Beispiel Dauerfrost auf der Ziegenweide absolut notwendig, um dem Roten Magenwurm den Garaus zu machen).

Der Fall der toten Hennen beschäftigte mich noch, als eines regnerischen Abends eins der Perlhühner auf einen Baum flog, von dem es nicht mehr herunterkonnte oder -wollte. So lustig und unterhaltsam ich die Poppys auch fand – manchmal stellten sie sich wirklich dämlich an, ganz so, als hätten sie vergessen, dass sie Vögel waren und fliegen konnten. Ich versuchte, den verwirrten Vogel irgendwie vom Baum herunterzulocken, jedoch ohne Erfolg. Ich wusste, dass er nachts mit hoher Wahrscheinlichkeit Opfer einer der zahlreichen Eulen werden würde, sollte er dort sitzen bleiben, also versuchte ich es weiter, rief, scheuchte, rüttelte am Baum. Er schaute mich an, krächzte und schüttelte seine Kehllappen. ›Was willst du nur von mir?‹, schien er zu fragen. Ich rüttelte fester. Letztendlich fiel der Vogel aus den Blättern, mehr als dass er flog, und landete im nahen Gebüsch. Dort würde er natürlich von einem Fuchs oder Kojoten gefressen werden, also musste ich ihn nun dort herausholen. Auf Händen und Knien robbend und dabei schimpfend wie ein Rohrspatz, bewegte ich mich vorwärts. Es war inzwischen stockdunkel, sodass weder ich, noch der Vogel etwas sehen konnten, und die folgende Jagd durch Wald und Wiesen war sicher filmreif. Es endete damit, dass Poppy im dunklen Walddickicht hangaufwärts verschwand und ich, von Dornen blutig gekratzt, verdreckt und enttäuscht, den Rückzug antrat. Der Vogel war weg.

Als würde unser Hof von einem Fluch heimgesucht, fand ich nur kurze Zeit später zwei weitere Perlhühner getötet, mit aufgerissener Brust und gefressenem Kropf in einem Gebüsch.

Nein! Wer hatte das nun wieder getan? Ein Marder? Ein Waschbär? Wer war dieses Mal hier eingedrungen und hatte meine Vögel ermordet? Umfangreiche Untersuchungen führten zu nichts, und ich konnte mich auch dieses Mal nur schwer damit abfinden, dass ich den Schuldigen nicht ausmachen konnte. Wieder einmal war ich nahe dran, mir meine Wut, meinen Schmerz und meine Rachegelüste mit einem Gewehr von der Seele zu ballern (auch Jimmy war natürlich Feuer und Flamme).

Wann immer ein Vogel verletzt oder getötet wurde, fühlte es sich an, als würde mir die Kontrolle entrissen. Als würde jemand anders bestimmen, was mit meinen Tieren geschah. Als würde die Wildnis bestimmen, was mit ihnen geschah, und mir damit zeigen, dass sie mächtiger war.

Inmitten all dieser Turbulenzen hatten wir Nellitu für ein paar Wochen ins Kloster zu einem Liebesabenteuer mit D'Arcey gebracht. Es war Zeit für neue Zicklein, nachdem wir ein Jahr Pause gemacht und einen Frühling ohne Ziegengeburt erlebt hatten. Nachdem unsere gute alte Nelly so unerwartet gestorben war, hatte ich Leila ja einfach weitergemolken und wusste nun, dass sie für zwei Jahre Milch gab, ohne dass sie Junge bekommen musste. Mittlerweile lag Leilas letzte Geburt mehr als anderthalb Jahre zurück, und nach zwei Schwangerschaften und fast vier Jahren der ununterbrochenen Milchproduktion

sollte sie eine Pause bekommen. Stattdessen wollte ich Nellitu melken, und zwar ebenfalls für zwei Jahre. So würden wir
nicht Jahr für Jahr Abnehmer für den Ziegennachwuchs finden müssen, was ich als große Erleichterung empfand (ebenso wie die Tatsache, dass ich nicht jedes Jahr das Brenneisen
auspacken musste).

Nach all den Ereignissen des vergangenen Jahres, nach all
dem Vogelsterben, freute ich mich nun auf neues Leben! Die
anstehende Geburt hatte für mich fast etwas Symbolisches,
bedeutete einen Anfang, vielleicht auch neuen Antrieb, und
so stand die Ziegengeschichte in gewisser Weise auch stellvertretend für die Beziehung zu Tom.

Was war eigentlich aus unserem wiedererwachten En-
thusiasmus geworden? Aus unseren gemeinsamen Ideen und
Plänen? Was war aus uns geworden seit jenem romantischen
Tag im Frühjahr vor über einem Jahr?

Nun, die Bed-and-Breakfast-Idee war kürzlich von einer
riesigen Eiche begraben worden. Und unseren Seifenladen
und das Pferd mit seinem Stall hatten wir auf Eis gelegt. Zu
viele unerwartete Dinge hatten unsere Pläne durchkreuzt,
taten das ja ständig, zu viele zeitraubende, nervenaufreibende
Zwischenfälle und Naturereignisse, die gegen uns arbeiteten,
sodass unsere eigenen Ideen und unsere ohnehin schon er-
lahmte Liebe und Leidenschaft dabei irgendwo auf der Strecke blieben. Meistens war ich einfach froh, wenn ich mein Ar-
beitspensum irgendwie schaffte, und für andere Dinge blieb
keine Zeit. Wir hatten es zwar hingekriegt, das Scheunendach
soweit zu reparieren, dass es dicht war, und die umgestürzten
Bäume zu Feuerholz zu verarbeiten, aber darüber hinaus ging

nichts mehr. Wir waren so platt wie der Weidezaun (der natürlich auch noch irgendwann repariert werden musste).

Während die Ziege also in den Liebesurlaub gefahren war, den Tom und ich eigentlich dringend nötig gehabt hätten, hoffte ich doch zumindest, dass ein neuer Frühling, mit neuem Leben, mit neuen Tieren, auch uns Menschen helfen würde. Das hatte doch bisher immer funktioniert.

Es war etwa um diese Zeit, als eines Sonntagnachmittags Edward, der entfernte Nachbar, den wir bei der CIA vermuteten, in einem teuren weißen Mercedes bei uns vorfuhr und an die Tür klopfte.

»Hast du einen Vogel verloren?«, fragte er, die Augen von einer verspiegelten Sonnenbrille verdeckt.

»Was?« Ich hatte keine Ahnung, wovon er sprach.

»Einen von diesen grau gefleckten. Ich hab einen auf meiner Terrasse gefunden.«

Ich tappte immer noch im Dunkeln, bis er mir erklärte, dass ihm ein Perlhuhn zugelaufen sei und dass er dachte, es könne mir gehören. Da sein Haus viele Kilometer entfernt lag und die Vögel wegen schlechten Wetters in den letzten Tagen keinen Freigang gehabt hatten, verneinte ich.

Doch Edward blieb hartnäckig. »Niemand sonst hat hier solche Vögel, wem soll der wohl gehören, wenn nicht dir? Und selbst wenn es nicht deiner ist, kannst du ihn trotzdem nehmen? Ich will das Viech nicht haben, es ist zu laut und scheißt mir die ganze Terrasse voll.«

Und da dämmerte es mir. Das Perlhuhn, das vor Wochen im Wald verschwunden war. Das ich vom Baum geschüttelt und dann erfolglos durch die Nacht gejagt hatte. Konnte es sein, dass es so lange in der Wildnis überlebt hatte? Bei Regen und Schnee? Trotz Kojoten, Eulen und Füchsen? Ich konnte es kaum glauben – das war wie ein Wunder! Ein Omen, ein Zeichen! Alles würde sich nun zum Allerbesten wenden!

Noch am selben Nachmittag besuchte ich Edward. Er besaß eine großzügige Villa ganz oben am Berg, mit Pool, Ziergarten und großem Grillplatz. Mehrere Autos reihten sich in den offen stehenden Garagen aneinander. Und tatsächlich – da war er, mein Poppy: Gesund und munter saß er auf dem Terrassengeländer und unterhielt sich mit seinem Spiegelbild in der vollverglasten Front des Hauses.

Einfangen konnte ich ihn freilich ebenso wenig wie in jener Nacht auf unserem Grundstück, und wieder einmal entkam er mir ins Unterholz. Doch ich beschloss, bei Dunkelheit wiederzukommen, denn die Nächte verbrachte er auf der Terrassenschaukel, wie Edward sagte, und während dieser Ruhezeit hoffte ich, ihn mir schnappen zu können.

* * *

Jetzt ist es Abend, nur wenige Stunden später, und ich fahre wieder hin, zu Edwards Haus. Ich bin nervös und aufgeregt, ich kann immer noch nicht glauben, dass der Vogel wieder aufgetaucht ist. Alles ist dunkel, denn Edward ist nicht zu Hause. Die Luft ist klamm und feucht, der Geruch von altem, modrigem Laub liegt in der Luft. Ich schaudere und versuche, ein plötzliches Unbehagen abzuschütteln. Irgendwie habe ich das Gefühl, dass ich nicht allein bin.

Die schmale Mondsichel und einige Sterne verbreiten einen schwachen Schein, an den sich meine Augen jedoch nur langsam gewöhnen. Immer wieder schieben sich Wolken in den Weg, doch ich will keine Taschenlampe benutzen, um den Vogel nicht zu erschrecken. In der Ferne höre ich einen Kojoten heulen, ein Geräusch, das mir nach wie vor kalte Schauer über den Rücken jagt. Langsam schleiche ich durch den Garten, nähere mich der Villa, fühle mich fast selbst wie ein Eindringling. Ich denke plötzlich, dass das Grundstück sicher gegen Einbrecher geschützt ist, und hoffe nur, dass keine Alarmanlage losgeht. Mein nächtlicher Besuch ist mit Edward abgesprochen, also vertraue ich darauf, dass keine Selbstschussanlagen losgehen und keine Polizeischwadrone anrücken werden.

Unheimlich ist es dennoch. Das Knacken unter den Füßen, das Rascheln im Wald. Die Schatten in der Dunkelheit. Bewegen sie sich oder nicht? Der nahe Schrei einer Eule erschreckt mich fast zu Tode. Eine Eule! So nah?

Mein Herz schlägt schnell, und ich gehe zügig weiter, immer in Richtung Terrasse. Das unbehagliche Gefühl erschlägt mich fast, die Nacht drückt von allen Seiten. Jetzt sehe ich das Geländer, kann die Stufen, die Fenster ausmachen. Doch ich sehe keinen Vogel. Vorsichtig laufe ich herum und versuche, keine Geräusche zu machen, schreite die Terrasse ab, schaue auf dem Sitz der Schaukel, schaue überall nach. Nein, das Perlhuhn ist ganz sicher nicht hier.

Die Nacht und der umliegende Wald wirken nun so bedrohlich und gefährlich, dass ich die Dunkelheit nicht mehr ertrage. Ich hole meine Taschenlampe hervor.

Und dann sehe ich es. Federn, überall auf der Terrasse. Perlhuhnfedern. Ganze Klumpen, da hinten, noch ein Haufen.

Man erkennt genau, wo der Vogel gepackt wurde, kann fast sehen, wie er sich wehrte, hören, wie er schrie. Doch er hatte keine Chance. Nach Wochen in der Wildnis wurde ihm dieser Abend, an dem er endlich heimkehren sollte, zum Verhängnis.

Eine Federspur führt die Treppe hinunter. Auch Blut ist hier zu erkennen. Mit der Taschenlampe verfolge ich die Spur, die klar zum Waldrand führt, wo ein großer Federhaufen auf Poppys letzten Kampf schließen lässt – ob mit einer Eule, einem Fuchs oder einem Kojoten, ich werde es nie erfahren.

20. KAPITEL

AUSGETRÄUMT

Von März an machte ich eine Melkpause. Da Leila ohnehin
nicht mehr viel Milch gab, fast zwei Jahre nach ihrer letzten
Geburt, sollte sie nun ihre wohlverdiente Auszeit bekommen.
Ich molk sie nach und nach weniger und hörte schließlich
ganz auf, stellte sie trocken. Nellitu, die ja zum ersten Mal
trächtig war, würde erst in ein paar Monaten Milch für mich
haben, und so gab es für eine Weile keine prallen Euter zu leeren und keine Milch, die verarbeitet werden musste.

Zum ersten Mal seit fast vier Jahren war ich frei. Ich hatte Zeit, war plötzlich ungebunden und konnte meine Abende
verplanen. Ich konnte etwas unternehmen! Freunde treffen!

Oder einfach mal abends länger aufbleiben. Es war schön, nicht jeden Morgen in aller Frühe in die Scheune zu müssen – stattdessen schnappte ich mir nun manchmal meine Schlittschuhe und drehte auf dem inzwischen doch noch zugefrorenen See meine Runden. Während die aufgehende Sonne den Himmel verfärbte, die Nebel der Nacht noch in Fetzen über dem Boden hingen, während die Berggipfel in rotem Licht erstrahlten und die Welt erwachte, glitt ich übers Eis und genoss diese magischen Momente. Manchmal gesellte ich mich zu den Eisfischern. Raue Kerle, die wenig redeten. Mitten auf dem See hatten sie ihre Lager aufgeschlagen und mit dicken Bohrern handtellergroße Löcher ins Eis gestanzt, an denen sie den ganzen Tag ausharrten. Unbewegliche Gestalten im Nebel. In der Einsamkeit. Ab und an ließen sie mich ihre Angel halten, überließen mir ihren Platz für eine kleine Weile, doch ich fing nie etwas, worüber ich eigentlich froh war.

Oftmals wanderte ich auch einfach am Fluss entlang oder den Berg hinauf. Schaute über das Land, über Berge und Täler, in die endlose Weite. Bis zum Horizont, der hellblau in der Ferne die Ewigkeit zu markieren schien. Manchmal ließ ich meine Füße laufen, meine Gedanken treiben. Ohne festen Plan driftete ich durch die Wälder. Dann verlor ich jedes Zeitgefühl. Tauchte völlig ein in die wunderbare Wildnis, fühlte sie, atmete sie und nahm Dinge wahr, die ich zuvor nicht bemerkt hatte. Die wundersamen Formen der Eiskristalle und -zapfen. Den Klang des gurgelnden Wassers. Die starren Felsen darunter, die doch ständig in Bewegung zu sein schienen. Das Netz einer Spinne mit tausend Tropfen darin. Alte Blättergeripppe, Pilze und die ganz eigene Welt der Moose. Die Verschmelzung all dieser Dinge. In solchen Momenten überwältigte mich die Schönheit der Natur, und ich erkannte ihre Perfektion.

Manchmal blieb ich allerdings morgens auch einfach gern im warmen, kuscheligen Bett. Bei Dunkelheit und Minusgraden in aller Frühe nicht rauszumüssen war großartig, und es gab zuweilen nichts Schöneres als das.

Ich merkte erst jetzt, nachdem die gesamte Arbeit der Milchgewinnung und -verarbeitung wegfiel, wie sehr mich das Melken, die Käse- und Seifenherstellung eingespannt hatten. Wie viel Arbeit und welche Verpflichtungen dahintersteckten (von der Ziegenpflege, die ich ja weiter betrieb, ganz zu schweigen). Ich wusste nicht, ob ich so weitermachen wollte. Oder überhaupt konnte.

Die neu gewonnene freie Zeit empfand ich als so schön, dass ich ein schlechtes Gewissen bekam und mit aller Macht versuchte, die alten Gedanken heraufzubeschwören. Die Träume von damals, als ich es mir so wunderbar vorstellte, selbstbestimmt auf dem Land zu leben, eine Farm mit Tieren zu haben, mein Essen selbst zu produzieren und gesunde und reine Lebensmittel zu genießen. Ich war doch glücklich und frei, lebte meinen Traum und tat, was ich wirklich wollte – oder etwa nicht?

Nein, so einfach war es nicht. Unsere Träume sind doch immer anders als die Realität. So viele Dinge beeinflussen unsere Pläne. Zeigen uns Grenzen und führen zu immer neuen Erkenntnissen, Ideen, Wünschen und Sehnsüchten. Es gab nicht nur diesen einen Traum. Seine Verwirklichung war eher wie ein Erwachen, das zwangsläufig zum nächsten Traum führte. Allerdings steckte ich jetzt erst einmal mittendrin in dieser Wirklichkeit: Nellitu war trächtig, und hier würde bald alles wieder von vorne losgehen mit der endlosen Arbeit und den Unmengen von Milch, die irgendwo hinmussten.

Da half es natürlich auch nicht, dass in der Familie eine gewisse und außerplanmäßige Ziegenmilchmüdigkeit eingekehrt war. Was am Anfang noch als neu und exotisch gepunktet hatte, schien nun schon seit einer Weile niemandem mehr so richtig zu schmecken. »Ähh – schon wieder Ziegenkäse?« und »ich mag den Joghurt nicht!« oder »ich hab keinen Hunger« waren inzwischen geflügelte Worte am Frühstückstisch. An Ausreden wie »das macht nicht satt«, »der ist zu sauer« und »zu viel Milch ist ungesund« hatte ich mich gewöhnt, und während eine gewisse Menge frischer Trinkmilch von Paul und Phillip gerade noch akzeptiert wurde, verloren alle anderen Produkte zunehmend an Popularität.

Vielleicht waren wir überfüttert, und der immer selbe Käse, Joghurt, Pudding kam allen zu den Ohren raus. Man hatte ja keine Wahl – oder Auswahl – gehabt. Jetzt, während der Melkpause, fanden die Kinder es jedenfalls ganz toll, mal wieder den gekauften bunten, zuckrigen Joghurt aus dem Plastikbecher zu essen und Kakao aus dem Tetra Pak zu trinken. Auch der eingeschweißte knatschgelbe Supermarktcheddar war ein Hit, ebenso wie der Frischkäse im Alupapier. Ich gebe zu, dass auch ich mich über die Abwechslung freute: Der süße, cremige Vanillejoghurt aus dem Kühlregal war wirklich unwiderstehlich!

Das fand wohl auch Tom, der während der letzten Jahre aufgehört hatte, meinen Käse und Joghurt zu essen, und irgendwann auch keine Milch mehr trank, obwohl er meines Wissens nicht an einer Laktoseintoleranz litt (und es sei noch einmal ausdrücklich darauf hingewiesen, dass meine Milch nicht ziegig schmeckte). Manchmal fragte ich mich, ob Toms Milchverweigerung ein stiller Protest war, umso mehr, als er bei den Ladenprodukten nun wieder zuschlug. Doch hatte er sich ja weder für die Milch, noch für selbst angebautes Gemüse oder Eier aus eigener Haltung je ernsthaft interessiert. Er hatte ganz andere Dinge im Kopf, hatte andere Interessen, für ihn waren Lebensmittel, die Ernährung und damit die Nahrungsbeschaffung völlig nebensächlich, ebenso wie Umweltthemen oder Nachhaltigkeit – und das erinnerte mich wieder an die Wahrheit. An unsere völlig verschiedenen Welten. An die Realität, die so anders war als mein Traum. In Wirklichkeit hatte ich überhaupt keine Ahnung, wovon Tom so träumte und was er eigentlich den ganzen Tag in Woodstock trieb.

Als wir uns vor fünfzehn Jahren kennenlernten, waren Tom und ich dynamische Stadt- und Szenemenschen, gingen viel aus, auf Konzerte, in Ausstellungen, ins Kino, und liebten lange Nächte. Wir waren beide beruflich etabliert und fühlten uns wohl in unseren Jobs – Tom ging ganz in seiner Arbeit als Journalist auf, ich feierte als Dokumentarfilmerin erste Erfolge. Wir waren uns beruflich begegnet, hatten ein paar gemeinsame Bekannte, teilweise überschnitt sich unsere Arbeit. Wir verliebten uns leidenschaftlich und zogen relativ schnell zusammen, in unsere kleine, damals noch nicht ganz so teure Zweizimmerwohnung.

Mir war zu der Zeit zwar schon aufgefallen, dass wir keine gemeinsamen Hobbys oder privaten Vorlieben hatten, aber eventuelle Zweifel wischte ich schnell weg: Das muss man ja auch nicht unbedingt, um miteinander glücklich zu sein. Oder? Wir machten ja trotzdem viel zusammen, fühlten uns miteinander pudelwohl, fanden uns attraktiv (ich fand, dass Tom aussah wie Hugh Grant) und konnten nicht genug voneinander bekommen. Das reichte doch zum Glücklichsein.

Dann kamen die Kinder, wir heirateten und waren so beschäftigt, dass überhaupt keine Zeit blieb, über die Beziehung nachzudenken oder darüber, ob man zueinander passte. Jetzt war es ja sowieso zu spät. Unsere Ehe war zwar nicht perfekt, aber doch gut genug, dachte ich, da ging man eben auch mal Kompromisse ein.

Vieles stimmte aber schon damals nicht, in unserer kleinen Stadtwohnung, und dass wir uns schließlich auf die Nerven gingen, lag nicht nur an der Enge, das wurde immer klarer. Natürlich fragte ich mich auch, ob es an mir lag. Ob ich mich vielleicht zu sehr verändert hatte. Ob ich vom rauschenden Partygirl zur besorgten Übermutter mutiert war – von der Szenekünstlerin zum Foodie. War es nicht so, dass ich mir statt komplexer Kultur nun lieber die Zutatenlisten im Supermarkt anschaute und nichts kaufte, was Zahlen oder ein ›E‹ oder mehr als drei Zutaten enthielt? Dass ich mich statt mit moderner Plastik jetzt eher mit Mikroplastik beschäftigte und statt der Wirkung von Weichzeichnern nun eher die von Weichmachern analysierte – während Tom der Alte geblieben war?

Vielleicht wollten wir mit unserer Flucht in die Wildnis vor allem den Beziehungsproblemen entkommen, auch wenn wir das nicht zugeben mochten. Vielleicht hofften wir, fernab der Zivilisation doch noch etwas Gemeinsames zu finden. Wollten einen Neuanfang – auch in Sachen Liebe – wagen, und zu Anfang schien uns das ja gut zu gelingen. Wir fühlten uns, als könnten wir zusammen alles schaffen.

Aber das war ein Trugschluss. Das Gegenteil stellte sich heraus, und ich glaube, dass wir schon immer zu verschieden gewesen sind. Nur hatten wir den Unterschied im geschäftigen Stadtleben, in dem der Blick fürs Wesentliche so leicht verloren ging, nicht richtig erkannt. Doch was war das Wesentliche denn eigentlich? Was bedeutete Glück, Erfüllung? Hier gab es nur uns, das Landleben, das Überleben, Natur und Tiere. Gurken und Tomaten. Das Essenzielle, dachte ich. Entbehrung, dachte Tom.

Ich musste mich damit abfinden: Das Landleben war überhaupt nicht sein Ding, und wir würden hier niemals Gemeinsamkeiten finden. Gleichzeitig wurde mir klar, dass ich einen richtig guten Traum nicht alleine leben kann, sondern jemanden brauche, der mit mir träumt und den Traum mit mir teilt.

Manchmal stellte ich mir die Zukunft vor. Ich wusste, dass die Kinder, wenn sie groß waren, nicht hierbleiben würden, sie langweilten sich ja jetzt schon auf dem Land, und ich konnte mir überhaupt nicht vorstellen, mit Tom hier auf der Farm alt zu werden – wir würden mit Sicherheit und unaufhaltsam zu erbitterten, schrumpeligen Zankäpfeln werden.

Wir begannen, in getrennten Zimmern zu schlafen, und was die Milch betraf, so blieb mir ja noch der Verkauf, den ich ab dem Frühjahr verstärkt betreiben würde. Ich konzentrierte mich auf die zufriedenen Kunden und Nachbarn, klammerte mich an Edward, der jetzt schon fragte, wann es wieder Milch geben würde. Der mir sagte, dass mein Käse der leckerste sei, den er je gegessen hatte. Und dass er ohne meine Seife seine Hautprobleme sicher nie in den Griff bekommen hätte.

21. KAPITEL

TOD UND TEUFEL

Dunkle Wolken treiben tief über den Himmel, entfernter Donner rollt, Sturmböen peitschen durch die Büsche und Bäume. Es ist ein nervöser Tag, alle Tiere sind unruhig, es liegt etwas in der Luft. Trotz des Wetters habe ich die Vögel am Morgen rausgelassen, und nun sitzen sie alle im Wald und zetern und gackern wie verrückt. Vielleicht ist es nur der Wind, der sie stört, die herabfallenden Zweige und Äste. Vielleicht ist da aber auch noch etwas anderes.

Ich stehe am Waldrand und rufe, locke, schüttele Körner im Futtereimer. Auch ich bin nervös und würde gerne alle Tiere möglichst schnell wieder im Stall haben. Mir ist kalt, ich werde immer ungeduldiger, aber die Vögel rühren sich nicht. Durch die kahlen Büsche und das Unterholz kann ich einige von ihnen sehen, die meisten sind jedoch zu weit weg. Ich überlege, ob ich mich ins Gestrüpp schlagen soll, um die Vögel aus dem Unterholz zu treiben, da fliegen auf einmal mehrere von ihnen kreischend auf, die übrigen sind noch lauter als zuvor. Jetzt kämpfe ich mich in den dornigen Wald, und da sehe ich es: Ein kleines schwarzes Tier hängt am Hals eines Huhnes, das wild und in Todesangst herumspringt, kreischt und flattert. Was in aller Welt ist das denn??

Es scheint winzig, viel kleiner als das Huhn, höchstens so groß wie ein Eichhörnchen. Es sieht auch fast aus wie ein Eichhörnchen, nur länger, mit kürzeren Beinen und einem kürzeren Schwanz. Ich renne, ich schreie, doch das Tier lässt nicht ab und zerrt sein Opfer nun unter einen Busch. Das arme Huhn hat aufgehört zu flattern, es zuckt nur noch. Ich greife mir einen Stock vom Waldboden, will irgendwie diesen kleinen Teufel von meinem Huhn wegkriegen und pikse, schubse, schiebe, immer in den Busch hinein. Doch das Tier hält an seiner Beute fest – erst nach endlosen Minuten gibt es auf und verschwindet im Wald. Das Huhn ist tot, und ich bin geschockt. Es war das erste Mal, dass ich einen tödlichen Angriff aus der Nähe beobachtet habe. Ich kann nicht glauben, dass ein so kleines Tier so vernichtend sein kann, und bin gleichzeitig auch irgendwie fasziniert von seiner wilden Entschlossenheit.

* * *

Das Tier war ein Mink, ein amerikanischer Nerz, und mein Tierlexikon hielt sämtliche Informationen dazu parat: Das semiaquatische Raubtier aus der Familie der Marder ist in der Nähe von Flüssen und Seen zu finden und ein ausgezeichneter Schwimmer, mit Häuten zwischen den Zehen und wasserabweisendem dichtem Fell, das von Menschen nach wie vor in Mantelform hoch geschätzt wird. Daher steht der kleine Räuber auch unter Naturschutz, und selbst wenn ich gewollt hätte, ich hätte ihn nicht töten dürfen.

Nun war er ohnehin entkommen, wahrscheinlich zum nahegelegenen Fluss, und ich merkte, dass meine Begegnung mit ihm etwas verändert hatte. Dieser Mink war kein geheimnisvoller Eindringling, kein großer Unbekannter wie die vorherigen Angreifer. Er war klein und niedlich, und sicher musste er seine Familie versorgen, das konnte ich verstehen. Immer noch ein wenig aufgewühlt, aber nicht ganz so verzweifelt wie bei den vorangegangenen Todesfällen, begrub ich das Huhn und ließ dann die Geschichte auf sich beruhen. Was ein Fehler war, denn nur eine Woche später schlug der Räuber wieder zu, diesmal direkt auf der Wiese neben unserem Haus. Ich wurde vom lauten Gackern der Vögel alarmiert, lief nach draußen, und da war er! Völlig unbeirrt versuchte er, ein noch zappelndes Huhn durch den Weidezaun in Richtung Wald zu zerren. Fassungslos und erbost über diese Dreistigkeit ergriff ich eine nahegelegene Schaufel mit dem festen Vorsatz, den Übeltäter zu erschlagen. Naturschutz hin oder her. Doch als hätte er es geahnt, floh er diesmal sofort, als ich mich näherte – für das Huhn kam trotzdem jede Hilfe zu spät.

Nun ließ ich die Vögel erst mal nicht mehr hinaus und versuchte derweil, den Hühnerstall und die Umgebung mit engem Maschendraht abzusichern, doch das war schwer, und ich fand keine wirklich funktionierende Lösung. Ich verbrachte außerdem Stunden damit, den Stall selbst zu sichern, kleinste Ritzen und Spalten abzudichten und Löcher zu stopfen. In meinem Buch stand nämlich, dass ein Mink, wenn er sich Zutritt zum Hühnerhaus verschaffen kann, auch gerne mal den gesamten Bestand hinwegmetzelt. So war es meiner Freundin Jenna ergangen, deren fünfundzwanzig Hühner in einer einzigen Nacht von einem kleinen Mink, der irgendwie in den Stall gekommen war, getötet wurden.

Jenna hatte den Eindringling schließlich mit einer Falle zur Strecke gebracht und dann ertränkt. Nun bot sie an, mir das sperrige Fanggerät auszuleihen – nebst detaillierter Anleitung und gutem Rat, denn es handelte sich um eine Lebendfalle, die man mit einem Köder bestückt und in der man das wilde Tier unversehrt einfängt. Ich wollte meinen Mink dann allerdings nicht ertränken, sondern plante, ihn ganz weit weg wieder auszusetzen, so wie wir es damals mit den Flughörnchen getan hatten.

Ich stellte die Falle nahe dem Stall auf und legte Ölsardinen und Hühnerherzen aus dem Supermarkt hinein. Nichts geschah. Ich versuchte es mit frischem Fisch, Leber und ein paar Federn. Wieder nichts. Die Falle blieb leer, obwohl die Köder immer nach ein paar Tagen verschwanden. Doch ob der Mink es schaffte, sich gütlich zu tun und ungefangen davonzukommen, oder ob sich die Mäuse der Umgebung ein Festmahl gönnten, konnte ich nicht sagen.

Dann tötete er ein drittes Huhn, holte es direkt vor meinen Augen aus dem Stall, als ich nur kurz die Tür geöffnet hatte, und auch dieses Mal schaffte er es nicht, den schweren Vogel mit sich in den Wald zu nehmen. Ich war nun wirklich wütend – und ich hatte einen Plan: Ich legte das tote Huhn als Köder in die Falle, auch wenn mir das nicht leichtfiel. Mein schönes Tier, zerbissen und blutig, da lag es nun wie eine Einladung, es noch weiter zu zerfetzen. Doch am nächsten Morgen saß der Mink in der Falle.

Ich guckte ihn mir genau an. Er war wirklich klein und sehr putzig mit seinen großen Knopfaugen und dem glänzenden dunklen Fell. Unter dem Kinn hatte er einen süßen weißen Fleck, und seine Stupsnase war zum Knuddeln. Was? Stopp! Mein zerfleddertes Huhn erinnerte mich umgehend an die Realität, und zielstrebig kehrte ich zu meiner Mission zurück.

Nur um sicherzugehen, rief ich beim Department of Environmental Conservation (DEC) an, der Umwelt- und Naturschutzbehörde. Ich wollte nichts falsch machen, wusste nicht genau, wie weit weg ich den Mink bringen sollte, und war auch verunsichert – was, wenn er Junge hatte, die jetzt auf ihn warteten und am Ende verhungerten?

Tatsächlich durfte ich ihn überhaupt nicht wegbringen, darüber klärte mich der nette Herr am anderen Ende der Leitung sofort auf. »Sie hätten ihn gar nicht einfangen dürfen. Das ist per Gesetz verboten, und Sie müssen ihn sofort wieder freilassen.«

Das durfte ja wohl nicht wahr sein. »Er war inzwischen dreimal hier, er klaut am helllichten Tag meine Hühner und bringt sie kaltblütig um! Er wird immer wiederkommen und sich eins nach dem anderen holen, bis keins mehr da ist! Jetzt hab ich ihn endlich, und Sie wollen, dass ich ihn wieder freilasse?«

»Gesetz ist Gesetz«, belehrte mich der Mann, »doch Sie haben die Möglichkeit, aufgrund besonderer Belästigung und erheblicher Beeinträchtigung Ihrer Arbeit einen Antrag zu stellen, mit dem Sie eine Sondergenehmigung zum Erlegen des Tieres erwirken können.« Bis der Antrag bewilligt wurde, sollte ich den Mink jedoch freilassen.

Ich konnte das alles nicht glauben und wünschte, ich hätte niemals angerufen. Doch dafür war es jetzt zu spät, also stellte ich den Antrag mit der Bitte um schnelle Bearbeitung. Ich ließ den Mink jedoch nicht laufen. Der Hühnerkadaver bot ihm Nahrung für ein paar Tage, dazu schob ich eine kleine Schale mit Wasser durch die Gitterstäbe. So hatte er es immer noch viel besser als seine vielen Kollegen, die auf Nerzfarmen ihr Dasein fristen mussten. Sicherheitshalber stellte ich den Käfig in eine abgeschiedene Ecke, gut versteckt und außer Sichtweite, nur für den Fall, dass jemand vom DEC vorbeischauen würde.

Zwei Tage später kam dann die Genehmigung, die mir ausdrücklich erlaubte, den Mink zu fangen und zu töten. Jetzt allerdings haderte ich mit meinem Gewissen. Ich wollte ihn doch gar nicht umbringen, nur außer Reichweite haben! Ich erwog, das Gesetz erneut zu brechen. Und tat es dann doch nicht, denn ich wusste nun, dass der unbedachte Versuch einer Umsiedlung weitreichendere und negativere Folgen haben konnte als der Tod des Tieres: Durch eine solche ›Einmischung‹ konnten nämlich die Reviere anderer Raubtiere empfindlich gestört und in der Folge ganze Ökosysteme aus dem Gleichgewicht gebracht werden.

Und so ging ich wieder zu Jimmy, schweren Herzens und geplagt von Schuldgefühlen, und brachte ihm ein weiteres Tier, das er, ohne mit der Wimper zu zucken, erschoss.

New York State Department of Environmental
Conservation Division of Fish, Wildlife and Marine
Region 3 Wildlife Office
21 South Putt Corners Road, New Paltz, NY 12561-1696

NEW YORK | Department of
[logo] | Environmental
| Conservation

Acting Commissioner

PERMIT TO TAKE OR HARASS NUISANCE OR DESTRUCTIVE WILDLIFE
PERMIT NUMBER: 3-17- 69

Date Issued: 03/10/2016   Date expires: 04/07/2016

PERMITTEE: **LOCATION OF PROBLEM:**

Claudia   Heuermann   County: Ulster
                                      Town: Olive
Heuermann Farm   Location: Same as Permittee address
Boiceville, NY 12412

Pursuant to ECL sections 11-0505 and 11-0521, you (or your agent designated in writing) may:
☑ Kill mink
☑ Trap mink
☑ Shoot mink

Other permitted activities:

Special Conditions:

STANDARD CONDITIONS:
1. Only the permittee and agents may act on this permit.
2. Agents must be at least 18 years old and possess a valid NYS hunting license, hunter education certificate, or firearms safety certificate.
3. Persons who have had their NYS hunting privileges revoked or suspended may not act as an Agent on this permit
4. Permittee and Agents must possess a copy of the permit and carcass tags when acting on this permit.
5. Permittee must first obtain permission from the landowner before using this permit on leased or rented lands.
6. This permit is only valid for the properties listed on the permit (see "location of problem").
7. Permittee and Agents must abide by local firearms ordinances or obtain a written waiver from local authorities and attach to permit.
8. The DEC has the right to inspect any building, structure or property used for any activity pursuant to this permit.

ENVIRONMENTAL CONSERVATION LAW:
* Possession of a loaded firearm in or on a motor vehicke is probibited.
* Shooting from a motot vehicle, across any part of a public highway, or within 500 ft. of a school, playground, occupied facto or church is prohibited.
* Shooting within 500 ft. of a dwelling, farm building, or occupied structure is prohibited unless the shooter owns or leases the building or has the owners written consent.

AGREEMENT TO CONDITIONS
I have read and fully understand the above permit conditions and agree to abide by them. Further, I am aware that failure to comply with any conditions of this permit may result in its revocation, denial of future permits, and violations

Permittee: _____   Date: ___March 10, 2016___

22. KAPITEL

DAS GROSSE SCHWÄRMEN

Ein dumpfer Knall weckte mich in aller Frühe auf. Es klang, als würde etwas gegen das Fenster geworfen. Da, schon wieder. Aber das war absurd, niemand würde zu dieser Stunde Sachen aufs Haus werfen, würde so etwas überhaupt tun, die Kinder waren ja noch im Bett. Ich wühlte mich aus den Decken und ging zum Fenster, aus dessen Richtung das Geräusch kam. Und traute meinen Augen nicht. Auf dem Baum vor dem Fenster saß ein rotbrüstiger Vogel, bekannt als Wanderdrossel oder *robin*, und setzte zum Angriff an. Mit voller Wucht attackierte er das Fenster, flog so heftig dagegen, dass er es gerade noch schaffte, benommen taumelnd auf einem der unteren Äste zu landen, nur um kurz darauf wieder hochzuhüpfen und den Angriff zu wiederholen. Was war denn bloß mit diesem Vogel los? Ich riss das Fenster auf und wedelte mit den Armen, um ihn zu verscheuchen, doch er ließ sich nicht vertreiben. Denn er befand sich in einem wichtigen Duell mit einem imaginären Rivalen: seinem Spiegelbild. Er war fest entschlossen, seinen ausgewählten Nestbauplatz zu verteidigen, und würde nicht aufgeben, bis der Nebenbuhler besiegt und vertrieben war. Also nie, es sei denn, ich würde dieses Fenster (und alle anderen in der Nähe) mit einer entspiegelnden Folie versehen, was ich noch am selben Tag tat.

Es war Frühling, und außer den *robins,* die um die besten Nistplätze kämpften, sah man auch die farbenprächtigen Blauhäher herumfliegen, ebenso wie die Bunt- und Schwarzspechte, die von Baum zu Baum zogen.

»Ich finde die *blue jays* am besten«, sagte Paul, als er eines sonnigen Morgens neben Phillip aus dem Fenster schaute.

»Und ich die Kardinäle. Guck mal, wie knallrot der da ist!«

»Und hast du mal gesehen, wie die *robins* auf die *chipmunks* losgehen? Volle Action!« Paul war begeistert.

Hocherfreut über das wiedererwachte Naturinteresse gesellte ich mich zu den jungen Vogelbeobachtern. »Wisst ihr, was meine Lieblingsvögel sind?«

»Hühner?«

»Adler?«

»Poppys?«

»*Pigeons!*«

Ich musste lachen. »Nein, Rubinkehlkolibris!«

»Ja, die sind cool«, fand auch Phillip, »wusstest du, dass Kolibris im Verhältnis zu ihrer Größe die schnellsten und wendigsten Wirbeltiere der Welt sind? Das haben wir im *Science Club* von Mister White gelernt.«

»Und ihre Eier sind ungefähr so groß wie Tic Tacs«, fügte Paul hinzu, »außerdem können sie rückwärts fliegen!«

Faszinierend, oder? Als ich vor Jahren zum ersten Mal einem dieser schillernden Winzlinge begegnete, dachte ich, ich hätte es mit einer Hummel zu tun, so klein und summend schwirrte das Tier umher – doch nein, es war ein Vogel, der um die großen Blüten des Rhododendronbusches zischte und fliegend in der Luft verharrte, um sich am Nektar zu laben. Ich hatte diese Vögel früher immer als etwas absolut Exotisches empfunden, hatte sie mit Dschungeln in tropischen Ländern assoziiert und konnte nicht glauben, dass sie hier nun in meinem Vorgarten zu Hause waren!

Neben all den Vögeln bestaunten wir aber auch die prächtigen Schmetterlinge – Schwalbenschwänze, Monarchfalter und Admirale – und die zahlreichen Bienen und Hummeln, die sich auf unserem Grundstück wohlfühlten, denn hier grünte und blühte es üppig, und Wiesen, Hecken und Bäume dufteten um die Wette – ich liebte diese Jahreszeit! Auch Nellitu schien höchst zufrieden, als sie inmitten dieser Pracht kurz darauf ihre Jungen ohne Komplikationen zur Welt brachte. Es waren wieder Bruder und Schwester, und wieder einmal schafften es die niedlichen Ziegenbabys, gute Laune zu verbreiten und alle Sorgen zu vertreiben. Ich sah den Zicklein beim Spielen zu, beobachtete die jungen *robins* in ihren Nestern und sah sogar ab und an eine Karawane wilder Truthühner majestätisch über die Wiesen schreiten (was vor allem die Perlhühner verwirrte, die zwar so ähnlich aussahen, aber mit ihrer plumpen Art im Vergleich wie kleine Clowns wirkten). Regelmäßig bekamen wir in diesem Frühjahr auch Besuch von einer Hirschkuh mit ihren zwei gefleckten Kälbchen, und inspiriert von all dem neuen Leben, legte ich eine Runde Hühnereier in den Brutkasten, um meine geschrumpfte Vogelzahl wieder aufzustocken und mich mit noch mehr Tierbabys zu umgeben.

Dieses Jahr stellten wir außerdem eine Rekordmenge an leckerem Ahornsirup her, und durch das früh einsetzende warme Wetter brachte die Gartenarbeit zeitig die erste Ernte. Wir bauten unten an der Straße einen kleinen Verkaufsstand auf, an dem wir an den Wochenenden unsere überschüssigen Erträge verkauften, und Paul und Phillip halfen nun gerne mit, hatte ich sie doch mit dem Versprechen geködert, einen Teil des Verdienstes behalten zu dürfen. Erstaunlich, wie schnell Natur und Vögel vergessen waren! Jetzt benahmen sie sich wie Geschäftsleute, redeten lässig übers Geldverdienen und besprachen fachmännisch, was sie mit ihren Einkünften alles kaufen würden (Markenklamotten standen ganz oben auf der Liste). Ich hingegen genoss die gemeinsame Arbeit sehr, was auch immer für eine Motivation dahinterstecken mochte, und hoffte unrealistischerweise, dass die Kinder sich vielleicht doch noch für die Landarbeit begeistern würden.

In diesem Frühjahr half übrigens auch Tom ein bisschen mit, die Arbeit wäre sonst einfach nicht zu schaffen gewesen, und am liebsten sammelte er Eier ein, vor allem jene, die die Perlhühner irgendwo im Wald versteckten.

»Das ist wie eine Schatzsuche«, meinte er, »und garantiert ist so das Ostereiersuchen entstanden.«

Er hatte wahrscheinlich recht, denn tatsächlich begannen die Hühner zur Osterzeit, ihre Eier in abgelegene Grasmulden und Büsche zu legen, und nicht selten scheuchten sie dabei junge Kaninchen auf, die im Unterholz gerade aus ihren Bauen kamen und dann ratlos und verloren neben den Eiern verharrten. Voilà – da war er, der Osterhase!

Mit Paul und Phillip jätete ich derweil Unkraut und pflückte Gemüse – doch wie immer, wenn es am schönsten war, währte das Glück nicht lange, denn natürlich kamen *sie* nun wieder in Scharen heraus und vermiesten uns alles. Die Zecken.

Nachdem ich fast jeden Tag mehrere der kleinen Blutsauger auf den Kindern fand, mussten die beiden vorläufig von der Gartenarbeit suspendiert werden. Und die ganze altbekannte Routine spielte sich von Neuem ab: penibelste Zeckenchecks. Routiniertes Zeckenentfernen. Endlose Wiederholung des Satzes»Nicht in die Büsche treten« sowie ununterbrochene Wachsamkeit – *vigilance,* wie der Amerikaner sagte. Ich war inzwischen ein absoluter Experte im Identifizieren der Zecken, konnte auf den ersten Blick erkennen, welche Sorte, ob Männchen oder Weibchen, ob Nymphe oder Larve, und wusste sofort, wie lange ein festgebissenes Tier schon gesaugt hatte.

In diesem Jahr brachten die Zecken allerdings noch einen neuen Schrecken mit sich: Zum ersten Mal hörten wir von diesem Erreger namens Powassan-Virus, der immer häufiger auch in unserer Gegend von den kleinen Biestern übertragen wurde. Nicht allzu weit weg, im Städtchen Poughkeepsie, war bereits ein Teenager daran gestorben. Dem FSME-Erreger nicht unähnlich, konnte er zu einer Enzephalitis und Meningitis führen, einer Entzündung des Gehirns und der Hirnhäute. Es gab keine Impfung, und da man sich auch über rohe Milch mit dem Virus infizieren konnte, begann ich, unsere Ziegenmilch zu pasteurisieren. Der stählerne Dampfdruckerhitzer, der zu diesem Zweck jetzt in unserer Küche thronte und sehr eindrucksvoll aussah, brachte natürlich noch mehr Arbeit – und weniger Naturbelassenheit – mit sich.

Daneben gab es aber auch unerwartete Lichtblicke, hörte ich doch im Radio, dass in ziegenbesiedelten Gebieten deutlich weniger Borreliosefälle vorkamen und nun geforscht wurde, ob Borrelien-positive Zecken, die sich eine Ziege als Wirt aussuchten, wohl von dieser ›entbakterisiert‹ wurden. Das klang zu schön, um wahr zu sein. Bitteschön, liebe Zecken – ran an die Ziegen!

Als dann die erste Zeckenwelle im Sommer verebbte und ich gerade aufatmen wollte, fiel völlig überraschend eine weitere, neue Plage über uns her: winzig kleine, beißende Fliegen namens Ceratopogonidae – *no-see-ums* genannt, in Deutschland auch als Gnitzen oder Bartmücken mehr oder eher weniger bekannt – waren plötzlich überall. Diese geflügelten Terroristen waren so klein, dass sie durch jedes Fliegen- und Mückengitter kamen, sich in den Haaren festsetzen konnten, ohne Probleme in Hemdsärmel und unter T-Shirts schlüpften und in Schwärmen fast unsichtbar ihr blutsaugendes, schmerzhaftes und juckendes Unwesen treiben konnten. So fielen sie zum Beispiel über die Kinder her, während diese auf den Schulbus warteten, oder griffen mich beim Melken in der Scheune an. Sie schafften es auch ins Badezimmer, wo sie nur darauf lauerten, dass man sich zum Duschen auszog. Ich glaube, sie vermehrten sich in altem Tierdung, der wegen des kurzen, frostarmen Winters zu einer permanenten und vielseitig beliebten Brutstätte geworden war.

Überhaupt gab es in diesem heißen, schwülen Sommer außergewöhnliche Mengen von Ungeziefer. Die Zahl der Stechfliegen und Bremsen, die den Ziegen auf der Weide zusetzten, war explodiert, und manchmal waren ganze Teile des weißen Fells mit schwarzen Fliegenflächen bedeckt. Oft blieb mir nichts anderes übrig, als die kläglich meckernden Tiere in den Stall zu bringen, wo allerdings schon Schwärme von Schmeißfliegen warteten, die aber wenigstens nicht stachen oder bissen. Allerdings brachten sie eine andere Gefahr mit sich, der schließlich unsere liebe Henne Berta zum Opfer fiel: *Flystrike*, auch Myiasis oder Fliegenmadenkrankheit genannt, kann in warmen, fliegenreichen Monaten fast jedes Tier (und auch den Menschen!) treffen. Dabei legen vor allem Schmeißfliegen ihre Eier auf dem lebenden Körper ab, vorzugsweise in Wunden oder dreckige Hintern, und die schnell schlüpfenden Larven fressen ihren Wirt dann sozusagen von innen heraus auf. Ich gebe zu, ich wusste nicht, dass es so etwas gab. Ganze drei Tage musste die arme Berta leiden (den Zeitraum berechnete ich nach ihrem Tod anhand der Madengröße), ohne dass ich die geringste Ahnung hatte. Ich hatte mich lediglich gewundert, warum sie ständig an ihrem Po herumpickte, doch das wimmelnde Ausmaß der Krankheit offenbarte sich mir erst, als es bereits zu spät war.

Auch Mücken und Motten flogen dieses Jahr in Massen umher, quälten uns, und ich fand mehr *cutworms* in meinen

Gemüsebeeten denn je. Selbst unser Haus war dicht bevölkert: Von Ameisen über Wespen und Stinkwanzen bis hin zu Hunderten von Marienkäfern (die in dieser Menge absolut kein Glück bringen!) tummelte sich so einiges in unseren Zimmern. Dieser ganze Überschuss konnte natürlich leicht dazu verleiten, die Pestizidkeule zu schwingen – doch das würde die ganze Tier- und Pflanzenwelt noch mehr durcheinanderbringen, und so zählte ich weiter auf den unermüdlichen Einsatz des Staubsaugers und der Perlhühner (die jedoch längst nicht so viel Ungeziefer fraßen wie erhofft).

Zum Teil hatte die Insektenplage auch damit zu tun, dass in diesem Jahr keine Fledermäuse unterwegs waren, und während mich diese Tatsache zuerst noch gefreut hatte, war die Freude inzwischen dem blanken Schrecken gewichen. Wo steckten sie, die geflügelten Jäger, die pro Nacht über zweitausend Mücken vertilgen konnten?

Eine tödliche Pilzinfektion, das sogenannte White-Nose-Syndrom, hatte ihre Population erheblich minimiert, informierte mich das DEC. Diese Mykose, hervorgerufen durch einen Erreger mit dem gefährlich klingenden Namen Pseudogymnoascus destructans, befiel in Gestalt eines weiß-pelzigen Belags die überwinternden Fledermäuse in ihren Höhlen und konnte sich dort während des Winterschlafes ungehindert im Gesicht und auf den Flügeln der Tiere ausbreiten. Massensterben und eine Reduzierung der Fledermauspopulation um bis zu neunzig Prozent in befallenen Gebieten waren die Folge sowie explodierende Schädlingsinsektenzahlen. Das biologische Gleichgewicht war einmal mehr erheblich aus den Fugen geraten.

Unterdessen waren die Ziegenkinder groß geworden. Die Melkroutine hatte aufs Neue begonnen, und wie schon in den vergangenen Jahren musste ich ein neues Zuhause für die jungen Ziegen suchen. Doch dieses Jahr fand sich niemand, der die Tiere nehmen wollte. Ich fragte herum, inserierte, hängte Flugblätter auf, doch es war wie verhext. Keiner war interessiert, keiner wollte die Zicklein haben, doch behalten konnten wir sie auch nicht.

Nach einigem Bitten willigte man im Kloster ein, die weibliche Ziege aufzunehmen, doch alles Betteln nützte nichts: Für den jungen Bock hatten die Nonnen keine Verwendung. Da half auch nicht, dass ich anbot, ihn zu kastrieren (und es interessierte Sister Pamela überhaupt nicht, dass ein kastrierter Bock im Deutschen ›Mönch‹ heißt).

Natürlich wusste ich, was das bedeuten würde. Mir wurde ganz schlecht bei dem Gedanken, und ich konnte nicht anders, als mir vorzustellen, wie meine süße, flauschige Ziege allein und verängstigt zur Schlachtbank geführt wird, voller Angst jammernd, die Mutter suchend, die Weide, den Stall, alles Vertraute. Wie sie es nicht findet, sondern gegriffen und festgehalten wird, und wie der Bolzenschussapparat an ihrem Kopf ansetzt. Das dumpfe Geräusch des Gerätes, das dem Tier das Bewusstsein nimmt. Das Zusammensacken des Körpers. Ich stellte mir vor, wie meine kleine Ziege dann gepackt und auf die Schlachtbank befördert wird, mit herunterhängendem Kopf, und wie die Halsschlagadern aufgeschnitten werden, damit das Blut, rot und pulsierend, hinausquellen kann. Wie während des Ausblutens das Leben endet und mit einem Zittern aus dem kleinen Körper entweicht, wobei die Beine vielleicht noch einmal treten, sich ein letztes Mal strecken und dann für immer still sind.

Die Betäubung durch den Bolzenschuss verhindert, dass die Tiere unnötig leiden, denn sie sollen am Leben sein, können besser ausbluten, wenn ihr Herz schlägt, pumpt und alles Leben aus den Schlagadern herausschleudert. Beim Abschuss treibt das Schlachtschussgerät daher einen Metallstab, den Bolzen, in den Kopf des Tieres, wobei Schädelknochen und Gehirnrinde durchschlagen werden, das Tier jedoch nicht stirbt. Die Druckwelle in der Gehirnhöhle und die Zerstörung des Gewebes führen lediglich zu einer tiefen Ohnmacht und Schmerzunempfindlichkeit. Es muss aber genau die richtige Stelle getroffen werden, damit es funktioniert. Und die Betäubung muss solange anhalten, bis das Tier durch die Ausblutung gestorben ist. Das klappt nicht immer, und manchmal erlangen die Tiere das Bewusstsein und ihr Schmerzempfinden zurück, während sie verbluten.

Beim Schächten, dem rituellen, von einigen Religionen vorgeschriebenen Schlachten, werden die Tiere hingegen gar nicht betäubt, sondern mit einem großen Halsschnitt, der neben den Arterien auch Speise- und Luftröhre sowie Venen und Vagusnerven durchtrennt, bei vollem Bewusstsein aufgeschnitten. Zum einen muss das Tier nämlich völlig unversehrt sein, wenn das Messer angesetzt wird, zum anderen verbieten Judentum und Islam den Verzehr von Blut. Doch ob das wach geschlachtete Tier wirklich besser ausblutet, ist umstritten, ebenso wie die Intensität und Dauer des Schmerzes, der bei den verschiedenen Methoden vom Tier empfunden wird.

Hatte ich bisher nur mit dem Gedanken gespielt, so war ich mir jetzt sicher: Ich würde Vegetarierin werden.

Aber noch nicht jetzt. Ich würde den kleinen Bock essen. Musste es tun. Er würde ja sterben, so oder so, aber er war *mein* Bock. Unvorstellbar, dass jemand anders ihn aß. Nein, ich hatte mich da reingeritten, war für sein Leben verantwortlich – jetzt musste ich mich der Situation und meiner Verantwortung stellen.

Ich beschloss, Bucky noch ein paar Monate am Leben zu lassen. So konnte er den Rest des Sommers genießen, noch etwas wachsen, und ich hatte Zeit, mich weiter mit den moralischen Aspekten des Tieretötens und -essens auseinanderzusetzen. Ich hatte auch Zeit, jemanden zu finden, der den Schlachtvorgang ganz korrekt und professionell ausführen würde.

Und so lief und sprang Bucky mit Leila und Nellitu auf der Sommerwiese herum, genoss die Sonne, das Gras, die Blumen, jagte die Hühner und verbreitete gute Laune. Bis er geschlechtsreif wurde, und das ging schnell. Er war noch nicht einmal ein halbes Jahr alt, als er versuchte, Nellitu, seine Mutter, zu besteigen.

Ich trennte die beiden sofort, und fortan musste er alleine schlafen und durfte nicht mehr mit den anderen auf die Weide. Stattdessen lief er jetzt frei auf dem Hof und im Wald herum, spielte dort, mit wem, und tobte, wo es ihm gefiel – sehr zum Leidwesen der Hühner und Blumenbeete.

23. KAPITEL

IRON MAN UND DER BÄR IM KANU

»Wann fahren wir eigentlich mal wieder in den Urlaub?«, fragte Paul eines Morgens, kurz nachdem die Schulferien begonnen hatten.

Die Kinder, die mit ihren zehn und zwölf Jahren ja inzwischen fast junge Männer waren, klärten mich umfassend darüber auf, dass all ihre Freunde in den Sommerferien wegfuhren.

»Also, James fliegt nach Japan und Jackson nach Europa.«

»Und Tyson nach Afrika und Ben wenigstens nach Disneyland.«

Wir waren, seit wir auf der Farm lebten, noch nie irgendwo hingefahren, nicht mal für ein Wochenende, und nun beschwerten sich meine Söhne, dass sie seit Ewigkeiten nichts anderes gesehen hatten als unseren Hof, unsere Wälder, unsere Seen und unsere Berge.

»Wir wollen auch mal raus in die Welt«, ließen sie mich wissen.

»Kinder, wir sind doch hier draußen in der Welt. Weiter draußen kann man doch kaum sein. Habt ihr eine Ahnung, was die Leute dafür geben, hier ihren Urlaub zu verbringen?«

»Welche Leute?«

»Na, jede Menge Leute. Alle möglichen berühmten Leute mit coolen Klamotten! Lady Gaga zum Beispiel. Daniel Craig. Die Clintons. Und David Bowie gehörte der ganze Little Tonshi Mountain da drüben.«

»Ja ja, und Iron Man ist auf unsere Schule gegangen, ich weiß, ich weiß«, sagte Paul und rollte mit den Augen.

»Stimmt, Mister Downey Junior, hab ich ganz vergessen.«

»Die Clintons haben keine coolen Klamotten«, sagte Phillip.

»Und ich will mal wieder eine Stadt sehen«, sagte Paul, völlig unbeeindruckt, »das ist ja wohl nicht zu viel verlangt!«

Ich verstand ja, was sie meinten. Ich fühlte es schließlich selbst. Wir hatten den Hof seit Jahren nicht verlassen, hatten nichts anderes gesehen als die nähere Umgebung, und ich fragte mich, ob dieses Umfeld, dieses isolierte Zuhause in der Wildnis, wirklich das Richtige für die Kinder war. Brauchten sie nicht Anregungen von außerhalb, kulturellen Input, mussten sie nicht Erfahrungen anderswo machen, damit sie nicht zu Waldmenschen oder Hillbillys heranwuchsen? Verpassten sie am Ende den Anschluss an die reale Welt?

Plötzlich machte ich mir Sorgen um ihre Zukunft, um ihre Integrationsfähigkeit ins zivilisierte Leben. Doch natürlich konnten wir nicht einfach so nach Asien, Europa, Afrika oder sonst wohin reisen. Dazu fehlte das Geld, vor allem aber mussten natürlich Hof und Tiere versorgt werden, da kam eine Reise nicht infrage.

»Lasst uns doch wenigstens einen kleinen Trip nach New York City machen«, schlug Tom vor, als die Kinder nicht aufhörten zu quengeln. »Das müsste doch zu schaffen sein, nur für ein paar Stunden. Und eine bessere Stadt gibt's ja wohl nicht.«

Das war organisatorisch zwar eine echte Herausforderung, aber es war nicht unmöglich. Also taten wir es. Ich stand um vier Uhr morgens auf, molk die Ziege, verarbeitete die Milch, versorgte die Hühner, mistete, fütterte, tränkte und ließ den Garten Garten sein. Für einen Tag ging das, wahrscheinlich würde es sogar regnen, da brauchte ich mir keine Sorgen zu machen. Alle Tiere mussten zwar im Stall bleiben, aber auch das sollte für einen Tag okay sein.

Und so machten wir uns auf den Weg in die große Stadt und wurden geradezu erschlagen von ihrer Gewaltigkeit, den Menschenmassen, den schwindelerregenden Wolkenkratzern. Stahl, Glas und Beton, wohin man schaute! Und so viele Leute! Unglaublich, wie voll es überall war. Wir liefen über breite Bürgersteige, vorbei an bunten Läden, vollen Mülleimern und umtriebigen Straßenverkäufern. Wir warteten an Ampeln, während Autos endlos hupten, und schoben uns durch die Menge, immer tiefer in die gigantische Betonwüste hinein. Überall war es laut, grell, und überall herrschte Hektik. Überall war was los!

Es war großartig. Wir sahen endlich mal wieder etwas von der Welt. Und ich merkte, wie sehr ich diese Welt vermisste. Als wir am Abend auf die Farm zurückfuhren, war diese Rückkehr wie die Reise in eine andere Dimension. Das eine Leben hatte mit dem anderen Leben nichts zu tun, es gab keine Überschneidungen. Irgendwo gab es eine unsichtbare Barriere, eine Grenze, und wenn die überschritten war, befand man sich in einer anderen Welt. Das Gefühl war dort ein anderes, körperlich und auch mental, die Gedanken, das ganze Bewusstsein, alles war in der Wildnis fokussierter, konzentrierter, aber irgendwie auch reduzierter, eingeschränkter und beklemmend begrenzt.

Ich war mir nicht sicher, ob ich nach unserem Ausflug wirklich gern in diese Welt zurückkehrte – und das hatte nicht nur damit zu tun, dass an diesem Abend noch stundenlange Arbeit auf mich wartete. Es lag auch nicht an der dunklen, unbeweglichen Stille, die uns verschluckte, sobald wir die Stadt verließen. Nein, es war das Absolute, dieses komplette und endgültige Übertreten ins völlig Andere, das ich unheimlich fand. Obwohl mich genau das ja einmal gereizt hatte: die Idee, alles hinter mir zu lassen und ohne Kompromisse etwas völlig Neues zu tun.

Eigentlich wäre ich jetzt viel lieber nur kurz zum Entspannen in die Berge gekommen, so wie viele Städter und Wochenendbesucher es taten. Doch für uns war es genau umgekehrt: Wir hatten die Stadt besucht, um endlich mal aus der Wildnis hinauszukommen!

Einige Zeit später entschieden wir uns für einen weiteren Ausflug, der uns zwar weder in die Zivilisation führen, noch den Wunsch der Kinder nach weiter Welt erfüllen würde, doch zumindest den Sommer etwas abwechslungsreicher gestalten sollte. Um den Kindern (und uns Eltern) zumindest in kleinem Rahmen ein Feriengefühl zu vermitteln, mieteten wir uns auf einem nahegelegenen Campingplatz ein. Für ein paar Tage kamen so vor allem Paul und Phillip auf ihre Kosten und weg von der Farm, konnten am See ein Lagerfeuer machen, im Schlafsack schlafen, bei Taschenlampenlicht die Zähne putzen und sich den anderen Herausforderungen des Zeltens stellen. Tom hatte sich freigenommen, und so hatte man fast das Gefühl von gemeinsamem Urlaub. Es war ein bisschen so wie früher, als wir zum ersten Mal hierherkamen und mit dem Zelt die Wildnis erforschten, die unser Zuhause werden sollte.

Ich selbst fuhr allerdings ständig zurück auf den Hof, um mich dort um alles zu kümmern, zu melken und die Tiere und den Garten zu versorgen. Das fühlte sich nur bedingt wie Urlaub an, dennoch tat auch mir die Abwechslung gut. Am Campingplatz konnte ich wenigstens kurzfristig abschalten und mich für eine Weile auf mich und die Natur um mich herum konzentrieren. Ich kroch im Morgengrauen aus dem Zelt, blickte über das von Nebel bedeckte Wasser und die dichten Wälder am anderen Ufer, genoss die völlige Stille und sprang ins glasklare, kühle Nass. Ich wusch mich im See und kochte Essen über dem Lagerfeuer. Abends stand ich in der Dunkelheit, lauschte der Eule, schaute in die letzte Glut des Feuers und fragte mich, ob ich nun eigentlich glücklich war oder nicht.

Da stehe ich also jetzt, gedankenversunken, die Luft ist warm, und überall zwischen den Bäumen fliegen Glühwürmchen umher. Tausende der leuchtenden Insekten sind unterwegs auf Partnersuche, es ist ein unglaubliches Schauspiel. Ich stehe und staune – es sind so viele, dass ein leichter grüngelber Schimmer auf den Baumstämmen liegt. Es sieht absolut fantastisch und unwirklich aus!

Ich bin so versunken, dass ich es erst höre, als es direkt neben mir ist. Das Rascheln, Knacken von Stöcken, es kracht, so laut ist es plötzlich. Erschrocken drehe ich mich um und denke, dass Tom vielleicht von hinten kommt. Doch ich stehe direkt vor einem riesigen schwarzen Kopf, unverkennbar die hellere Schnauze, selbst in der Dunkelheit.

Mit einem Aufschrei weiche ich zurück, der Bär schnaubt laut, nicht mal einen Meter entfernt, und ich bin mir nicht sicher, ob er sich ebenfalls erschreckt hat oder ob er wütend ist. Ich gebe eigenartige Laute von mir, die ich überhaupt nicht kontrollieren kann, ein quiekendes Jammern und Japsen, und stolpere rückwärts, falle, komme nicht wieder hoch, schlage mir derb die Beine an der hölzernen Bank des Picknicktisches auf. Wie im Film, denke ich, und weitere, ganz merkwürdige Gedanken gehen mir durch den Kopf, während der Bär mir scharrend und schnüffelnd folgt und seine Nase schon fast meinen Fuß berührt.

Ich erinnere mich an das Flugblatt mit den Verhaltensregeln, aber es ist, als hätten meine Körperteile ein Eigenleben entwickelt. Niemand hört auf mein Gehirn. Ich kann nicht aufstehen, bin wie gelähmt und frage mich, wie ich mich jetzt groß machen soll, während ich da so auf dem Boden liege. Ich möchte mich gerne totstellen, aber das funktioniert nur bei Grizzlybären und auch nur manchmal, erinnere ich mich. Jetzt drückt die Bärennase gegen meinen Fuß, und als wäre das ein Knopfdruck gewesen, springe ich auf, schreie aus vollem Hals und klettere in weniger als einer Sekunde auf den großen hölzernen Picknicktisch, auf dem unsere Campinglampe dämmrig glüht. Von dort schreie ich ohrenbetäubend weiter. Natürlich wecke ich alle auf, Tom, die Kinder und auch die benachbarten Camper, die hundert Meter weiter ihre Zelte aufgeschlagen haben. Aber *large* und *noisy* bin ich jetzt jedenfalls. Das sieht auch der Bär, und er verhält sich, wie es im Buche steht. Er dreht ab und verschwindet raschelnd im Wald.

Natürlich könnte er jederzeit wiederkommen, und ich bleibe vorsichtshalber auf dem Tisch und brülle weiter. Tom hat sich inzwischen zu mir gesellt, samt unseren blechernen Campingtellern und einer Pfanne, die er nun mit solcher Wucht auf die Teller haut, dass der Griff abbricht. Währenddessen gucken Paul und Phillip vom Zelt aus völlig fasziniert zu. Das sieht man ja nicht alle Tage, dass die eigenen Eltern kreischend und brüllend auf dem Esstisch stehen und dabei diverse Küchenutensilien zerstören.

Ich weise die Kinder panisch an, sofort im Zelt zu verschwinden und alle Reißverschlüsse zuzuziehen. Nicht, dass das einen zielstrebigen Bären abhalten würde, aber eigentlich gibt es im Zelt nichts, was ihn interessieren könnte, darauf hatten wir geachtet. Absolut keine Nahrungsmittel irgendwelcher

Art. Auch keine Seife, Lotion oder sonstigen duftenden Materialien. Nichts, was seine Aufmerksamkeit erregen könnte.

Dennoch stelle ich mir vor, wie der Bär sich jetzt von hinten anschleicht und die Kinder aus dem Zelt klaut, und alle möglichen furchtbaren Bärengeschichten gehen mir durch den Kopf. Ich erinnere mich plötzlich an diesen Zeitungsartikel über eine Bärin, die hier in den Catskills ein Baby aus seiner Wiege gezerrt hat. Die Wiege stand auf der Terrasse der Eltern, und von dort hatte sie das Kind in den Wald geschleift, wobei es ums Leben gekommen war.

Ich schreie lauter.

Auch eine neuere Geschichte fällt mir ein. Erst im vergangenen Jahr war ein Student nicht weit von hier, im Apshawa-Reservat in New Jersey, von einem Bären getötet worden. Er war mit einigen Freunden durch den Wald gewandert, als der Bär den Pfad der Gruppe kreuzte. Die jungen Leute begannen, mit ihren Handys Fotos zu knipsen, was das Tier wohl dazu bewog, sich weiter zu nähern und die Freunde schließlich zu verfolgen. Der Polizeibericht beschrieb später, dass im Magen des Bären, der über dem getöteten 22-Jährigen gefunden wurde, menschliches Fleisch, Blut und auch Teile der Kleidung enthalten waren.

Ich schreie noch lauter und zittere wie Espenlaub.

Da unser Zeltplatz nur zu Fuß über einen kleinen Waldweg zu erreichen ist und unser Auto ungefähr einen Kilometer weit weg steht, gibt es keinen Ort, an dem wir uns schnell in Sicherheit bringen könnten. Es ist nun stockdunkel, die Glühwürmchen sind verschwunden, und die Lampe auf dem Tisch ist ausgegangen. Waffen zur Verteidigung haben wir natürlich auch nicht. Und so bleiben wir auf dem Tisch stehen, brüllen und klappern weiter wie die Vollidioten und wissen absolut nicht, was wir als Nächstes tun sollen.

Sicher ist der Bär inzwischen längst über alle Berge, und doch – von allen Seiten hören wir ein unheimliches Rascheln und Rauschen im Wald. Mal auf unserer linken Seite, mal auf der rechten und dann wieder unten am Wasser.

Doch kein Bär ist zu sehen, und nach etwa einer Stunde trauen wir uns vorsichtig vom Tisch herunter. Wir greifen unsere Taschenlampen und leuchten mit zitternden Händen die Umgebung ums Zelt herum ab. Alles scheint intakt, das Zelt ist nicht von hinten aufgerissen, und die Jungs drinnen sind zwar ein wenig verstört, aber wohlauf.

Wir legen uns auf unsere Matten, obwohl an Schlaf natürlich überhaupt nicht zu denken ist. Jedes noch so kleine Geräusch aus dem Wald bringt einen erhöhten Puls und Schweißausbrüche mit sich, gefolgt von der Vorstellung eines herumschleichenden, am Zelt schnüffelnden Bären. Ich traue mich kaum zu atmen.

Wir hören seltsame Geräusche in dieser Nacht. In einiger Entfernung schreien Menschen. Tumult und das Krachen von Ästen schallen durch die Dunkelheit. Lautes Scheppern. Mehr Geschrei. Ein quietschendes, kratzendes Geräusch, das nicht aufhören will, und schließlich Stille. Nur das Plätschern des Wassers im See ist noch zu hören.

* * *

Am nächsten Tag erfuhren wir von anderen Campern, dass einer der Backpacker seinen gesamten Proviant in seinem

Kanu untergebracht hatte, welches am Seeufer vertäut war. Das hatte der Bär herausgefunden, und während er in das Kanu kletterte, versuchte der Besitzer, ihn mit einem Küchenmesser abzuwehren. Was ihm natürlich nicht gelang.

Zum Glück wurde niemand verletzt, der Bär interessierte sich nur für den Bacon und die Grillwürstchen im Boot, und als sich schließlich die Leinen lösten, trieb er, im Kanu sitzend und genüsslich dinnierend, auf den See hinaus. Leider verpassten wir die frühmorgendliche Polizeiaktion, die Bär und Boot wieder ans Ufer holte, denn wir hatten uns nicht aus dem Zelt getraut.

Übermüdet und nervös entschieden wir uns, die Zelte und den ›Urlaub‹ abzubrechen. Es war schön, zum sicheren Haus zurückzukehren und ein ordentliches Dach und feste Wände um sich zu haben. Auch elektrisches Licht und fließendes Wasser erfreuten sich neuer Wertschätzung, und über das langweilige Farmleben beschwerte sich erst mal keiner mehr.

24. KAPITEL

FLEISCHESLUST

In der Zwischenzeit war Bucky zu einem strammen Bock herangewachsen. Er war kein niedliches kleines Zicklein mehr, sondern ein starker, geruchsintensiver und zuweilen recht unangenehmer Zeitgenosse, der immer gröber und rücksichtsloser wurde – vor allem wenn es darum ging, sich den weiblichen Ziegen zu nähern. Er war zu einem liebestollen Biest geworden, und es wurde immer schwieriger, ihn unter Kontrolle zu halten. Zum Glück hatte ich auch bei ihm nach der Geburt die Hornansätze entfernt, sonst hätte es womöglich Verletzte gegeben. Außerdem tat er nun ständig Dinge, bei denen ich mich fragte, ob sie überhaupt jugendfrei waren, und die bei den Kindern zu neugierigen Fragen führten (die ich alle beantwortete).

Also, was machte er da? Er versuchte, seine Zunge ins Urin der weiblichen Ziegen zu halten, wenn er nur nah genug herankommen konnte. Während sie ihr Hinterteil von innen gegen den Zaun drückten, drückte er von außen dagegen, mit dem Kopf, der Zunge, der Schulter. Mehr passte nicht. Folglich nahm er mit sich selbst vorlieb. Er verdrehte den Kopf und schaffte es irgendwie, sich selbst ins Gesicht und auf die Zunge zu pinkeln. Er war gelenkig genug, um sich hingebungsvoll mit seinem Penis zu beschäftigen, sein Geschlechtsteil schien ihn zu faszinieren, und das ging dann auch mal in die Hose oder, besser gesagt, auf meine Hosenbeine.

Schließlich wurde der Stall zu klein, und die Zeit war gekommen. Ich hatte von Bauer Matt die Adresse eines kleinen Schlachthofes in Coxsackie am Hudson bekommen, etwa eine Stunde nördlich von unserer Farm. Dort wurden die Tiere erst einmal in großen Boxen mit viel frischem Heu untergebracht, um sich an die neue Umgebung und die Menschen zu gewöhnen. Betäubt wurden sie dann zügig von einer Person, die sie inzwischen kannten, und so konnten die Angst und der Stress gering gehalten werden. Wann immer Matt eins von seinen Texas-Longhorns schlachten ließ, tat er es hier, auf diesem Hof. Dennoch fühlte ich mich schrecklich, wie ein Judas, als ich Bucky ans Messer lieferte und in den Tod schickte.

* * *

Das Schlachten ist eine brutale Sache, ganz egal von welcher Seite man es betrachtet.

Nachdem Bucky ausgeblutet ist und das Leben ihn verlassen hat, wird er an den Hinterbeinen an einem großen Fleischerhaken aufgehängt. Das Fell wird ihm abgezogen, das schöne weiße, weiche Fell. Ich denke, dass ich doch eigentlich daraus etwas herstellen sollte, einen Teppich oder eine Jacke. Ich verfolge den Gedanken nicht weiter.

Penis und Hoden werden herausgeschnitten, Hufe und Kopf abgetrennt. Dann wird Bucky ausgeweidet. Von unten nach oben wird dazu die Bauchdecke geöffnet, und die Organe und Eingeweide werden herausgenommen. Der große Magen, in den solche Unmengen von unseren Rosenbüschen passten, umgeben von nass glänzendem Gedärm. Herz, Lunge, Nieren und Leber. Und die grünliche Gallenblase, die auf keinen Fall beschädigt werden darf. All das flutscht heraus und liegt nun neben der Wanne voll Blut.

Nachdem alles entfernt und der Körper leer ist, muss er noch für ein paar Tage in einem großen Kühlschrank abhängen, dann wird das Fleisch zerlegt. Es wird in Stücke zerteilt, die ich verpacke, beschrifte und schließlich in der Tiefkühltruhe verstaue.

Oh Bucky!

* * *

Mir graute vor der ersten Mahlzeit, zu der wir Bucky verspeisen würden. Ich verschob sie immer wieder, aber ich konnte das Fleisch auch nicht weggeben oder verkaufen. Es fühlte sich so an, als ob eine Ablehnung des Fleisches auch eine Ablehnung seines Lebens bedeutet hätte.

Während Bucky also vorerst in der Tiefkühltruhe blieb, dachte ich weiter über das Essen von Tieren nach, und ich glaubte eigentlich nach wie vor daran, dass der Mensch evolutionstechnisch ein omnivores Wesen ist, das sich natürlicherweise sowohl von Pflanzen als auch von Fleisch ernährt. Aber so richtig anwenden konnte man diese Logik heutzutage nicht mehr, fand ich, denn wo sollte man all das Fleisch für die vielen fleischhungrigen Menschen herkriegen? Die Massentierhaltung hatte doch nichts mehr mit dem ursprünglichen Jagen und Sammeln der Steinzeit zu tun und auch nichts mit dem Leben der Ackerbauern und Viehzüchter, das sich vor Tausenden von Jahren in der Jungsteinzeit etablierte. Es gab heute einfach viel zu viele allesfressende Menschen! Die Verfechter des Veganismus hatten recht, wenn sie darauf hinwiesen, dass die Aufzucht der Tiermassen zur Fleisch- und Milchversorgung der Menschheit gleich mehrere Probleme mit sich brachte: Neben dem Tierleid, das sie verursachte, war die Massentierhaltung ein Hauptgrund für die erhöhte Treibhausgaskonzentration in unserer Atmosphäre, trug also zur globalen Erwärmung bei und verbrauchte außerdem so viele Ressourcen, dass man wesentlich mehr Menschen ernähren könnte, wenn man statt all der Tiere lieber gleich die Bevölkerung füttern würde. Nachhaltiger wäre das auf jeden Fall.

Schließlich überlegte ich mir aber, dass mein Leben hier wenigstens ein bisschen Ähnlichkeit mit dem der urzeitlichen Viehzüchter hatte, und das machte mich stolz. Sicher mochte der eine oder andere unser Leben für etwas steinzeitlich halten, doch in gewisser Weise empfand ich es auch als Schritt nach vorn. Wir lebten auf unserer Farm in einem Rhythmus des Gebens und Nehmens, in einem Kreislauf des Versorgens und Zusammenseins, in dem die Tiere und Menschen sich gegenseitig schätzten, unterstützten und ergänzten. Im wahrsten Sinne des Wortes hatten wir wieder eine Beziehung zu unserer Nahrung aufgebaut. Das war doch durchaus fortschrittlich und eine gute Sache, fand ich.

Und dann war es soweit. Es gab Bucky-Burger zum Abendessen. Im Gehackten konnte man die Ziege am wenigsten erkennen, und das war gut für den Anfang, obwohl auch Buckys Rippchen, Lenden und Haxen in der Tiefkühltruhe lagen.

Wir schwiegen für einen Moment und dankten unserem kleinen Bock, bevor wir ihn aßen. Dann biss ich zu, und das Fleisch schmeckte köstlich, zart und intensiv, vollmundig, doch nicht zu fettig – es war ohne Zweifel das leckerste Fleisch, das ich je gegessen hatte. Und es kam von einem Tier, das ich seit seiner Geburt gekannt hatte, dem ich ein gutes Leben ermöglicht hatte und das mein Freund gewesen war.

25. KAPITEL

HILLARYS GEHEIMNIS

In diesem Herbst starb Hillary. Um ihren Tod ranken sich mehrere Geheimnisse, und die Umstände sind bis heute nicht geklärt (obwohl Paul und Phillip damals sicher waren, dass Donald Trump irgendwie damit zu tun hatte – denn er war gerade, ebenfalls ein wenig mysteriös, zum 45. Präsidenten des Landes gewählt worden).

Alles begann an einem schönen, sonnigen Novembertag, die Luft war mild, und der Indian Summer erstrahlte noch immer in farbenfroher Pracht. Die Perlhühner waren zu dieser Jahreszeit oft länger weg, denn im Gegensatz zu den Hühnern, die ihre Eier meistens im Stall oder in der Scheune legten, suchten sie sich ihre Nistplätze im Wald. Und je weiter das Jahr fortschritt, desto entfernter ließen sie sich nieder. Die Weibchen bauten sich irgendwo im Gestrüpp ein Nest, legten täglich ein Ei hinein (oft benutzten mehrere Weibchen dasselbe Nest) und verbrachten dort mit ihren geduldig wartenden Partnern den Tag.

Tom, der nach wie vor als Eiersammler fungierte, hatte nun schon seit einer Woche kein Nest mehr gefunden und war frustriert. »Das macht echt keinen Spaß, wenn man nichts findet – niemand würde auf die Idee kommen, ein halbes Jahr nach Ostereiern zu suchen«, beschwerte er sich, als er an diesem Nachmittag in einem Meer aus brusthohem Dickicht feststeckte. Ich verstand ihn vollkommen, jede Schatzsuche wird irgendwann langweilig, aber es half ja nichts. Ich eilte zu seiner Rettung und beteiligte mich an der mühseligen Suche, denn ich wurde langsam unruhig, ahnte ich doch, dass irgendwo da draußen sehr, sehr viele Eier liegen mussten.

»Nicht verzagen, die Legesaison ist bald vorbei«, feuerte ich Tom an. »Nur noch ein paar Wochen, dann sind die Poppys fertig.« Anders als die Hühner legten die Perlhühner nämlich im Winter keine Eier (doch dafür hörten sie nach zwei Jahren auch nicht auf).

»Du weißt ja, wenn wir sie nicht finden, dann wird irgendein Tier das Nest aufstöbern – oder sie fangen mit dem Brüten an und kommen gar nicht mehr zum Stall.« Davor hatte ich die meiste Angst.

»Bisher sind aber immer noch alle zurückgekommen, oder? Vielleicht haben sie schon mit dem Eierlegen aufgehört.«

»Glaub ich nicht, wahrscheinlich haben sie gemerkt, dass die Nester nicht voller wurden, und haben sich jetzt ein paar wirklich gute Verstecke gesucht. Damit du sie nicht findest.« Dornenzweige zerrten an meinen Haaren, und ich sah mindestens zwei Zecken an meinen Hosenbeinen heraufkrabbeln. »Scheiße!!« Schimpfend und mich schüttelnd befreite ich mich. Auch Tom kämpfte sich weiter tapfer durchs Unterholz, ebenfalls schimpfend und sich schüttelnd. Erfolglos gaben wir schließlich auf.

Doch genau an diesem friedlichen Herbsttag passierte dann, was ich schon bange erwartet hatte: Hillary kam abends nicht nach Hause. Während alle anderen bereits im Stall saßen, selbst ihr treuer Freund, war von Hillary nichts zu sehen oder zu hören.

Sofort zog ich wieder los, rief nach ihr, suchte, schlug mich noch einmal durch die Dornen. Voller Sorge lief ich nun viel weiter als zuvor, lief bis zum Fluss hinunter und drang von dort in unberührtes, dämmriges Dickicht vor. Ich kroch umher und schaute unter jeden Busch, zerkratzte mir dabei Hände und Arme und zerriss meine Hosen. Ganz zu schweigen von den Zeckengarnisonen, die nun auf mir herumkrochen. Doch Hillary war wichtiger, also weiter.

Immer tiefer begab ich mich ins dichte Gehölz. Es roch nach Pilzen und Erde in dieser urigen Schattenwelt, nach wilden Kräutern und würzigem Farn. Ich lauschte. Aber es gab keine Spur. Die Sonne ging unter, und ich hockte im Dämmerlicht mitten im Wald, dem die vielfarbigen Blätter eine wunderschöne und zugleich unheimliche Stimmung verliehen.

Und dann sah ich ihn. In der Mitte einer kleinen Lichtung scharrte er auf dem Boden herum und bemerkte mich nicht. Mit seinem buschigen Schwanz, dem graubraunen Fell, mit den großen Ohren und der spitzen Schnauze sah er fast aus wie ein Wolf. Für einen ewigen Moment verharrte ich völlig bewegungslos, nur meine Nackenhaare stellten sich auf.

Ich muss wohl irgendein Geräusch gemacht haben, denn jetzt drehte der Kojote sich langsam zu mir um, sah mich ein paar Sekunden lang an – und verschwand im Gebüsch.

Ich rief lauthals nach Hillary und suchte hektisch weiter, doch es wurde nun schnell dunkel. Ich schaute zu, wie die Sonne mit blutrotem Schimmer hinter den Bergen verschwand, und tröstete mich damit, dass zum Glück keine Federhaufen auf der Lichtung zu sehen waren – auch der Kojote hatte Hillary also noch nicht gefunden. Ich hoffte, dass sie wohlauf war und irgendwo weit entfernt auf ihren Eiern saß, doch wusste ich natürlich, wie gefährlich die Nächte hier draußen sein konnten. Schon schien es überall um mich herum zu rascheln und zu knacken, es war auf einmal kühl und klamm geworden. Ich wollte Hillary nicht im Wald alleine lassen, dennoch gab ich die Suche vorerst auf – im Moment blieb mir nichts anderes zu tun, als abzuwarten und am nächsten Tag weiterzusuchen.

Drei Tage blieb Hillary verschwunden. Ich hatte sie schon aufgegeben und trauerte um sie – wie es anscheinend auch ihr Partner tat, der still und einsam im Hühnerhaus saß –, als sie eines sonnigen Morgens plötzlich wieder auftauchte.

Da kam sie und wackelte mit ihren krummen Zehen aus dem Wald, wackelte eigentlich ein bisschen zu sehr. Irgendetwas stimmte nicht mit ihr, das sah ich sofort, doch ich konnte nicht gleich sagen, was es war. Meine Freude schlug in Sorge um. Ein bisschen ulkig hatte ihre Gangart ja immer ausgesehen, doch jetzt schwankte sie noch mehr als sonst, lief tiefer gebückt, langsamer, und hechelte mit offenem Schnabel, obwohl es nicht einmal besonders warm war.

Ich stellte ihr frisches Wasser hin, beobachtete sie eine Weile und beschloss, später noch mal nach ihr zu schauen. Keines der Perlhühner war zahm, man konnte sich ihnen nicht ohne Weiteres nähern, und anders als Gorilla und seine Hennen ließen sie sich nicht anfassen oder hochheben, daher war eine Untersuchung schwierig.

So wandte ich mich erst einmal anderen Dingen zu, bestellte den Garten, erntete Gemüse und beschäftigte mich mit der Abwehr bohnenfressender Streifenhörnchen – die kleinen Biester machten mir nämlich in diesem Jahr das Gartenleben unerwartet schwer. Gerade gestern hatte ich eine Flasche Kojoten-Urin (Marke PredatorPee) gekauft, den ich nun zur Abschreckung um die Hochbeete sprenkelte, und als ich mit dieser übelriechenden Aufgabe fertig war, kümmerte ich mich um die Ziegen. Ich musste Hufe beschneiden, Ställe ausmisten und die Tränke reinigen. Dann musste der Käse gestartet werden, und zwar möglichst bevor die Kinder aus der Schule kamen. Noch dazu hatte ich an diesem Tag eine Gruppe junger Hühner, die ich nach unserem Campingurlaub ausgebrütet hatte, zum ersten Mal hinausgelassen, und nun hatten sie sich alle im Wald verlaufen und saßen irgendwo im Gestrüpp fest – verdammt, als ob ich dafür nun Zeit hätte!

Während ich durch den Wald lief, um die verängstigten jungen Tiere einzusammeln (wobei mir die kleinen Hennen zutraulich in die Arme und die Hähne an die Kehle sprangen – der Schlachttermin stand bereits fest!), fiel mir Hillary wieder ein. Wo war sie? Wie ging es ihr?

Ich fand sie am Waldrand, nicht weit vom Hühnerstall entfernt, und etwas an ihr sah vollkommen verkehrt aus. Aus ihrem Hinterteil hing wie ein Klumpen etwas Dunkelrotes heraus, und erst bei näherem Hinsehen erkannte ich, dass es sich um ihre Eingeweide handelte. Was?? Ich musste schlucken, und mir wurde heiß. Wie konnte das denn sein? Was war geschehen? Was sollte ich nun tun? Ich musste sie sofort erlösen. Mit der Axt, mit einem Schlag auf den Hinterkopf und einem Schnitt durch den dünnen Hals. Doch als ich mich näherte, um sie zu fangen, trat sie die Flucht an. Noch mehr Innereien fielen aus ihr heraus und schleiften nun auf dem Boden hinter ihr her. So konnte ich sie doch nicht über die Wiese jagen! Einige ihrer Artgenossen scharten sich um sie, als wollten sie sie beschützen, und ich zögerte. Wartete. Beobachtete und überlegte. Die Vogelgruppe saß nun dicht gedrängt im hohen Gras am Waldrand, und ich fragte mich, wie groß Hillarys Schmerzen wohl sein mochten. Und ob sie vielleicht genau auf diese Art sterben wollte, geborgen, inmitten ihrer Freunde – nicht in Panik, mittels einer Axt. Wie gerne wollte ich das glauben! War ich feige? Bestimmt. Sollte ich Jimmy holen? Vielleicht. Aber nicht mal er würde Hillary nun erschießen können, ohne die anderen Vögel zu gefährden. Wie würde so etwas jetzt in der freien Natur ablaufen? Und wäre es in der freien Natur überhaupt zu so einer Situation gekommen? Dort wäre Hillary doch überhaupt nicht ausgeschlüpft, hätte als Küken schon nicht überlebt. Sie war ja nur da, weil ich ihr aus dem Ei geholfen hatte!

Ich wartete ab, und es dauerte mehrere Stunden, bis Hillary tot war. Noch immer frage ich mich, ob ich etwas hätte anders machen sollen, ob es richtig war, ihr ins, aber nicht aus dem Leben zu helfen.

Als wir am nächsten Tag das Nest fanden, waren alle Eier darin zerstört. Auch Blutspuren entdeckten wir, doch die konnten von den Eiern selbst kommen, in denen die Embryoentwicklung ja schon begonnen hatte. War Hillary in der Nacht auf ihrem Nest attackiert worden? Einen Kojotenangriff hätte sie nicht überlebt, aber vielleicht den eines Opossums oder eines Wiesels? Der Fall blieb mysteriös, vor allem da sich an Hillarys totem Körper keine Bissverletzungen fanden, sondern ihr Zustand eher nach einem spontanen Darmvorfall aussah. Ich entschied, dass ein Waschbär irgendwie in den Fall verwickelt sein musste, doch schlussendlich blieben Hillarys letzte Tage ein Geheimnis, und dieses vertiefte sich noch durch die Ereignisse der folgenden Nacht.

Wir begruben Hillary, wie schon so viele Vögel vor ihr, am Waldrand. Doch dieses Mal war die Geschichte damit nicht zu Ende. Denn mit Einbruch der Dunkelheit begann das Heulen. Gespenstisch, als wäre es nicht von dieser Welt, klang es wie das Klagen toter Seelen, mal leiser, mal lauter, mal weiter entfernt und dann ganz nah. Es kam direkt vom Waldrand.

Von der Stelle, an der wir Hillary beerdigt hatten.

Es war das unheimliche Jaulen der Kojoten, das durch die Nacht hallte. Das Heulen der Tiere, die in dieser Nacht das Grab fanden, Hillary wieder ausbuddelten und ihren Körper mit sich nahmen.

26. KAPITEL

TRAPPERFIEBER

»Essen ist fertig!«

»Was gibt es?«

»Na, die Hähne, was denn sonst?«

»Ich hoffe, du hast sie lang genug im Ofen gelassen.«

Es war Thanksgiving, und gerade vor ein paar Tagen hatten wir die drei Hähne aus der letzten Vogelbrut geschlachtet. Der Vorgang war immer noch schwierig für mich, und doch hatte sich eine gewisse Routine eingestellt. Nachdem wir Bucky, unseren Ziegenbock, in Stücke zerlegt hatten, schien das Hähneschlachten nicht mehr ganz so grausam und brutal wie zuvor. Es gibt eben immer noch etwas Schlimmeres, und ein bisschen stumpft man tatsächlich ab. Außerdem hatten nach Otto und Sandy die Hähne nie wieder Namen bekommen – und das half ebenfalls. Wir hatten inzwischen auch gelernt, das sehnige Fleisch butterweich zu schmoren, und jetzt roch es so gut im Haus, so lecker nach köstlichem Braten, dass ich für einen Moment froh war, noch keine Vegetarierin zu sein (damit würde ich warten, bis Buckys letzte, derzeit noch tiefgefrorene Rippe verspeist war).

»Okay, lasst uns den Tieren danken.«

»Danke, liebe Hähne, dass ihr so lecker seid.«

»Paul!!«

»Was?«

»Danke, liebe Hähne, dass ihr uns mit Nahrung versorgt.«

»Ist doch dasselbe.«

»Nicht ganz. Haut rein!«

Das Jahr neigte sich dem Ende zu, und die Winterroutine war wieder eingekehrt, jedoch erneut in einer Light-Version, denn das Wetter war schon wieder zu mild für die Jahreszeit. Kälte herrschte allerdings zwischen Tom und mir, und wir lebten nun statt in einer Beziehung eher in einer Art Nutzgemeinschaft, die manchmal fast wie eine Notgemeinschaft wirkte – Romantik war kühler, stiller Effizienz gewichen, was irgendwie zum kargen winterlichen Wildnisleben passte. Alles war aufs Nötigste reduziert. Wir sprachen nicht viel, jeder verrichtete seine Arbeit, wir funktionierten und arrangierten uns. Tom war ohnehin wenig zu Hause, und ich begann mich zu fragen, ob er wirklich so viel zu tun hatte, sich einfach nicht gern auf der Farm aufhielt oder ob es womöglich jemand anderen gab.

Zur gleichen Zeit – und parallel zu unserer Liebe – starb der Wald. Oder zumindest ein Teil von ihm. Schuld daran war ein kleiner Käfer namens *emerald ash borer* (oder Agrilus planipennis, zu Deutsch Asiatischer Eschenprachtkäfer), der schon seit einer Weile sein Unwesen in Nordamerika trieb. Wahrscheinlich war er gegen Ende des letzten Jahrhunderts in hölzernen Verpackungsmaterialien mit Frachtschiffen oder Flugzeugen eingeschleppt worden, und seitdem verbreitete er sich unaufhaltsam. Der Klimawandel half ihm dabei, denn er konnte jetzt in Gegenden vordringen, die eigentlich zu kalt für ihn waren, konnte sich im gesamten Norden der USA und auch in Kanada rasant ausbreiten. Viele Hundert Millionen Eschen waren ihm bereits zum Opfer gefallen, und überall versuchten die Behörden verzweifelt, den Schädling in Schach zu halten. So wurde vor allem der Transport von Feuerholz verboten (›*Don't move firewood!*‹ wurde zum geflügelten Slogan), da die Plage in den Scheiten ganz hervorragend und bequem von einem zum nächsten Ort gelangen konnte, um sich dann dort anzusiedeln. Auch in unserer Gegend sah man mittlerweile großflächig das Ausmaß des Schadens: Die Larven des kleinen, knallgrünen Käfers lebten direkt unter der Rinde der Bäume und schnitten ihnen dort die Nahrungszufuhr ab, was langsam, aber sicher zum Baumtod führte. Spechte versuchten derweil, von außen an die Schädlinge heranzukommen, und ihre Bemühungen führten dazu, dass die sterbenden Bäume ihre Rinde verloren. So war der Wald um uns herum bereits im Herbst mit kahlen, nackten Eschen durchsetzt gewesen, und es wurden immer mehr. An vielen Bäumen befanden sich jetzt kleine grellgelbe Schilder, und auch an der prächtigen Esche, die unseren Hof überschattete, hatten wir eins befestigt:

HELP SAVE THIS TREE!

All ash trees are at risk of being killed by the
EMERALD ASH BORER

**For information on how to protect
New York's ash trees, contact the**

EMERALD ASH BORER TASK FORCE

at your local Department of Environmental Conservation.

Die Schönheit der Natur war deutlich blasser geworden – und leichenblass war auch Paul, als er eines Sonntags kurz vor Weihnachten ins Haus taumelte. Matschiger Schnee bedeckte das Land, es graupelte, und Paul war draußen ausgerutscht. Nun stand seine linke Hand in einem merkwürdigen Winkel vom Arm ab, den er mir weinend entgegenstreckte. Ach du lieber Gott!

»Paul, meine Güte, wie ist das denn passiert?«

Er fiel in meine Arme.

»Das hat mir gerade noch gefehlt! Das ist gebrochen, wir müssen sofort ins Krankenhaus.« Doch das war leichter gesagt als getan. Das Krankenhaus lag sehr weit weg, und die Straßenverhältnisse waren alles andere als günstig. Überall gab es Eisflächen, die sich durch angetauten Schnee und überfrierende Nässe gebildet hatten und die das Autofahren hochgefährlich machten.

»Mama, es tut so weh!«, weinte Paul, während ich zusah, wie er immer grauer wurde.

»Lass uns fahren«, bestimmte ich unruhig. Ich hatte das Gefühl, in einer Falle zu sitzen, in diesem Notfall nicht hier wegzukommen. Ich überlegte kurz, den Notruf zu wählen, dachte dann aber, dass es ewig dauern würde, bis jemand hier wäre – so lange wollte ich nicht warten, denn Paul sah jetzt wirklich schlecht aus, und ins Krankenhaus musste er dann sowieso (zudem hatte ich ja schon vor einer Weile erkannt, dass es hier keine geeigneten Hubschrauberlandeplätze gab). Also setzte sich Tom ans Steuer unseres alten Vans, und wir machten uns alle zusammen auf den langen Weg.

Eine Stunde später waren wir immer noch nicht sehr weit gekommen, und Pauls leidendes Wimmern zerriss mir das Herz. Ich hatte das Gefühl, wir bewegten uns im Schritttempo vorwärts – dennoch geriet das Auto plötzlich auf spiegelglatter Fahrbahn ins Schleudern. »Nein!«, kreischte ich, und auch die Kinder schrien, während sich das Auto um sich selbst drehte und mit dem Heck zuerst in den Straßengraben schlitterte, rutschte, wie in Zeitlupe, und schließlich an einem Baum zum Stehen kam. »Alles okay? Seid ihr okay?«, rief ich nach hinten, dem Herzkollaps nahe. Paul klagte weiter über die Schmerzen in seinem Handgelenk, ansonsten schien aber zum Glück nichts Schlimmeres passiert zu sein. Allerdings dauerte es eine Stunde, bis wir mithilfe eines Lastwagenfahrers aus dem Graben herauskamen und unsere Fahrt fortsetzen konnten. Und eine weitere Stunde, bis wir im Krankenhaus waren und Paul verarztet werden konnte. Als ich an diesem Abend völlig erschöpft ins Bett fiel (nachdem ich nach stundenlanger

Rückfahrt natürlich auch noch in eisiger Dunkelheit die Tiere versorgen und die Ziege melken musste), träumte ich von einem anderen Leben. Einem weniger komplizierten Leben. Einem bequemen Leben voller Ruhe, Frieden und ohne diesen ganzen existenziellen Stress.

Es sollte jedoch erst einmal noch komplizierter werden, denn kurz darauf begannen gruselige Berichte über einen aufdringlichen Fuchs die Runde zu machen: Äußerst aggressiv trieb er sein Unwesen, überwand Zäune und Tore und hatte schon jede Menge geflügelte Opfer gefordert. Als ich dann nahe dem Hühnerhaus die verräterischen schnurartigen Spuren entdeckte, war höchste Wachsamkeit geboten, und ich ließ die Vögel nur noch hinaus, wenn ich in der Nähe war. Dennoch schaffte es der listige Räuber ausgerechnet am Weihnachtstag, sich vor meinen Augen ein Perlhuhn zu schnappen – das jedoch unter lautem Gekreische aller Anwesenden mit einer kleinen Bisswunde auf dem Rücken entkam. Ich konnte unser Glück kaum fassen, doch seltsamerweise schien die Wunde am nächsten Tag ein ganzes Stück größer geworden zu sein, und trotz Behandlung (die sich schwierig gestaltete, da auch dieses Perlhuhn nicht gerne angefasst wurde) sah sie am Tag darauf noch schlimmer aus. Wie konnte das sein?

Ich ahnte es, als Hedwig mit blutrotem Kopf aus dem Stall marschierte. Und dann sah ich es. Mehrere Hennen standen um das arme Perlhuhn geschart und pickten an seinem Rücken herum. Es sah aus, als würden sie kleine Stücke des Fleisches herauslösen und verspeisen – und genau das taten sie!

Hühner sind Kannibalen, und es schien fast, als würden sie magisch angezogen vom Blut, als könnten sie nicht ablassen. Wie wild gewordene Piranhas schwärmten sie, pickten und hackten, bis ihre Federn rot durchtränkt waren. Ich konnte es kaum glauben – was für ein Horrorszenario! Wir waren momentan wirklich Lichtjahre von meiner Vorstellung eines friedlichen, idyllischen Landlebens entfernt, und während ich das Perlhuhn rettete, musste ich an den viel zitierten Lagerkoller denken, hier *cabin fever* genannt. Ich fragte mich, ob die Vögel wohl unter etwas Ähnlichem litten – entstammten sie doch ursprünglich ganz anderen, wärmeren und behaglicheren Gefilden. Genau wie Tom und ich.

Während wir uns damals in unserer kleinen Stadtwohnung zwar auf die Füße getreten waren, wurden wir nun hier, vor allem in den Wintern, mit ganz anderen Gefühlen der Enge konfrontiert. Die Isolation und Einsamkeit waren oft intensiv, bedrückend und manchmal wirklich zum Verrücktwerden! Dann wurde unsere stille Effizienz schon mal zur lauten Unstimmigkeit, und wir stritten heftig. Doch obwohl die Fetzen flogen und auch ab und zu ein Teller zu Bruch ging, blieb die Axt in den Holzscheiten, und Blut floss nur im Hühnerstall.

27. KAPITEL

WATTE UND WAHNSINN

Es ist Mitte Februar in unserem sechsten Jahr auf der Farm, ein kalter Morgen. Ich wache auf und fühle mich krank. Richtig krank, so krank, dass ich nicht weiß, wie ich aus dem Bett kommen soll. Das kommt vom Schlafentzug, denke ich. Ständig komme ich zu spät ins Bett, stehe zu früh auf. Jetzt bin ich einfach fix und fertig. Totale Erschöpfung. Burn-out. Das hab ich nun davon!

Ich quäle mich aus dem Bett, schaffe es kaum aufs Klo – was für eine Herausforderung die Verrichtung der Notdurft plötzlich ist! Mir ist eiskalt, die Zähne klappern – oh nein, habe ich etwa Schüttelfrost, Fieber?

Mein Körper fühlt sich weich und wattig an, und alles um mich herum scheint meilenweit weg zu sein. Ich schleppe mich in die Küche, Paul und Phillip brauchen ja ihr Frühstück, müssen rechtzeitig fertig sein, bevor der Schulbus kommt. Die beiden sehen mich merkwürdig an, und ihre Stimmen klingen seltsam entfernt.

»Ist alles okay, Mama?«

»Du siehst komisch aus, irgendwie grau.«

»Kannst du mir trotzdem 'nen Pfannkuchen machen?«

»Und zwei Äpfel einpacken?«

»Und vielleicht noch so ein leckeres Brot für die Schule schmieren?«

Ich denke an die Hühner, die versorgt werden müssen, an die Ziege, die gefüttert und gemolken werden will, an die Milch, die verarbeitet werden muss. Ich schaue aus dem Küchenfenster, sehe die Scheune auf der anderen Seite des Hofes, doch es könnte auch das andere Ende der Welt sein, so weit weg kommt sie mir vor.

Unmöglich. Mir ist schlecht. Kalter Schweiß sammelt sich auf meiner Stirn und läuft in die Augenbraue. Das schaffe ich nicht! Ich schwächele wie nie zuvor und mache es trotzdem, mache die Küchenarbeit, schleppe mich zur Scheune, Schritt für Schritt, der Weg scheint ewig, aber halbautomatisch ziehe ich das ganze Programm durch, lasse keinen Schritt aus, melke mit glühend heißen Händen (wobei Nellitu meine Not zu erkennen scheint und sich ausnahmsweise kooperativ und still verhält), filtere und pasteurisiere und sacke erst auf einen Stuhl, als die Milch im Kühlschrank verstaut ist.

Man kann ja als Bauer nicht einfach Pause machen und im Bett bleiben. Krankfeiern geht nicht, die Farm läuft schließlich nicht von selbst. Egal was passiert – die Tiere brauchen mich, und ich weiß: Wird die Ziege nicht gemolken, drohen ihr Mastitis und schlimmstenfalls der Tod. Wie damals bei unserer Nelly, obwohl die schon krank wurde, bevor je ein Tropfen Milch aus ihrem Euter kam. An sie muss ich jetzt ständig denken – und an Keime und deren Konsequenzen –, denn jedes nicht geleerte Euter birgt die Gefahr einer Entzündung. Bakterien können sich in der gestauten Milch gut und rasend schnell vermehren, und das kann dann schnell zu absterbendem Gewebe und zur Sepsis führen. Also raus, egal wie kalt es ist, egal wie krank man ist.

Auch zum Hühnerstall quäle ich mich, krieche nun fast, pfeife aus dem letzten Loch. Das Atmen tut weh, ich keuche geräuschvoll und klinge fast selber wie ein Huhn. Doch die Vögel brauchen dringend frisches Wasser. Das alte Wasser in der Tränke ist gefroren, und ich muss es mit der kleinen Spitzhacke aufbrechen. Wieso ist es ausgerechnet jetzt so kalt, nach all den lauen Wochen? Alle paar Stunden muss bei diesem Wetter gehackt werden. Heute ist es so eisig, dass ich die Vögel nicht rauslasse, zu groß ist die Gefahr, dass ihre Füße und Kämme abfrieren, und in meinem Zustand könnte ich sie ganz sicher auch nicht aus Schneewehen oder sonstigen misslichen Lagen befreien. Doch ich verteile Futter, sammele Eier ein und schaffe einen Extraballen Heu aus der Scheune heran, damit die Vögel beschäftigt sind und es etwas wärmer haben.

Danach bin ich so erschöpft, dass ich in Atemnot gerate und mich dem Totalkollaps nahe fühle. Das Fieberthermometer zeigt 39,5 Grad Celsius, der Husten schmeckt metallisch. Ich muss mich hinlegen. Mir ist übel und kalt, das Zimmer um mich herum dreht sich, und dann wird alles schwarz.

Als ich wieder zu mir komme, geht es mir nicht besser, im Gegenteil. Ich rufe Tom bei der Arbeit an, bitte ihn, nach Hause zu kommen, und lasse mich nach Woodstock zum Arzt fahren. Der schaut mich mit besorgter Miene an, misst Fieber, guckt in meine Körperöffnungen, schüttelt den Kopf (was soll das denn heißen?), nimmt Blut ab und rammt mir ein großes Wattestäbchen in die Nase. Autsch! Dann präsentiert er mir das Ergebnis: Ich habe eine schwere Influenza A mit extrem hoher Viruslast und eine beginnende bakterielle Lungenentzündung.

Ich bekomme Tamiflu, Antibiotika und strenge Bettruhe verordnet mit dem Hinweis, dass ich ins Krankenhaus fahren soll, falls die Symptome schlimmer werden. Klar. Kein Problem. Ich frage mich, wie das denn wohl noch schlimmer werden könnte.

Aber ich schaffe es, einigen Anweisungen in kleinem Rahmen nachzukommen und mich wenigstens für ein paar Stunden hinzulegen. Danach müssen allerdings die Tiere gefüttert, der Stall ausgemistet und die Ziege gemolken werden. Zum Glück ist Februar, und ich muss mich nicht auch noch um den Gemüsegarten kümmern.

* * *

Im Schlafzimmer liege ich schwer wie ein Zementsack auf dem Bett und höre, wie die Perlhühner auf einmal Radau machen.

Wie eine tosende Welle bricht ihr alarmierendes Gezeter in den fiebrigen Nachmittag hinein, und ich ahne nichts Gutes. Diese Warnrufe, so laut und plötzlich, weisen auf einen Eindringling, einen Feind hin. Ich versuche mich aufzurichten, doch mein Körper macht schwerlich, was ich will. Schließlich schaffe ich es zum Fenster, gucke hinaus, lasse meinen Blick über den Waldrand schweifen. Wo ist der Schnee? Wie lange habe ich geschlafen? Und wieso sind die Vögel überhaupt draußen, ich hatte sie doch gar nicht rausgelassen!

In dem Moment sehe ich ihn. Leuchtend rot, mit schleichendem Schritt und listigem Blick kommt er von rechts heran. Der Fuchs, dort hinter dem Weidezaun. Zielstrebig schnüffelnd kommt er immer näher, und als er auf Höhe des Hauses angekommen ist, schaut er auf, zum Fenster, entblößt seine Zähne und blickt mir direkt in die Augen.

Ich kann mich nicht bewegen. Die Hühner und Perlhühner sind direkt vor ihm, zwischen dem Haus und dem Wald, nur der Zaun trennt sie voneinander. Der Fuchs verharrt wartend. Auch die Vögel rühren sich nicht.

Die Zeit scheint stillzustehen, und mein Kopf fühlt sich leer an. Ich kann mich nicht entscheiden: Soll ich versuchen, den Fuchs durchs Fenster zu vertreiben, oder soll ich rausrennen, wobei ich wertvolle Zeit verlieren würde? Jede Bewegung ist ein Kraftakt, und meine Füße sind schwer wie Blei, also wähle ich die erste Möglichkeit. Ich schüttele meine Fäuste aus dem Fenster und brülle aus vollem Hals, doch irgendwie ist nichts zu hören.

Der Fuchs greift an. Kommt leichtfüßig über den Zaun und springt in die Vogelmenge, während ich entsetzt am

Fenster stehe. Er hat es auf Hedwig abgesehen, die schöne weiße Hedwig, die aus dem Gras heraussticht wie keine andere Henne. Nun laufe ich doch hinaus, so schnell ich kann, aber es scheint, als käme ich nur im Zeitlupentempo vorwärts.

Es ist zu spät.

Ich sehe ihn sofort, den weißen zerzausten Federhaufen voller Blut. Hedwig lebt noch, doch sie ist halb aufgefressen, der ganze Bauch fehlt. Ich hebe sie auf und fühle mich unendlich schuldig. Wenn ich mich doch nur anders entschieden hätte und sofort nach draußen gerannt wäre!

»Oh Hedwig«, schluchze ich, »oh nein, bitte nicht – es tut mir so leid. Nicht du! Ich hab dich doch lieb und brauche dich.«

Und dann traue ich meinen Ohren nicht, denn ich höre sie antworten: »Ich dich auch.«

Was? Ich bin geschockt, alles dreht sich, und etwas trottelig bedanke ich mich. Stammelnd frage ich sie, ob sie Schmerzen hat.

Sie schüttelt den Kopf.

»Weißt du, dass du sterben wirst?«, höre ich mich sagen.

»Ja, ich weiß es.«

Ich weine hemmungslos.

Wir überlegen zusammen, ob ich sie zum Sterben auf ein Bett aus Heu in den Hühnerstall legen soll.

»Der Fuchs ist nicht weit weg«, sagt Hedwig, »er wird wiederkommen.«

Schwer atmend, tränenüberströmt und schweißgebadet wache ich auf.

* * *

Grippe und Lungenentzündung quälten mich jetzt schon seit über einer Woche, das Fieber war kaum zurückgegangen, aber zum Glück hatten sich die Symptome auch nicht verschlimmert. Meine Träume in diesen Tagen waren ungeheuer intensiv, und ich fragte mich, ob das an den Medikamenten lag, deren Beipackzettel vor abenteuerlichen Nebenwirkungen warnten. Häufig wachte ich verschwitzt und mit rasendem Herzen auf, oftmals hörte ich meinen eigenen Schrei, während ich im Bett hochfuhr. Ich träumte von Hühnern, die mit abgebissenen Füßen umherliefen, von Rieseneulen, die wie Dementoren durch die Nacht flogen, und von Attacken hyänenartiger Killermonster, die hinter Bäumen und Büschen lauerten. Mein Bedarf an blutrünstigen Schauergeschichten wurde in dieser Zeit mehr als gedeckt!

Trotzdem stand ich nach wie vor früh auf und kümmerte mich um Haus und Hof. Die Kinder halfen mehr als sonst, machten sich sogar ihr Frühstück selbst und erledigten den Abwasch. Immerhin. Tom kümmerte sich ums Abendessen. Dennoch blieb viel Arbeit übrig, und es waren harte Tage, die sich irgendwie mit den Nächten vermischten. Oft wusste ich nicht, ob es Tag oder Nacht war, ob ich schlief oder nicht. Manchmal hatte ich eigenartige Halluzinationen, sah sprechende Ziegen, tanzende Hühner und fliegende Mäuse. Ob durch das Fieber oder die Medizin – ich wusste es nicht.

Doch dann war es vorbei. Nach etwa einem Monat hatte ich mich von der Grippe erholt und kehrte ins normale Leben zurück. Inzwischen war auch der Frühling eingekehrt, die Knospen sprossen an den Bäumen, und der letzte Schnee war geschmolzen. Alles schien hell und warm, und es war, als wäre ich neugeboren und erlebte die Dinge um mich herum zum ersten Mal. Die Hügel, Wiesen und Wälder. Die Blätter und Blüten, den rauschenden Wind. Den schnell strömenden Fluss, der durch die Schneeschmelze jetzt hoch in seinem Bett schäumte. Das Moos auf den Felsen und den Duft der feuchten Erde – ich spürte es alles intensiver und lebendiger als je zuvor.

28. KAPITEL

VON BIENEN
UND BÄREN

Wegen der Grippe hatte ich dieses Jahr keinen Ahornsaft gesammelt, es gab also auch keinen Sirup – und dieser Umstand führte mich zu den Bienen. Die Jungs wollten Süßkram auf ihren Pancakes haben, also musste Ersatz her.

Da meine Freundin Jenna neben Hühnern, Enten, Eseln und Schweinen auch noch zwei Bienenstöcke besaß, besuchte ich sie nun des Öfteren, brachte ihr Seife und bekam Honig dafür. Ihr Hof lag nicht weit weg, ein kleines Dorf weiter, und ich fuhr immer wieder gerne hin. Jenna war eine quirlige Frau, die oft und laut lachte, immer Springerstiefel unter ihren Röcken trug und verschiedene Käfer- und Kellerasseltätowierungen auf Armen und Beinen sowie unzählige Ringe in Ohren und Nase hatte. Obwohl sie aussah wie ein Überbleibsel aus einer längst vergangenen Stadtpunk-Ära, war sie hier auf dem Land, in der Wildnis, aufgewachsen und hatte ihr ganzes Leben hier verbracht. Wenn ich bei ihr war, liefen wir oft auf ihrer Farm herum, begrüßten die Tiere oder saßen auf einer Bank in ihrem großen Garten. Jenna war Veganerin, und alle ihre Schützlinge waren *rescue animals,* Tiere, die sonst keiner mehr haben wollte und die bei ihr in den Ruhestand gingen. Die Esel hatten als Lasttiere ausgedient, die Hühner legten keine Eier mehr, und auch die Schweine und Ziegen waren aus irgendwelchen Gründen ausgemustert worden. Ein kleiner scheuer Bock, den sie gerade neu dazu bekommen hatte, war mit völlig versengtem Fell und verstümmelten Ohren ganz knapp einem Scheunenbrand entkommen – hier würde er es nun gut haben und sicher sein.

Was die Bienen betraf, so glaube ich, dass Jenna sie in erster Linie zur Erhaltung der Artenvielfalt angeschafft hatte und den Honig gar nicht selbst aß, sondern ihn entweder im Stock ließ oder tauschte und verschenkte. Trotzdem war sie ein totaler Bienenfan und hörte gar nicht auf zu schwärmen. Mit blitzenden Augen unter ihren strubbeligen schwarzen Haaren erzählte sie mir alles über die kleinen Insekten und schaffte es schnell, mich mit ihrer Begeisterung anzustecken.

»Guck dir diese Organisation und Aufgabenverteilung an«, sagte Jenna, als sie mir wieder einmal ihre Stöcke präsentierte. »Es ist eine perfekte, genial organisierte Staatstruktur: Da ist die Königin, sie legt die Eier. Siehst du? Aus den befruchteten kommen die Arbeiterinnen, aus den unbefruchteten schlüpfen

Drohnen. Die sind wiederum nur dazu da, die nächste Lady zu poppen und ihre Eier zu befruchten, sonst tun die nichts. Und die Girls hier, die schmeißen den Laden! All diese Arbeiterinnen kümmern sich um den geschmierten Ablauf der Staatsaffären. Und jetzt kommt's: Sie werden mit Botenstoffen von der Königin zufrieden und gefügig gemacht – und unfruchtbar! Irre, oder?«

»Das klingt wie eine Science-Fiction-Story«, staunte ich. Tatsächlich schienen die Bienen wie ein großer Organismus zu funktionieren. Das Volk bildete eine Einheit, die nur als Ganzes überleben konnte. Zum Beispiel dadurch, erzählte Jenna, dass sie im Winter, dicht gedrängt in einer Traube, ohne großen Energieaufwand Wärme erzeugen und halten konnten. Das war wirklich irre!

Dass Bienen so faszinierend sind, war mir bis dahin nicht klar gewesen. Zuvor hatte ich sie eher als stechende Brummer gemieden und gehofft, dass die Kinder nicht drauftraten und dann stundenlang heulten. Doch nach meinen Besuchen bei Jenna sah ich die Tiere mit anderen Augen.

Ich bestaunte die Präzision des Wabenbaus (kein Handwerker, den ich kannte, würde so etwas hinkriegen), die hingebungsvolle Larvenversorgung (keine Kita könnte das besser machen) und die Effizienz der Nahrungssuche (an meine eigenen Nahrungsbeschaffungsmaßnahmen wollte ich gar nicht denken). Der Schwarm war eine Art Superhirn und ging mit gemeinschaftlicher Intelligenz vor, und zwar durch die perfekte Vermittlung und optimale Auswertung von Botschaften.

»Da könnte sich jeder Computerprogrammierer eine Scheibe von abschneiden«, sagte Jenna und lachte.

Einmal erlebte ich, wie ein Bienenschwarm sich ein neues Zuhause suchte: Tausende der Tiere hatten irgendwo ihren Stock verlassen und sammelten sich nun in einer großen Traube am Apfelbaum in unserem Garten, hingen dort wie ein Klumpen an einem Ast und schienen auf irgendetwas zu warten. Ich rief Jenna an, denn ich dachte, hier sei nun eine Expertin vonnöten. Fröhlich erklärte sie mir, dass die Bienen nach einer neuen Bleibe suchten und dass in dem Bienenklumpen gerade ein komplexer demokratischer Prozess ablief. Inklusive zügiger und effektiver Entscheidungsfindung, auch wenn das auf den ersten Blick nicht so aussah: Trotz vermeintlicher Ruhe loteten während dieser ganzen Zeit eifrige Spurbienen die Wohnmöglichkeiten in der Umgebung aus, kehrten zurück und übermittelten die Ergebnisse per sogenanntem Schwänzeltanz. Kamen genügend Kundschafterinnen zusammen, die einem Nistplatz zustimmten, so stiegen durch deren Tanz die Erregung und Energie im Schwarm an. Und da sich die Energie schließlich irgendwie entladen musste, folgte dieser Moment – fast wie eine Explosion –, in dem der ganze Schwarm instinktiv abhob und losflog. So hatten die Bienen mithilfe von individueller und kollektiver Intelligenz in relativ kurzer Zeit eine Entscheidung getroffen, die ihren Fortbestand sicherte und die nun ohne weitere Verzögerung umgesetzt wurde. »Wenn es doch bei den Menschen nur auch mal so funktionieren würde«, sagte ich mit echter Bewunderung.

Leider wollte besagter Schwarm in die Holzverkleidung unseres Hauses einziehen, und in einer hektischen Rettungsaktion konnte Jenna die Tiere gerade noch davon abhalten und rechtzeitig einsammeln, bevor ihnen das gelang. Einmal eingezogen, wäre nämlich das Herunterreißen der Verkleidung angezeigt gewesen, denn kiloweise Honig in unseren Wänden hätten wir nicht haben wollen. Natürlich klärte Jenna mich auch darüber auf, wie wichtig die Bienen für den Erhalt der Pflanzen waren. »Das kann kein Mensch, und ohne die Bienen sind wir alle aufgeschmissen«, sagte sie. Ohne die Miniflieger wäre unsere Nahrungsversorgung extrem gefährdet, denn achtzig Prozent aller Pflanzen sind auf die Bestäubung durch Insekten angewiesen, was wiederum bedeutet, dass etwa drei Viertel unserer Nahrungspflanzen – über viertausend Obst- und Gemüsesorten – und immerhin ein Drittel unserer Gesamtlebensmittel durch sie gesichert werden. ›Wenn die Biene einmal von der Erde verschwindet, hat der Mensch nur noch vier Jahre zu leben‹, soll ja schon Albert Einstein gewusst haben. Und nun waren wir mittendrin im Bienensterben. Colony Collapse Disorder, Pestizide, die Varroamilbe – das waren nur einige der Sorgen, die die Bienenzüchter beschäftigten.

Doch ich hatte Feuer gefangen. Neben der Bienenhaltung und -pflege und dem Prozess der Honiggewinnung interessierte mich vor allem, wie Bienenwachs aus eingeschmolzenen Waben weiterverarbeitet werden konnte. Daraus ließen sich nämlich Kerzen, Lippenpflegestifte, Cremes und vieles mehr herstellen – zusammen mit meiner Ziegenmilchseife könnte ich eine ganze Pflegeserie ins Leben rufen!

Also, sollte ich? »Ja, natürlich – das ist doch gar keine Frage. Und so viel Arbeit ist das wirklich nicht«, überzeugte mich Jenna. Ich hatte nämlich bisher gezögert, da weder Tom noch die Kinder je Interesse gezeigt hatten und ich allein eigentlich keine weiteren Aufgaben übernehmen wollte. Außerdem gab es da auch noch die honigliebenden Bären (die sich in Wirklichkeit vor allem für die eiweißreichen Bienenlarven interessierten) – roch das nicht jetzt schon nach riesigem Ärger? Dennoch, da ich vor einigen Wochen damit begonnen hatte, Nellitu nur noch einmal täglich zu melken (mehr hatte ich während der Grippe nicht geschafft) und da dieses Jahr kein Ziegennachwuchs angesagt war, würde ich etwas mehr Zeit für andere Dinge haben.

»Okay, ich mach's«, sagte ich und beschloss, Bienenhalter zu werden.

Beekeeping for Beginners

If you are thinking about keeping bees, come join us on

Saturday, April 8th, 10:30 am – 4:30 pm
at the Olive Local Library, West Shokan, NY 12494

The seminar will be held by

 **THE HUDSON VALLEY HONEY BEE GROUP**

and will cover beekeeping basics, honey production and candle making as well as methods and ways to save the bees.

This is a FREE seminar, everybody is welcome and no knowledge of beekeeping is necessary!

Ich ließ mir von Jenna die Adresse eines Imkers geben, der Stöcke und Völker verkaufte, absolvierte sicherheitshalber noch einen Lehrgang in der nahegelegenen Bücherei und war bereit. Doch dann kam alles anders.

Es war ein schöner Tag gewesen. Wir hatten abends ein Lagerfeuer im Garten gemacht, darüber unser Essen gegrillt (es gab saftiges Bucky-Steak), und die Kinder hatten Stockbrot geröstet – frisch vom Feuer in flüssigen Ziegenkäse getaucht war das ein absoluter Genuss. Die Luft duftete nach Holz, Gras und warmer Erde, und ich lauschte dem Streifenkauz in der Ferne. Die Grillen zirpten, die ersten *spring peepers* stimmten ihr Lied an. Der Himmel war klar und voller Sterne.

Als das Feuer heruntergebrannt war, die Kinder im Bett lagen und ich mit Tom das Geschirr wegräumte, fühlte ich mich zuversichtlich und erstaunlich zufrieden. Nicht alles lief nach Plan, aber Hoffnung lag in der Luft, und in dieser Nacht kamen Tom und ich noch einmal zusammen, dort auf der Wiese, unter freiem Himmel. Wir redeten kaum, schienen uns seltsam fremd zu sein, aber erinnerten uns an eine einstige Vertrautheit. Das war schön und traurig zugleich und brachte eine Melancholie, aber auch Intensität mit sich, die ich nicht kannte. Mit geschlossenen Augen hielten wir uns für lange Zeit fest. Gab es vielleicht doch noch eine Chance für uns? Ich musste an unsere ersten Monate hier denken, vor beinahe sechs Jahren. Wir waren so glücklich gewesen! Aber das schien ewig her zu sein, und so viel hatte sich seitdem verändert. Später im Bett überkam mich ein überwältigendes Gefühl der Vergänglichkeit, das mich schließlich mit Tränen in den Augen einschlafen ließ.

Kurze Zeit später wurde ich durch ein merkwürdiges Geräusch geweckt. Ein quietschendes, kratzendes Schaben, in der stillen Nacht klang es unglaublich laut. Der Wecker zeigte mir, dass es zwei Uhr morgens war. Eine Wolkendecke hatte sich inzwischen über den Himmel geschoben, und es war stockdunkel. Ich hielt den Atem an und lauschte.

Da war das Geräusch wieder! Lauter und ausdauernder diesmal. Was konnte das sein? Ein Waschbär vielleicht, der sich am Haus zu schaffen machte? Hellwach stieg ich aus dem Bett und schloss sicherheitshalber die Fenster.

Ich suchte nach dem Lichtschalter, da hörte ich den Schrei. Durchdringend, laut und markerschütternd. Dann Lärm. Ein Schlag, zerbrechendes Holz, Metall stieß gegen Metall. Mehr Gekreische. Plötzlich wusste ich, was los war, und voller Schrecken rannte ich aus dem Zimmer. »Ein Bär! EIN BÄR!! Da draußen ist ein Bär! Hilfe! Hilfe, die Tiere, schnell!!«

Panisches Topf- und Pfannenschlagen auf der Terrasse, Angst und Tränen.

»Vielleicht hattest du nur wieder einen deiner schlechten Träume«, sagte Tom.

Der nächste Tag. »Mama, komm schnell! Der Hühnerstall ist total kaputt, eine ganze Wand ist weg.« Kein Traum.

Ich war enttäuscht, dass Tom mir nicht geglaubt und meine Sorge nicht ernst genommen hatte. Natürlich, mit der kleinen Taschenlampe war nicht viel zu sehen gewesen. Er hatte nicht erkannt, was wirklich passiert war, sah keinen Grund zur Unruhe, nahm stattdessen an, ich hätte mir alles nur eingebildet. Aber das hatte ich nicht!

Ich fühlte, dass etwas zu Ende war, genau wie in meinem Traum mit Hedwig und dem Fuchs. Der Gedanke füllte meinen Kopf vollständig aus, während ich die Hühnerkadaver und Federhaufen wegräumte, darunter auch Hedwigs Überreste. Eine grauenvolle Aufgabe, die ich ganz mechanisch erledigte, wie in Trance. Ich fühlte mich stumpf, taub und leer und arbeitete wie ein Roboter.

Es war warm an diesem Tag, und die Sonne schien auf die blutdurchtränkte Erde, die mit Federn und Fleischresten übersät war. Schnell breitete sich ein intensiver Gestank aus, und bald roch der ganze Hühnerstall samt Umgebung nach Verwesung. Ich wusste nicht, ob das den Bären erneut anlocken oder eher abstoßen würde, doch ich arbeitete wie besessen daran, den Geruch zu beseitigen, räumte alle Tierreste akribisch weg, tränkte den Boden mit Wasser. Die Eidotter, die in einigen der Federhaufen gelegen hatten, waren inzwischen von den überlebenden Hühnern aufgepickt worden, ebenso wie einige der Fleischfetzen. Kannibalen! Doch wenigstens nahmen sie mir einen Teil der schrecklichen Arbeit ab.

Als ich fast fertig war mit dem Aufräumen, fand ich unter einem Busch eine weiße Feder. Hedwigs Feder, groß, schön und leuchtend, völlig unversehrt, wie ein Licht im Dunkeln. Eine Botschaft. Ich hob die Feder vorsichtig auf und spürte eine flüchtige Wärme ums Herz. Trotz meines Schmerzes musste ich lächeln. Mir wurde bewusst, dass es doch immer weiterging, dass ein neues Kapitel beginnen würde, dass dieses Ende buchstäblich der Anfang war.

Am Nachmittag half Tom, den Stall provisorisch zu reparieren, wir arbeiteten schweigend. Auch die zerstörte Umzäunung musste wiederhergestellt werden. Der Elektrozaun war offensichtlich völlig wirkungslos geblieben, hatte den Bären nicht im Geringsten gestört – er war einfach hindurchmarschiert, hatte alles plattgetreten, Drähte zerrissen, Pfähle umgeknickt. Nichts konnte ihn aufhalten, und ich hatte solche Angst vor seiner Rückkehr, dass ich alle überlebenden Hühner in die Scheune brachte. Die Perlhühner, meine Poppys, schloss ich im intakt gebliebenen Teil des Stalles ein, nagelte zusätzlich mehrere dicke Bretter über die Wände und Fenster und zurrte außerdem einige stabile Weidezaungitter an jeder Seite fest. Da würde doch bestimmt niemand hineinkommen, oder? Es war eine Festung! Doch hatte ich das nicht schon einmal gedacht?

Die Tierüberreste verbrannten wir, ebenso das besudelte Heu und Stroh, blutige Holzstücke und Gräser, und als die Flammen die Dämmerung erhellten, konnte ich kaum glauben, dass wir noch gestern zufrieden und gut gelaunt hier gesessen und über demselben Feuer unser Abendessen zubereitet hatten.

Als der Bär in der folgenden Nacht zurückkam und erneut die Zäune niedertrampelte, stand ich sofort mit Topf und Pfanne parat, denn natürlich hatte ich kein Auge zugetan. Ich schepperte und schrie durch die Nacht, und es gab keine weiteren Verluste. Doch ich würde nicht wieder beruhigt schlafen können. Würde der Bär es noch einmal versuchen? Würde ein anderer Bär kommen? Zu der ständigen Bedrohung während des Tages kam nun auch nachts die Angst und das Gefühl der Ohnmacht.

Jimmy war natürlich sofort wieder enthusiastisch zur Stelle und bot seine Hilfe und sein Gewehr an. »Gerade jetzt brauchst du das«, drängte er. »Um diese Zeit sind die Bären am gefährlichsten. Der Winter war wieder viel zu warm, sie wachen zu früh aus ihrem Winterschlaf auf. Manchmal sind sie auch schon mitten im Winter unterwegs, ich hab das auf der Jagd gesehen. Bärenspuren im Schnee. Große und kleine, schon im Februar, März. Sie kriegen ihre Jungen früher, sind dann noch gefährlicher. Und sie sind hungrig! Aber es gibt noch nichts zu fressen. Keine Beeren oder Pilze, nichts. Alles ist noch kahl. Deswegen gehen sie an die Hühner. Sie nehmen, was sie kriegen können, da kennen die nichts!«

Doch genau dieser Umstand hielt mich nun davon ab, mit dem Gewehr auf die Tiere loszugehen. Wessen Schuld war es denn, dass die Winter immer wärmer wurden und dass der natürliche Lebensrhythmus der Wildtiere dermaßen aus dem Gleichgewicht geriet? Ich konnte dem Bären nicht verübeln, dass er tat, was er tun musste. Hatte ich nicht vorgehabt, mit der Natur zu arbeiten und nicht gegen sie? Zum ersten Mal fiel mir an diesem Tag auf, dass die Stoßstange von Jimmys Pick-up-Truck mit einem Pro-Trump-Sticker beklebt war: ›Make America Great Again‹.

»Danke, Jimmy«, sagte ich, »aber nein, ich möchte kein Gewehr haben. Ich werde diesen Bären nicht erschießen. Und auch nicht den nächsten oder übernächsten.« Danach würde dann ja ohnehin wieder der Fuchs kommen. Oder der Kojote oder ein Mink. Es würde niemals enden. Ich konnte die Vögel nicht beschützen. Die Wildnis war und blieb stärker, und ich wollte mich nicht mit ihr anlegen. Vielleicht gehörte ich auch einfach nicht hierher. Sollte mich zurückziehen und weniger einmischen. War *ich* denn nicht eigentlich der Eindringling?

Was genau bedeutete es überhaupt, sich mit der Natur zu verbünden? Wie und wo passten wir hinein, und was konnten wir tun, um uns mit Tieren und Pflanzen zu arrangieren, um friedlich zu koexistieren, ohne dass jemand oder etwas zu Schaden kam? Das schien mir plötzlich die zentrale Frage zu sein.

Als Tom bemerkte, wie sehr mich die Bärenattacke beschäftigte, reagierte er mit Erstaunen. Ihn selbst schien das alles kaum zu betreffen, aber er kannte ja nicht einmal die Namen der Hühner. Natürlich war es für ihn nicht dasselbe, ich konnte ihm keinen Vorwurf machen.

»Warum schaffst du die Viecher nicht ab?«, schlug er vor.

Ich hatte es gewusst. Unsere Beziehung und das gemeinsame Leben waren zu Ende. Die Zukunft lag anderswo. Ich war mir jetzt ganz sicher und musste nur den nächsten Schritt tun.

Tom und ich trennten uns.

29. KAPITEL

ZU NEUEN UFERN

Gorilla benimmt sich heute irgendwie anders als sonst. Schon am Morgen wollte er nicht raus, und die Hennen interessierten ihn überhaupt nicht. Jetzt steht er in einer Ecke und schaut auf die Wand, seine Flügel hängen herunter. Gefressen hat er auch nicht, und ich bin besorgt. Ich beobachte ihn eine Weile und beschließe, erst einmal abzuwarten.

* * *

Es ist nun etwa ein Jahr her, dass der Bär das Hühnerhaus zerstört und meine geliebten Vögel getötet hat. Dass Tom und ich uns getrennt haben. Die ersten Wochen danach waren angefüllt mit Trauer, aber schließlich auch mit neuer Hoffnung und dem Akzeptieren der Situation. Wir verstanden unsere Unterschiedlichkeit. Niemand hatte Schuld. Jeder musste das Leben leben, das für ihn das richtige war. Ich wusste nun, welchen Weg ich gehen und was mein Beitrag sein würde. Wie und wo ich hineinpasste. Und wo Paul und Phillip hingehörten, denn auch ihre Zukunft lag nicht in der Wildnis – obwohl wir wegen ihnen einmal hierhergekommen waren. Doch dieser Lebensabschnitt war vorbei.

Gemeinsam hatten Tom und ich nach dem Bärenangriff beschlossen, die Farm zu verkaufen. Wir würden alles hinter uns lassen, und obwohl das keine leichte Entscheidung gewesen war, fühlte es sich aufregend und spannend an – *bittersweet,* wie der Amerikaner sagen würde. Es war eine Chance, ein Plan, für den es sich zu arbeiten lohnte, und ich stürzte mich mit frischer Energie hinein. Ich würde mich mit den Kindern – und auch für sie – von der Wildnis verabschieden, würde den weiten Wäldern, Wiesen und Seen den Rücken kehren, um ein neues Leben in der Stadt zu beginnen.

Paul und Phillip fanden den Plan absolut großartig. Traumhaft. Sie wollten ja schon lange weg vom Land, raus aus der Wildnis, wollten unbedingt in einer Großstadt leben, wo mehr los war, wo sie mehr Freiheiten und bessere Zukunftschancen hatten, wo sie unabhängiger sein konnten – je weiter weg, desto besser, am besten in Deutschland! Für sie war das nun alles ein neues, aufregendes Abenteuer. Dabei nahmen sie die Trennung von Tom erstaunlich gelassen. Es schien sie wenig zu stören, dass er an dieser Zukunft nicht teilhaben würde. Zu aufgeregt waren sie, zu beschäftigt mit den neuen Plänen und Perspektiven – und doch fragte ich mich, ob sie richtig abschätzen konnten, was das alles bedeutete. So oder so, ich ließ mich anstecken von ihrer Begeisterung und wischte alle Zweifel beiseite. Hatte ich mir nicht selbst in den letzten Jahren so oft vorgestellt, wieder in die Zivilisation zurückzukehren? Jetzt war dieser Traum in greifbare Nähe gerückt!

* * *

Gorilla steht eine Stunde später immer noch mit hängendem Kopf in der Ecke, und so hebe ich ihn hoch, streiche ihm über den Rücken und trage ihn nach draußen. Es ist warm und sonnig, ein leichter Wind weht durch die Büsche, die sich für den Frühling bereit machen und brandneue Knospen tragen. Wind und Sonne scheinen eine belebende Wirkung zu haben: Gorilla reckt sich, streckt sich – und kräht aus vollem Halse.

Ich bin so erleichtert! Er scheint plötzlich wieder ganz der Alte zu sein, jagt seinen Hennen hinterher, ist aufmerksam, pickt und scharrt. Vielleicht litt er einfach nur unter einer kleinen, vorübergehenden Unpässlichkeit – das passiert uns Menschen ja auch ab und zu. Dennoch, eine gewisse Unruhe kann ich nicht abschütteln, und ich nehme mir vor, ihn genau zu beobachten.

* * *

Trotz der Trennung wohnten wir alle erst einmal weiterhin im selben Haus, denn Verkauf und Umzug konnten natürlich nicht von heute auf morgen über die Bühne gebracht werden. Das Zusammenleben erwies sich als echte Herausforderung, und oft lagen die Nerven blank, doch erinnerten wir uns stets daran, dass wir ja eine kluge, zivilisierte Spezies waren mit der Fähigkeit, weise Entscheidungen zu treffen. Wir versuchten, uns dementsprechend zu verhalten, und meistens gelang uns das auch, während wir in den folgenden Monaten die nötigen Schritte planten und organisierten. Ansonsten taten wir sowieso alle weiterhin das Gleiche wie zuvor: Die Kinder gingen zur Schule, Tom fuhr nach Woodstock, und ich kümmerte mich um Haus und Hof. Wir gingen allerdings nicht mehr miteinander schwimmen, und gemeinsame Lagerfeuer machten wir auch nicht mehr (die waren wegen einer erneuten Trockenheit und akuten Waldbrandgefahr in diesem Sommer sowieso verboten). Das Schlafzimmer teilten wir ja schon lange nicht mehr, und in gewisser Weise hatte die Klärung der Verhältnisse auch eine Erleichterung mit sich gebracht. Ich fühlte mich befreit, als wäre eine Last von mir abgefallen, und manchmal denke ich, dass die Kinder das ähnlich empfanden und auch aus diesem Grund so enthusiastisch waren. Also arbeitete ich mit voller Kraft auf unsere Zukunft hin, kümmerte mich um Wohnung, Job und Schule in der neuen Heimat – München, das vor so vielen Jahren schon unsere alte Heimat gewesen war.

Natürlich waren die Mieten dort derweil ins Unermessliche gestiegen, die Kinder hatten keine gültige Zulassung für die bayerischen Schulen (ein weiteres Problem stellten ihre mittlerweile recht eingeschränkten Deutschkenntisse dar), und ich musste feststellen, dass ich in meinen alten Job nicht wieder zurückkehren konnte – zu lange war ich weg gewesen.

Und wer gibt schon einer alleinerziehenden Mutter ohne Arbeitsnachweis eine Wohnung? Plötzlich schien das Unterfangen aussichtslos. Während Tom – ironischerweise – hier in den Catskill Mountains bleiben wollte und sich bereits in Woodstock nach einer Bleibe umsah, hatten Paul, Phillip und ich einen schier unüberwindbar scheinenden Berg der Schwierigkeiten vor uns liegen. Aufgeben kam aber nicht infrage, und so verbrachte ich Herbst und Winter wie besessen damit, diesen Berg abzuarbeiten, damit unser Abenteuer beginnen konnte. Kurz nach Phillips vierzehntem Geburtstag hatte ich fast alles unter Dach und Fach, und es stand fest, dass wir im folgenden Sommer wieder in Deutschland sein würden.

30. KAPITEL

GORILLA UND DER FLUSS DER ZEIT

Der Flug ist gebucht, der erste Koffer gepackt. Fast sieben Jahre haben wir nun auf unserer Farm verbracht, unserer wunderschönen, magischen Farm im verwunschenen Wald mit dem glitzernden Fluss. Wie immer im Frühling grünt und blüht das Land in voller Pracht. Heckenrosen, wilde Kräuter und Obstbäume übertreffen sich mit ihrem Duft, und es scheint, als wollten mir die Pflanzen sagen, dass es ein Fehler ist, hier wegzugehen. ›Schau dich um! Fühle, schmecke, rieche! Die Kraft. Das Leben. Es ist hier‹, wisperten die Blätter und Blüten.

Vielleicht will mir Gorilla dasselbe sagen. Vielleicht haben Tiere ja wirklich eine Art sechsten Sinn, können die Zukunft ahnen, es würde mich nicht wundern. Ich hatte bereits mit Jenna abgesprochen, dass sie ihn samt seinen Hennen und den Perlhühnern aufnehmen würde, als er langsam schwächer wurde. Der schöne, stolze Gorilla, der so viel durchgemacht und erlebt hatte. Der dem Tod von der Schippe gesprungen war. Unser freundlicher, liebenswerter Bilderbuchgockel. Ich glaube, er wollte nicht mehr. Er wurde immer langsamer, verbrachte immer weniger Zeit mit den Hühnern, das zog sich inzwischen über Wochen. Ich merkte, wie alt Gorilla geworden war – zu alt vielleicht für einen Neuanfang.

Jetzt sitze ich hier mit ihm vor der Scheune, wie wir das früher getan haben. Wir schauen übers blühende Land, und ich denke über den Lauf des Lebens nach. Ich erkenne, dass dies alles hier – der Stall, der Hof, diese wunderschönen Wiesen und Wälder – Gorillas Territorium ist. Hier wurde er geboren, hier lebte er, und hier würde er sterben. Er konnte und wollte nirgendwo anders sein. Auf seltsame Weise kann ich diesem Gedanken auch etwas Schönes abgewinnen.

* * *

Schon im vergangenen Herbst, Monate bevor Gorilla krank wurde, war die Zeit gekommen, sich von den Ziegen zu verabschieden, und schon damals schien es mir, als ahnten die Tiere, dass der Abschied nahte, und als versuchten sie, ihn mit all ihrem Geschick zu verhindern. So hatte Nellitu im Sommer noch einmal richtig viel Milch gegeben, auch ohne Babys, während Leila besonders anhänglich und ungewohnt folgsam war und kaum von meiner Seite wich. Doch ich wollte noch vor dem Winter ein gutes Zuhause für die beiden finden, um dem neuen Besitzer genügend Zeit und die Möglichkeit zu geben, fürs Frühjahr neue Babys und frische Milch einzuplanen. Nach einigem Suchen hatte ich mit Sister Pamelas Hilfe schließlich eine Familie gefunden, deren Kinder das taten, was meine nie wollten: sich voll und ganz dem Landleben widmen, sich hingebungsvoll um die Tiere kümmern, sie füttern, melken und pflegen. Und sogar den Stall ausmisten. Da wusste ich, dass ich die richtige Entscheidung getroffen hatte, obwohl das den Abschied kaum leichter machte. Immerhin hatten die Ziegen als fester Bestandteil eines jeden Tages zu meinem Leben gehört, fast wie das Essen und Atmen. Für Jahre waren wir ein Team gewesen, und nun würde ich sie nie wiedersehen.

Ich hätte nicht gedacht, wie nahe mir das gehen würde. Für lange Zeit saß ich am Tag des Abschieds im stillen, leeren Stall und konnte nicht aus dem Kopf bekommen, wie ich Leila und Nellitu noch ein letztes Mal einen Armvoll ihrer Lieblingszweige gepflückt, sie noch einmal gekrault und gestreichelt hatte. Und wie ich ihnen ins Ohr geflüstert hatte, dass ich ihnen danke und dass ich sie liebe. Ganz leise meckernd und an meinem Ärmel knabbernd, hatten sie sich auch von mir verabschiedet, bevor sie in den Wagen der neuen Besitzer sprangen.

Ich saß auf einem umgedrehten Wassereimer, jenem Eimer, den ich so oft hatte schleppen müssen. Ich schaute auf den Trog, den ich unzählige Male gefüllt hatte. Erinnerte mich an das erfreute Meckern, wann immer ich in die Scheune getreten war, und an meine ersten Melkversuche dort drüben auf der hölzernen Melkbank. An die Geburten, an Nellys Tod.

Ich blickte zurück auf all die Jahre, die wir hier miteinander verbracht hatten, und für einen Moment bereute ich meine Entscheidung, die Ziegen wegzugeben, bitterlich. Doch gleichzeitig wusste ich, dass nichts bleiben konnte, wie es war, ob man wollte oder nicht.

Das unaufhaltsame Fortschreiten der Zeit wurde mir akut bewusst und erfüllte mich mit Wehmut, aber auch mit einer unbestimmten Sehnsucht. Alles hatte sich verändert, veränderte sich immer weiter. Das Land, wir Menschen. Man konnte nichts festhalten, Erlebtes existierte schließlich nur noch in der Erinnerung, war unwiederbringlich vorüber, und Neues kam. Der Fluss ließ sich nicht aufhalten.

Ich dachte daran, wie zu Anfang Paul und Phillip als kleine, quirlige und abenteuerlustige Kinder nicht genug bekommen konnten von den Wiesen, Wäldern und Tieren. Wie sie das Bäumeklettern und Spielen in der Natur geliebt hatten, wie sie mit den Ziegen herumgetobt waren. Wie dies für sie das Paradies gewesen war.

Wie sich das geändert hatte. Sie waren jetzt Teenager und interessierten sich weder für Bäume noch für Tiere. Stattdessen redeten sie über Mädchen, Autos und Turnschuhe und beschwerten sich über das beschränkte Angebot in der Wildnis. Umbruch und Wandel. Auch zwischen Tom und mir hatte das anfängliche Gefühl des Abenteuers, die Spannung und Euphorie von damals, dem Fluss der Zeit nicht standhalten können.

Doch all das war nicht das Ende. Die Kinder hatten die nächste Phase ihres Lebens erreicht, ebenso wie Tom und ich. Die Zeit war gekommen für Aufbruch und Neubeginn.

***

Am letzten Tag vor seinem Tod ist Gorilla so schwach, dass er nicht mehr laufen kann. Ich trage ihn ein letztes Mal hinaus, setze mich neben ihn. Wir sitzen für eine lange Zeit zusammen und schauen über die Wiesen und Wälder, sein Revier, sein Leben.

Ich kann ihn nicht zu Jimmy bringen. Unmöglich, es geht einfach nicht. Ein Schuss aus Jimmys Gewehr kann nicht sein Ende sein. Und so mache ich ihm ein weiches Bett aus Heu in der Scheune, wie damals, lege ihn darauf und stelle mir vor, dass er friedlich einschlafen wird. Oder dass er, wie schon einmal, auf wundersame Weise genesen wird.

Am Abend verabschiede ich mich. Gorilla sieht friedlich aus. Wach blickt er mich an, und für einen Moment bin ich mir sicher, dass er weiterleben und morgen wieder ganz der Alte sein wird.

***

Als nach jenem letzten Winter der Schnee geschmolzen war, als die Bäume ausschlugen und die Forsythien und Magnolien in voller Blüte standen, boten wir unseren Hof zum Verkauf an. Nun waren wir diejenigen, die ein rot-weißes FOR-SALE-Schild im Garten aufgestellt hatten, und seit ein paar Wochen kamen regelmäßig Interessenten zur Besichtigung. Es war seltsam, sich vorzustellen, dass hier bald jemand anderes leben würde, in unserem schönen Haus, auf unserer Farm, in die wir über so viele Jahre so viel Arbeit gesteckt hatten. Bei allem, was ich tat, war ich mir nun bewusst, dass es das letzte Mal sein würde.

Ein letztes Mal machte ich in diesem Frühjahr Ahornsirup. Der dichte Dampf blieb in der Luft hängen, und der süße Duft lag schwer über der Wiese neben dem Haus. Schwermütig war auch die Leere und Stille, denn kein Hahn krähte, und keine Ziegen meckerten und tollten herum. Nur noch ein paar Hühner und Perlhühner waren übrig neben Gorilla, der alt und schwach im Stall saß. Auch die Kinder tobten ja schon längst nicht mehr, und so fehlte das alte geschäftige Treiben um uns herum. Abschiedsstimmung lag in der Luft, und während ich am Feuer stand, sah ich mich um. Ich schaute über die rollenden Berge in die Weite. Und zweifelte. War dies nicht auch mein Territorium, mein Revier? Waren wir nicht zusammen gewachsen, und hatte ich hier nicht etwas wirklich Gutes auf die Beine gestellt? Etwas Wunderschönes? Wollte ich das wirklich alles hinter mir lassen?

In Wirklichkeit hatte ich ja schon längst damit begonnen. Die Gärten waren verwildert, die Ställe verwaist. Unkraut wucherte, und die toten Bäume im Wald stachen mir plötzlich ins Auge (selbst die wunderschöne Esche im Hof hatten wir schließlich fällen müssen). Der Hühnerstall mit den paar verbliebenen Vögeln sah auch nicht mehr aus wie einst, die Farbe blätterte, das Holz begann zu verrotten. Ganz zu schweigen von dem Schaden, den der Bär angerichtet hatte. Ich blickte zurück und erinnerte mich an die ersten Jahre, als der Stall frisch gebaut und gestrichen in neuem Glanz erstrahlte. Es schien so lange her, dass ich die ersten Vögel dort einquartiert hatte, nachdem sie im Brutkasten aus ihren

Eiern geschlüpft waren. Lotti, Sandy, Hedwig, Blacky, Berta und Barney ...

Ich dachte daran, wie Barney den Ziegen immer Heuhalme gereicht hatte. Wie dort, in der Scheune, echte Freundschaften geschlossen worden waren. Unglaublich, wie die Tiere mein Leben bereichert hatten! Wie viele schöne, traurige und auch lehrreiche Geschichten sie mir beschert hatten! Wie sie mich zum Lachen gebracht und mit Sorge erfüllt hatten! Sie alle waren kontinuierlich für uns da gewesen, um uns zu dienen und mit Essen zu versorgen. Leila und Nelly. Nellitu. Bucky. Ich erinnerte mich an Otto und Sandy, unsere ersten Hähne, ihre Schlachtung. Und an Blacky, Barneys Freundin, die letztes Jahr in jener Nacht vom Bären gefressen worden war. Und an Barneys Trauer nach Blackys Tod. Für Wochen hatte sie sich deprimiert in einer Ecke verkrochen, und da hatte ich gewusst, dass Tiere die Fähigkeit zum Trauern haben, ebenso wie sie echte Freude empfinden können. Oh, wie hoffte ich, dass Barney bei Jenna glücklich sein würde!

Meine Tiere haben mir Dinge gezeigt, an die ich früher nicht geglaubt hatte. Sie haben mir ihre Gefühle und ihr Wissen offenbart. Ihre Ahnungen. Ihre Weisheit. Ich habe so viel über sie gelernt und so viel von ihnen! Einmal mehr erkannte ich, dass wir Menschen viel zu schnell über andere Lebewesen urteilen, sie zu wenig respektieren und sie ganz sicher unterschätzen – vielleicht weil wir zu selbstbezogen und anmaßend sind. Wir nehmen uns Dinge, die nicht unsere sind, und teilen nicht, was allen gehört. Wir ersticken die Natur und zwingen Tiere und Pflanzen in Lebensräume und Lebensformen, die nicht ihre sind. Wir verändern die Welt zu unserem Vorteil, denken wir zumindest (weise wie wir sind) – doch es geschieht zum Nachteil aller anderen Wesen. Und daher letztendlich auch zu unserem eigenen Nachteil, denn im Alleingang kann schließlich niemand überleben.

* * *

Am nächsten Morgen sind meine Füße schwer, als ich mich auf den Weg zur Scheune mache. Es ist die Ungewissheit. Der Weg, während dem man nicht weiß, was einen erwartet. Der Widerwille, die Tür zu öffnen, das Versteckenwollen vor der Wahrheit, vor der Endlichkeit aller Dinge. Ich werde diese Gefühle nie vergessen. Nie zuvor habe ich diese permanente Wiederkehr von Trennung und Tod erlebt, zu keiner Zeit bin ich so regelmäßig mit der Vergänglichkeit des Seins konfrontiert worden wie während meiner Jahre auf der Farm! Ich atme tief durch und öffne die Tür.

Gorillas Kopf ist heruntergesackt, aber er ist noch nicht tot. Vielleicht hat er auf mich gewartet. Ich spreche ihn an, und er hebt den Kopf, mit letzter Kraft. Er schaut mich an und antwortet. Mit ein paar leisen, gurrenden Geräuschen scheint er zu sagen: ›Weine nicht. Es ist okay. Leb wohl.‹ Und dann geht er. Bäumt sich noch einmal auf. Erhebt sich, breitet die Flügel aus, als wolle er abheben – und ist tot.

EPILOG

»Ey, guck mal da, ein Lamborghini!«

»Boah, der Sound – wie cool!«

Paul und Phillip gucken begeistert aus dem Fenster über die Straße mit dem röhrenden Rennwagen in Richtung der beiden riesigen Autogeschäfte, die sich gegenüber unserer Wohnung befinden. Seit knapp einem Jahr sind wir nun wieder in München, und sie werden es nicht müde, die teuren Flitzer zu bewundern.

»Diese Kisten gehören verboten«, seufze ich.

»Okay, Mama, ich fahr dann jetzt. Weiß noch nicht, wann ich wiederkomme. Nach dem Training bleib ich wahrscheinlich noch zum Pommesessen«, verabschiedet sich Phillip, während er seinen Fahrradhelm festzurrt.

»Ist gut, fahr vorsichtig«, entgegne ich, während ich Paul die Streifenkarte für die Tram gebe, mit der er gleich zu seinem Freund fährt, die beiden wollen ins Kino. »Habt ihr eure Schlüssel? Ich komm heute auch später, treffe einen alten Arbeitskollegen. Wer nachher noch Hunger hat, nimmt sich was aus dem Kühlschrank, ja?«

»Okay«, sagt Paul, »bis später dann.«

Phillip ist schon aus der Tür – und weg sind sie.

Wir wohnen in einer kleinen Wohnung im fünften Stock, ganz zentral, direkt an einer Hauptverkehrsstraße. Unten im

Haus ist ein Supermarkt, direkt daneben ein Restaurant. Die Straßenbahn hält vor der Tür. Die Miete ist astronomisch. Es ist dieselbe Gegend, in der wir früher wohnten. Ich mag diesen Stadtteil, man ist mittendrin im Leben. Doch obwohl die Wohnung nicht viel größer ist als die von damals, ist sie fast doppelt so teuer. Etwas Günstigeres konnten wir nicht bekommen – und ich kann ja von Glück reden, dass wir überhaupt etwas bekommen haben.

Die Miete können wir natürlich nur bezahlen, weil wir unser wunderschönes Farmhaus in der unberührten Natur für einen guten Preis verkauft haben. An eine junge Familie mit zwei kleinen Kindern, der es in der Stadt zu eng und zu teuer wurde. Die Eltern wollten ihren Kindern eine bessere, naturnahe Zukunft bieten und mehr Platz und Ruhe haben. Ruhe, die ich schon jetzt vermisse! Die hupenden Autos, rumpelnden Straßenbahnen, die Sirenen, die zwischen den Häusern widerhallen – war das früher auch schon so?

Auf der anderen Seite schätze ich es, wieder frei zu sein. Unabhängig. Weniger fremdbestimmt. Ich kann jetzt selbst entscheiden, wann ich am Wochenende aufstehe, was ich abends unternehme. Kein Farmbetrieb, der mir den gesamten Tagesablauf diktiert. Stattdessen kann ich mich wieder spontan mit Freunden in der Kneipe um die Ecke treffen, ins Museum gehen und zu Fuß meine Einkäufe erledigen. Auch die Kinder müssen nicht mehr ständig herumgefahren werden, unglaublich, wie viel Zeit (und Benzin) man da spart! Die ständigen Zeckenchecks? Vorbei! Holzhacken? Nie wieder! Jetzt wird einfach die Heizung aufgedreht, wenn es kalt ist (doch nur so weit wie unbedingt nötig, versteht sich), und das Schneeschaufeln erledigt der Streu- und Räumdienst. Ich weiß jetzt Dinge zu schätzen, die ich früher als selbstverständlich hingenommen habe. Zum Beispiel mir ganz spontan das Essen kaufen zu können, auf das ich Lust habe (und ich rede nicht von Lieferando – das Kochen übernehmen wir immer noch selbst). An beliebige Nahrungsmittel zu kommen, ohne sie sich hart erarbeiten zu müssen – was für ein Luxus! Und doch lief mir eine Träne die Wange hinunter, als ich zum ersten Mal Eier im Laden kaufte. Auch Milch und Joghurt nahm ich mit einem flauen Gefühl aus dem Kühlregal. Ich vermisse meine Tiere!

Ich esse kein Fleisch mehr. Hin und wieder kaufe ich noch Schnitzel für Paul und Phillip, aber nur wenn ich genau weiß, wo es herkommt. Auf unserem Wochenmarkt verkauft ein niederbayerischer Bauer sein Schweinefleisch aus eigener Herstellung, und das Leben seiner Tiere ist genau dokumentiert. Dort kaufe ich vielleicht zwei-, dreimal im Monat ein (und ab und zu essen die Kinder auch Döner oder Currywurst). Eier kaufe ich im Bioladen, der die Bruderküken-Initiative unterstützt, auch wenn ich weiß, dass die Hähne trotzdem sterben müssen. Die Eier sind zwar teurer, dafür essen wir eben weniger. Wir haben auch die Hafermilch aus demselben Laden probiert. Gar nicht so schlecht! Ansonsten gibt es leckeres regionales Gemüse auf dem Markt, das sogar manchmal ebenso knotig und dellig ist wie das aus meinem Garten. Wir haben kein Auto und fahren überall mit Fahrrad, Bus oder Tram hin, füllen unser Kranwasser in Stahlflaschen und kommen ganz gut mit wenig Plastik aus. Vor ein paar Monaten bin ich einer lokalen Umweltorganisation beigetreten – ich glaube, dort kann ich mehr bewirken als auf unserer Farm. Und Paul und Phillip haben die Fridays-for-Future-Bewegung für sich entdeckt (obwohl Tom natürlich ins Flugzeug steigen musste, als er uns Weihnachten besuchte).

Die Zeit in der Wildnis hat mich verändert, und vieles sehe ich jetzt mit anderen Augen. Ich hoffe sehr, dass auch Paul und Phillip ihr Wissen und ihre Erfahrungen der vergangenen Jahre mit in die Zukunft nehmen und das Gelernte weise nutzen werden. Denn bewusster und nachhaltiger leben, das kann man auch hier. In der Stadt, die für Paul und Phillip das Paradies ist.

Beide Jungs lieben die neue Unabhängigkeit und Freiheit. Sie lieben das rege Leben, die vielen Menschen, die Events, die coolen Locations, die neuen Freunde (und Freundinnen) ganz in der Nähe. Zur Schule, die gleich um die Ecke liegt, können sie zu Fuß gehen, und es ist dort auch so viel ›geiler‹ als in Amerika: früherer Schulschluss, keine ätzenden *lockdown drills,* ein netter Schulleiter (Ehrenmann!), der sie trotz fehlender Qualifikation als Gastschüler aufgenommen hat.

Die offizielle Aufnahmeprüfung haben sie inzwischen bestanden, und zu meiner Freude gibt es sogar einen Bienenstock im Schulgarten, der von den Schülern versorgt wird. Und dann ist da natürlich die Einkaufsmeile voller Turnschuhläden. Überall ist immer etwas los, überall gibt es was Spannendes zu sehen. Endlich ist das Leben nicht mehr langweilig!

Es fühlt sich gut an, etwas gewagt und verändert zu haben, auch wenn es natürlich hin und wieder Zweifel gibt. Doch dann denke ich an das Tomatenprinzip und blicke zurück auf all die Dinge, die mich in den letzten Jahren so gestört haben: die unendliche Arbeit. Die Einsamkeit und Isolation. Der Dreck, die Kacke, der Staub. Die Fliegen und Zecken. Die Gewehre und Trump. Und nicht zuletzt der immer wiederkehrende Tod. Ich bin so froh, dass das nicht mehr mein Alltag ist.

Allerdings verblassen die Erinnerungen an all diese unschönen Dinge meist recht schnell, und die Schönheit und das Wunderbare, das unser Leben in der wilden Natur mit sich brachte, nimmt meine Gedanken stattdessen ein.

Heute ist wieder so ein Tag.

Ich stehe am Fenster und schließe die Augen, stelle mir die Stille, die Weite, die unberührten Wälder vor. Sehe die Wiesen im Morgennebel, den glänzenden Fluss. Die kleine Bucht, das klare Wasser. Unseren wundervollen Hof, mit all den blühenden Gärten, Hecken und Bäumen. Mit meinen Tieren.

Ich träume davon, vielleicht später mal ein Häuschen in den Bergen zu haben. Mit einem kleinen Garten. Und ein paar Hühnern.

DANK

Wie so viele Dinge konnte auch dieses Buch nur durch das ausgewogene Zusammenwirken verschiedener Kräfte entstehen. Mein größter Dank gilt Rainer Hartmann für sein unermüdliches Probelesen, die konstruktive Kritik und sein immerzu offenes Ohr. Mehr als einmal hat er mich wieder auf Kurs gebracht. Ich danke meiner großartigen Agentin Christine Proske, durch die ich eine neue Definition des Wortes ›Effizienz‹ kennengelernt habe und die mich zügig und mit unerschütterlicher Zuversicht über mehrere entscheidende Hürden und zu Matthias Walter und dem tollen Team von Conbook geführt hat. Ganz herzlich danke ich dem gesamten Team, vor allem meinem Lektor Artur Senger, der nie den Überblick oder die Geduld verlor. Besonderen Dank schulde ich auch meinen beiden fabelhaften Söhnen, denn sie haben mich kontinuierlich (wenn auch nicht ganz uneigennützig) angefeuert und ermutigt und dazu noch ihr künstlerisches Talent beigesteuert – obwohl sie wegen dieses Buches auf den einen oder anderen Ausflug verzichten mussten.

Mein Wissen, das ich während der Jahre auf unserer Farm erworben habe und das schließlich auch in dieses Buch eingeflossen ist, stammt zum Teil aus eigenen Erfahrungen und

Beobachtungen, vor allem aber aus den Ratschlägen und dem geteilten Wissen anderer Tier- und Pflanzenbesitzer. Es wurde mir vermittelt von Bauern und Gärtnern, von Baumfällern und Schornsteinfegern, von Jägern und Schlachtern, Veterinären und Menschenärzten, von der American Lyme Disease Foundation und der Hudson Valley Hives Bee Group, vom New York State Department of Health und dem Department of Environmental Conservation, von der Cornell Cooperative Extension of Ulster County sowie dem United States Department of Agriculture. Ein aufrichtiges Dankeschön an alle, die mich so viel gelehrt haben – einschließlich der folgenden Bücher, Nachschlagewerke und Ratgeber:

Storey's Guide to Raising Dairy Goats von Jerry Belanger & Sara Thomson Bredesen

Goats Produce Too! The Udder Real Thing (Cheese Making & more) von Mary Jane Toth

Storey's Guide to Raising Chickens von Gail Damerow

Gardening with Guineas von Jeannette S. Ferguson

The Veggie Gardener's Answer Book von Barbara W. Ellis

A Field Guide to the Wildlife of North America von Bryan Richard

Tap My Trees – Maple Sugaring at Home von Joe McHale

Butchering Poultry, Rabbit, Lamb, Goat and Pork – the Comprehensive Photographic Guide to Humane Slaughtering and Butchering von Adam Danforth

Nicht zuletzt und ganz besonders möchte ich an dieser Stelle jenen Tieren danken, die uns ständig und in den verschiedensten Formen dienen – und die meist nicht gefragt werden, ob sie Lust dazu haben oder nicht. Die Tiere in diesem Buch stehen daher gewissermaßen stellvertretend für alle Tiere, die keine eigenen Geschichten haben dürfen – obwohl sie sie ganz sicher verdient hätten.

INHALT

Prolog. 9

Ein Traum wird wahr 14
Ankunft und Niederkunft 22
Ein tierisches Abenteuer 31
Paarungszeit im Kloster 38
Das Wesen hinter der Wand 44
Wilder Winter. 52
Ein krabbelnder Albtraum 64
Von Küken und Kindern 71
Dinosaurier und Tomaten. 81
Die Malesche mit der Milch 94
Ottos Ende. 100
Käse, Kot und Kalbsenzyme 106
Ach du dickes Ei!. 115
Auf Leben und Tod 124
Aspergillus und der Aufschwung 134

Jäger und Gejagte 142

Der Preis der Freiheit 151

Land unter 165

Der verlorene Vogel 174

Ausgeträumt 183

Tod und Teufel 190

Das große Schwärmen 197

Iron Man und der Bär im Kanu 208

Fleischeslust 218

Hillarys Geheimnis 223

Trapperfieber 230

Watte und Wahnsinn 237

Von Bienen und Bären 245

Zu neuen Ufern 257

Gorilla und der Fluss der Zeit 262

Epilog 270

Dank 277

Frauen, die das Abenteuer suchen

Per Anhalterin
von London
nach Australien

Zu Fuß
durch das
einsamste
Land der
Welt

Nic Jordan

aWay – Wie ich nichts mehr zu verlieren
hatte und per Anhalter von London nach
Australien reiste

ISBN 978-3-95889-368-9

Franziska Bär

Ins Nirgendwo, bitte! – Zu Fuß durch
die mongolische Wildnis

ISBN 978-3-95889-179-1

Ein Roadtrip
durch Marokko –
im Winter

Mit
Kleinkind
um die
Welt

Miriam Spies

Im Land der kaputten Uhren –
Mein marokkanischer Roadtrip

ISBN 978-3-95889-258-3

Gabriela Urban

Wie Buddha im Gegenwind –
Eine Kündigung, 22 Länder und ein
besonderer Reisebegleiter

ISBN 978-3-95889-199-9

Das neue Buch des
Boarderlines-Kultautors

Nach über 20 Jahren kreuz und quer über den Planeten, begibt sich Andi auf den festen Boden des indischen Subkontinents, um in völlig neuen Sphären zu schweben. Er besucht ein Tantrafestival, experimentiert mit Atemtechniken, raucht mit den Sadhus Chillum, während in Varanasi auf dem Scheiterhaufen die Leichen brennen, und taucht ein in die Götterwelt des Hinduismus.

Und schon bald fahren seine Gefühle Achterbahn: Andi verliebt sich in eine Schamanin, erfährt Zurückweisung und Traurigkeit und endet beim vielleicht größten Guru unserer Zeit. Umgeben von Heiligen, die keine sind, und einfachen Menschen, die heilig sind, blickt Andi voller Erstaunen unter den Tellerrand des Lebens.

»Zum einen ist Andreas Brendt ein wirklich guter Autor, der weiß, wie man mit Sprache umgeht. Zum anderen lernt man hier Indien aus einem interessanten Blickwinkel kennen.«
(Indien Aktuell)

»Kurzweilig, unterhaltsam und wunderbar locker-flockig«
(PLANETYOGA)

»Für alle, die aufs Reisen stehen!«
(radio NRW)

Andreas Brendt
Ganesha macht die Türe zu
Indien, Sex mit Socken und
immer wieder sterben

ISBN 978-3-95889-244-6
ISBN 978-3-95889-292-7

CON
BOOK.

Die USA in 151 Bildern und spannenden Texten

Petrina Engelke und Kai Blum
USA 151
Das Land der unbegrenzten
Überraschungen in 151 Momentaufnahmen

📖 ISBN 978-3-95889-324-5
📱 ISBN 978-3-95889-341-2

Die USA – eine von Einwanderern gegründete Heimat für Träume, Widersprüche und Extreme. Wo sonst kann man Mustangs auf Hochebenen und Aliens in der Wüste suchen, gibt es Wolkenkratzer in der Prärie, Austern im Containerhafen und Gemüsefelder in der Großstadt? Uncle Sams Unternehmergeist bringt Ölbarone und den Cyber Monday hervor. Doch nicht jeder wohnt in der Villa: Millionen leben im Wohnmobil oder im Knast.

Folgen Sie den vor Jahren in die USA ausgewanderten Autoren Petrina Engelke und Kai Blum in ihren Alltag. Mit ihnen landen Sie beim Pow Wow, Tailgating oder Soulfood-Dinner. Begegnen Sie Helden, Haien und mindestens einem Heidenspaß; am Ende wundern Sie sich nicht mehr über Zwei-Dollar-Scheine, komische Klodeckel oder ein Ritual, das glatt aus der DDR stammen könnte.

CON BOOK.

Seit 20 Jahren im Bulli durch Europa

Oliver Lück
Zeit als Ziel
Seit 20 Jahren im Bulli durch Europa

📖 ISBN 978-3-95889-245-3
📱 ISBN 978-3-95889-296-5

Als sich Oliver Lück im Sommer 1996 sein erstes Auto kauft, einen Bulli, hat er kein Ziel, aber jede Menge Zeit – er fährt einfach drauflos. Der Journalist und Fotograf schaut sich um in Europa und beginnt, Geschichten und Fotos zu sammeln von Menschen, die wirklich etwas zu erzählen haben. Die Schützer des letzten Urwaldes, Straßenkinder in Nordirland, Chilibauern im Baskenland: Bei allen Unterschieden gehören sie zusammen als Nachbarn, nicht nur geografisch, auch emotional.

In seinem Bildband hat Oliver Lück europäische Begegnungen aus über 20 Jahren und fast 30 Ländern versammelt – zu Besuch bei außergewöhnlichen Menschen und an Orten, die man in Europa nicht erwarten würde.

»Oliver Lück kann wunderbare Reisegeschichten erzählen.«
(Nürnberger Nachrichten)

»Eine Liebeserklärung an die Vielfalt.«
(AUTO BILD)

»›Zeit als Ziel‹ ist Urlaubsalbum und Reisetagebuch zugleich. Blättert und liest sich ganz so, als würde man im blauen Bus auf dem Beifahrersitz Platz nehmen.«
(GEO Saison)

Das Tagebuch einer Vagabundin

Nic Jordan
aWay
Wie ich nichts mehr zu verlieren hatte
und per Anhalter von London nach
Australien reiste

📘 ISBN 978-3-95889-368-9
📗 ISBN 978-3-95889-375-7

Nach einer schmerzhaften Trennung beschließt Nic Jordan, ihren festgefahrenen Alltag hinter sich zu lassen und sich der absoluten Einsamkeit auszusetzen.

Und so macht sie sich auf eine radikale Reise: Per Anhalter fährt sie von London bis nach Australien und damit durch die kältesten und isoliertesten Orte der Welt. Unterwegs gerät sie in brenzlige Situationen und wird mit ihren größten Ängsten konfrontiert. Aber sie begegnet auch Fremden, die gar nichts haben und doch so viel geben.

Eindringlich und humorvoll erzählt Nic von ihrem Vagabundenleben unterwegs, von der großen Kraft des Zufalls und von ihrer späten Einsicht: Um eine Reise wirklich zu verstehen, muss man an den Ort zurückkehren, an dem alles begonnen hat ...